商业地产主力店
选址标准及场所建筑要求

——开发商170个必选店快速进驻攻略

陈倍麟 编著

中国建筑工业出版社

图书在版编目（CIP）数据

商业地产主力店选址标准及场所建筑要求/陈倍麟编著．—北京：中国建筑工业出版社，2013.10

ISBN 978-7-112-15789-1

Ⅰ．①商…　Ⅱ．①陈…　Ⅲ．①城市商业—房地产—选址—中国　Ⅳ．①F299.233

中国版本图书馆CIP数据核字（2012）第205478号

本书囊括了新时代商业地产的20类业态，分别介绍了各种业态的选址标准以及建筑要求；涵盖20类商业业态共170家主力店的商业覆盖范围、店铺总数、拓展计划等方面的最新数据，以图表的形式详细地列出每家主力店在选址、建筑、配套等方面的基本要求。

本书罗列的基本信息与数据，既可作为商业地产的研究样本，也可作为商业地产招商加盟的操作指南，供广大商业地产开发、经营与管理人员学习和参考。

责任编辑：封　毅　周方圆
责任校对：肖　剑　赵　颖

商业地产主力店选址标准及场所建筑要求
——开发商170个必选店快速进驻攻略
陈倍麟　编著

*

中国建筑工业出版社出版、发行（北京西郊百万庄）

各地新华书店、建筑书店经销

北京京点设计公司制版

北京云浩印刷有限责任公司印刷

*

开本：787×1092 毫米　1/16　印张：36¾　字数：700 千字
2013 年 10 月第一版　2013 年 10 月第一次印刷
定价：128.00元

ISBN 978-7-112-15789-1
(24576)

编委会

商业地产前期投资运营成本高，开发门槛也比普通的住宅地产要高，但是进入商业地产开发领域的开发商数量却日渐增长。究其原因，无非是商业地产能为开发商带来更高的经济效益。同时，以拉动内需为主要目的的国家政策与城市化进程的加速发展将推动商业地产开发继续升温。

商业地产的盈利周期主要集中在后期的招商运营，它是否顺利、成功与否对整个项目的成败至关重要。以往开发商只注重把握招商流程及速度，对商家的品牌实力及进驻要求视而不见，导致招商不成功或者招商效果不理想，从而影响整个项目。

面对日渐竞争激烈的商业市场，项目开发商在招商过程中要学会挑选主力商家。由于开发商对目标店家分类不清晰、建筑物业功能与经营功能错位导致选错商家；对目标店家经营选址要求不清晰、不符合商家需求，导致商家的流失、影响招商的实施；对目标店家场所建筑要求不清晰、建筑配套不完善影响客流导入。如何快速抢占市场份额就成了开发商急需率先解决的一个问题。

根据商业地产发展的最新动向，本书重新界定了新时代商业地产的20类业态，为开发商梳理出最新的商业业态体系，并分门别类地介绍了每种业态的选址标准以及建筑要求。除此之外，对于20类商业业态又列举了170家最具代表性的主力店，从商业覆盖范围、店铺总数、商业拓展计划等方面作一个概括性的介绍，以图表的形式详细地列出每家主力店在选址、建筑、配套等方面的基本要求，让开发商对新时代20类商业业态有更进一步的了解，也让开发商在招商的同时能从中快速找到所需主力店的基本信息与重要数据。

从行业价值的角度来看，本书为商业地产行业提供了最全的商业业态分类与最新的主力店进驻基本信息，具有较高的研究意义；从实用价值的角度来看，本书为开发商的招商运营提供了快速检索信息的功能，是开发商进行招商加盟的操作指南。

目·录

Contents

超市、大卖场

第一类

沃尔玛、家乐福等大型卖场圈地兴趣正浓，进驻大型综合购物中心成为它们的主流选择。

超市卖场都设定了卖场面积标准及卖场结构标准，这一方面是为了树立统一的企业形象，另一方面也是便于商品的平面布置、立体陈列，设备安置等店铺设计项目能够套用的标准化模式，从而降低设计费用。

一般来说，综合超市营业面积为 2500 ~ 5000m^2；大型综合超市营业面积为 6000 ~ 10000m^2 及以上；仓储式商场作为批发配售型的主力化业态，一般使用高层立体货架，营业面积在 10000 ~ 30000m^2 以上。

超市、大卖场共有三种建筑形态：第一种是单体建筑，第二种是大型建筑的裙房，第三种则是进入购物中心（地下商场），成为一个店中店或主力店。未来超市的第一种建筑形态比例将越来越小，因为这是对土地价值的严重浪费；第二类建筑形态因为需要诸多硬件条件相配合，所以数量也不会太多；而进驻大型的综合购物中心将会成为超市大卖场选址的主流趋势，它与周边商业业态互补互助、共存共荣，能够促使超市大卖场本身实现更长足的发展。

一、便利店选址及建筑要求

便利店基本选址及建筑要求

表 1-1

项目	要求
商圈地段	最好选择主商圈的辐射范围、CBD 区域、大型住宅社区或高档住宅社区
店铺位置	离路口越近越好，最好是在路口的转角门面 选择在人、车流动线的正方向（人、车流动线指人和车辆行走时的移动方向） 地下店铺或二层以上店铺不可选择：这属于选址最基本的问题，设在地下室或楼上的便利店主要缺点是顾客进出不方便
需求面积	$100 \sim 300m^2$
单层面积	$65 \sim 100m^2$
楼层选择	1 层
层高要求	$\geqslant 2.5m$
物业纵深	$30 \sim 50m$
楼板荷载	$\geqslant 500kg/m^2$
给排水	提供管径为 25mm 的独立进水管及水表，每天 8t 用水量平价指标。提供给店方 50mm 排水管一根
供电	提供电容量大于 30kVA 变电设备，三相五线 380V/220V、50Hz，安装店方独立计量电表
空调设备	提供物业屋顶上约 $20m^2$ 场地给店方放置室外机组（包括空调机、制冷机组、排烟设备等），并提供室外机正常运转所需的散热、回风空间
垂直交通	——
通信设备	提供配口
燃气管道	配备管道煤气或瓶装煤气站
排污设施	设置排污、排油井、隔油池及排油烟井道等设施
卸货/理货区	——
停车位	面积小于 $500m^2$ 的便利店可不配备停车位
装修标准	毛坯

二、社区标超选址及建筑要求

社区标超基本选址及建筑要求

表1-2

项目	要求
商圈地段	消费者步行到达店址所需时间在 20min 以内的商圈范围； 商圈内具有固定住所的常住人口及潜在增长人口总数要求在5万～8万人， 且周边人口具有一定的增长趋势
需求面积	1000 ～ 3000m²
单层面积	1000 ～ 3000m²
楼层选择	1 ～ 2 层
层高要求	≥ 4.5m
物业纵深	30 ～ 50m
楼板荷载	≥ 500kg/m²
给排水	接驳到位，日供水量≥ 100t
供配电	提供商场正常用电的高低压配电设备电量要求约为（100 ～ 150）kW/1000m²，并设置备用电源
空调设备	提供与否需与发展商沟通
垂直交通	——
通信设备	提供配口
燃气管道	配备管道煤气或瓶装煤气站
排污设施	设置排污、排油井、隔油池及排油烟井道等设施
卸货 / 理货区	100m² 以上
停车位	50 ～ 150 个
装修标准	毛坯

三、精品超市选址及建筑要求

精品超市基本选址及建筑要求

表 1-3

项目	要求
商圈地段	重点考虑省会或一线城市，商业活动频繁的市区，周围分布高端社区或写字楼
需求面积	2000 ~ 5000m²
单层面积	1000 ~ 2500m²
楼层选择	1 ~ 2 层
层高要求	≥ 4.5m
物业纵深	30 ~ 50m
楼板荷载	≥ 500kg/m²
给排水	200 ~ 250t/ 天
供配电	1. 高压一个回路电源：提供一个回路电源及 300kVA 备用发电机的电源，当市政电源断电时，甲方须保证及时供电； 2. 提供高压配电柜，采用真空断路器，ABB 或同类产品，馈线柜两个（外加一个避雷器柜），和单独使用的干式变压器，变压器容量 1000kVA； 3. 发电机系统：若不能提供双回路电源，须按以下要求提供备用柴油发电机，容量为 300kVA
空调设备	提供与否需与发展商沟通
垂直交通	——
通信设备	提供配口
燃气管道	配备管道煤气或瓶装煤气站
排污设施	设置排污、排油井、隔油池及排油烟井道等设施
卸货 / 理货区	300m² 以上
停车位	50 ~ 150 个
装修标准	毛坯

四、综合性超市选址及建筑要求

综合性超市基本选址及建筑要求

表 1-4

项目	要求
商圈地段	(1) 商场位置应接近商圈的中心或位于商圈内人流的主要出入通道上。 (2) 商场位置应位于至少两条小区干道级以上道路的交叉路口或距交叉路口 4min 步行距离内。 (3) 商场周围 1km 内没有营业面积在拟开商场面积一半以上同业态的商场。 (4) 商场周围 2km 内没有营业面积与拟开商场相同的同业态商场。 (5) 商场周围 3km 内没有大型超市、购物中心。 (6) 商场周围 50 ～ 100m 范围内最好有银行、娱乐、餐饮等与拟开商场在功能上相补的商业设施。 (7) 备选地点应已有一定的人流汇集或人流经过。 (8) 在特大型城市中可在区级购物中心内部
物业结构	最好框架结构。房形以矩形为最佳，长宽比不宜超过 2:1，以 4:3、5:4 为佳。开间朝向主要街道，开间不少于 30m
需求面积	5000m^2
单层面积	2000 ～ 3000m^2
楼层选择	−1 ～ 3 层
层高要求	楼层不超过二层，首层层高 ≥ 5 m，二层以上层高 ≥ 4.5m
柱网间距	8m×8m 为宜
物业纵深	以 30 ～ 50m 为佳
楼板荷载	不低于 500kg/m^2
给排水	供水 150t/ 天
供配电	供电 4200kVA 双电源
空调设备	空调设备，最好由业主提供中央空调，且空调制冷量应在 120 ～ 180W 或免费提供安装中央空调主机的机房和冷却塔安装位置
垂直交通	所选物业楼层间最好由业主提供自动人行道相通，或能提供 4×30m^2 的安装位置，自动人行道宽度不少于 1m，陂度不超过 12°
通信设备	提供配口
燃气管道	配备管道煤气或瓶装煤气站
排污设施	设置排污、排油井、隔油池及排油烟井道等设施
卸货 / 理货区	500 ～ 1000m^2
停车场	可供停车的场地面积不应少于 1000m^2，且停车场位置以和室外广场相连或可直接进入卖场为宜，若为公用停车场位置不宜超过 100m
装修标准	毛坯
合作方式	免租期 0.5 ～ 1 年左右，租赁年限 15 ～ 20 年

五、超市大卖场选址及建筑要求

超市大卖场基本选址及建筑要求

表 1-5

项目	要求
商圈地段	市口较好，位于市中心，新老城区结合部或大型住宅小区内的门面房； 对于大型超市消费者步行到达店址所需时间在 10min 以内的范围为核心商圈，所需 10 ~ 30min 的范围为边际商圈； 商圈内具有固定住所的常住人口为主体的现有及潜在人口总数，要求在 15 万~ 20 万人，且周边人口具有一定的增长趋势
需求面积	20000m^2 左右
单层面积	10000m^2
楼层选择	-1 ~ 3 层
需求层高	≥ 5.5m
物业纵深	≥ 50m
楼板荷载	≥ 800 ~ 1000 kg/m^2
给排水	提供市政管道供水，日供水量≥ 100t，设有排水管道、隔油池、降温池、污水井、化粪池等
供配电	提供符合国家标准的市电和变压器，电量要求约为（100 ~ 150）kW/1000m^2，同时提供后备发电机
空调设备	提供与否需与发展商沟通
垂直交通	每层设置自动扶梯、货梯两部
通信设备	提供配口
燃气管道	提供城市燃气管道配口
排污设施	预留排油烟竖井，为风机设置机基；其他排污系统均要建设到位
卸货 / 理货区	500 ~ 1000m^2
停车位	200 ~ 500 个
装修标准	毛坯

六、大型仓储式超市选址及建筑要求

大型仓储式超市基本选址及建筑要求

表 1-6

项目	要求
商圈地段	对于仓储式超市来说，商圈范围比较大，一般均设在城乡接合部，远离市区，超市附近最好有比较多的公共交通停车点，这样可以吸引远距离的顾客前来购物
需求面积	$20000 \sim 30000 m^2$
单层面积	单层约 $10000 m^2$，如达不到，单层不低于 $5000 m^2$，总经营面积 $10000 \sim 15000 m^2$ 均可
楼层选择	最好一层，最高两层
需求层高	建筑净高 $\geqslant 8m$
柱距要求	10m 左右
物业纵深	最少 60m，卖场临街面与进深（即长宽）标准比例为 7：4
楼板荷载	$1500kg/m^2$，面层为耐磨硬化剂地面
给排水	以生活用水和生鲜冷冻用水为主，日用水量 40t
供配电	$2 \times 800kVA$，双回路用电
空调设备	夏季制冷：$24 \sim 26℃$； 冬季采暖：$18 \sim 20℃$
垂直交通	两部 3t 以上的货梯，每层须配置两部自动扶梯（不超过 12°的）
通信设备	一条 DDN 数据专线及 20 门电话（应有一条中继线）
燃气管道	配备管道煤气或瓶装煤气站
排污设施	设置排污、排油井、隔油池及排油烟井道等设施
卸货／理货区	地面一层不少于 $500m^2$ 的专用卸货区，应有 8 个左右货车停车位，商场周边需有环形车道以方便购物车及货车进出可满足 40 尺集装箱卸货及转弯半径的要求
停车位	提供约 $10000m^2$ 或 200 个地上专用免费车位，顾客进出应与车辆进出分开
装修标准	主体由钢结构或混凝土框架结构建设均可，地面铺设象牙白或浅色工业超市专用砖

经典商业案例

01 ▪ 沃尔玛

全球 27 个国家的 10700 家商场

沃尔玛是美国的世界性连锁企业，在全球 27 个国家开设了超过 10000
家商场，成为全球大型零售企业之一。

图1-1 沃尔玛购物广场

一、全球最大的连锁零售商

沃尔玛百货有限公司由美国零售业传奇人物山姆·沃尔顿于 1962 年在阿肯色州成立。经过 50
余年的发展，沃尔玛百货有限公司已经成为美国最大的私人雇主和世界上最大的连锁零售商。目前，
沃尔玛在全球 27 个国家开设了超过 10700 家商场，员工总数超过 200 万，分布在美国、墨西哥、
波多黎各、加拿大、阿根廷、巴西、中国、韩国、德国和英国等国家。每周光临沃尔玛的顾客近一
亿四千万人次。

沃尔玛全球的业务类型主要有四种：沃尔玛购物广场、山姆会员酒店、沃尔玛商店以及沃尔玛社
区店。本文仅分析沃尔玛购物广场。

沃尔玛基本信息 表 1-7

商家名称	沃尔玛（Wal-Mart）
LOGO	**WAL★MART**® 沃 尔 玛
创始人	山姆·沃尔顿
创立时间	1962 年
所属国家	美国
行业地位	世界 500 强之首
进入国家	美国、中国、墨西哥、加拿大、英国、波多黎各、巴西、阿根廷、南非、哥斯达黎加、危地马拉、洪都拉斯、萨尔瓦多、尼加拉瓜、韩国和德国等
品牌形象	帮顾客节省每一分钱
主营商品	服饰、布匹、药品、玩具、食品、各种生活用品、家用电器、珠宝、化妆品、汽车配件等
业态	超市、大卖场、综合超市、社区超市
主要网点	全国 21 个省的 150 多个城市目标人群
目标人群	广大消费者
拓展区域	深圳、东莞、汕头、昆明、福州、厦门、长沙、武汉、南昌、大连、沈阳、长春、哈尔滨、济南、青岛、南京、天津、南宁、贵阳、太原
开店计划	未来三年在中国开设的 100 家门店（2013 年起），主要集中在大卖场和山姆会员店两种形式
店铺总数	390 多家
开店方式	直营、加盟、战略联盟及并购
首选物业	商业综合体、购物中心、商业街
物业使用	租赁、购买、合作
需求面积	$10000 \sim 20000 m^2$
合同期限	20 年以上，并有一定的免租期

二、创造"五公里死亡圈"

　　沃尔玛在美国本土每开一家店，一般都会引发同业态商业"五公里死亡圈"，消费者每在沃尔玛消费 1 美元，就等于在其他大型零售连锁店少消费 1.25 美元，等于在本地区的小型店铺少消费 1.5 美元。但是中美消费水平和消费习惯不同，而且沃尔玛在美国强有力的核心竞争力在中国并没有得到发挥，加上在中国的本土化不足和经营模式的刻板，使得"五公里死亡圈"现象不会在中国上演。

　　虽然如此，沃尔玛购物广场的开业还是会给周围商业带来明显的影响。沃尔玛的商业影响辐射范围广，能够吸引的客流很多。如上海南浦大桥店开业当天人流量超过 10 万，这一迅速集聚的人气并不

第一类　超市、大卖场

是完全来自对周边商业人流的吸引，它的影响力在于把原本不属于这个商业地段的消费者也聚集过来。

　　沃尔玛开业后，会围绕卖场出现一些相配套的商业业态，如咖啡馆、快餐店等，进而形成一个商圈。而新商圈又会带动周围房价的升值。

　　沃尔玛商品天天平价的竞争力和一站式购物的优势，使得周围的商铺很少会与之竞争，能够存在的商业店铺就是实行错位经营的餐饮店、咖啡店等。这些业态对附近整体商业氛围的提升有带动作用。一旦新的商圈形成，对周边的住宅房价会产生明显影响。

三、经营布局

　　以沃尔玛购物广场南浦大桥店为例，该店共两层：一层主要是生鲜、食品，包括面包、散装小食、干货食品、海鲜、冷餐食品、果蔬等；二层主要是服装、家电、家居用品等，包括珠宝、眼镜、家居用品、化妆品、服装、电器等。

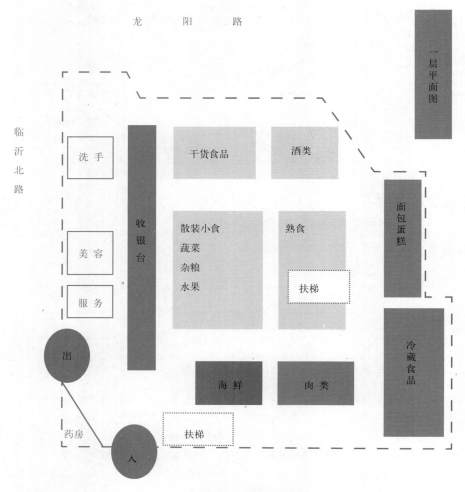

图1-2　沃尔玛购物广场上海南浦大桥店布局（一）

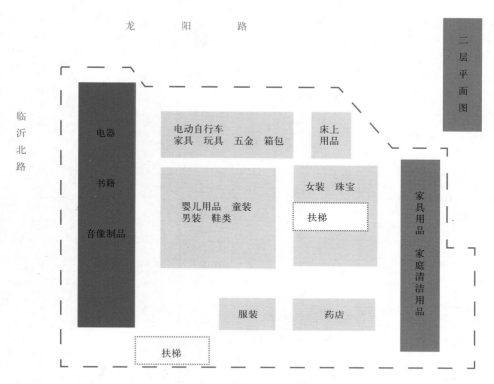

图1-3　沃尔玛购物广场上海南浦大桥店布局（二）

四、选址标准

　　选址是否得当是超市经营能否成功的关键。沃尔玛的很多店铺都在相对偏远的城郊接合部以及社区之中。这种选址原则是基于美国发达的交通以及普及的私人汽车的国情上建立起来的，显然不适合中国的消费市场。因为在中国的城市中，人口居住集中，汽车也没有进入大多数城市家庭，人们的购物消费多数还集中在步行范围内或公共交通便利的地方。城郊接合部往往公共交通不够方便，限制了客流量。

　　沃尔玛在中国的第一家店铺位于深圳洪湖二路，直到现在还处于比较偏僻的地段。尽管随着城市的发展，区域商圈有远离城市中心的趋势，但是目前来看，沃尔玛的很多店要经过多年的培育，

沃尔玛基本选址标准	表1-8

项目	要求
交通条件	项目周边道路畅通，道路与项目衔接性比较顺畅，车辆可以顺畅地进出停车场
人口情况	项目1.5km范围内，常住人口达到10万以上、2km范围内常住人口达到15万～20万人为佳；商圈内人口密度高，年龄结构以中青年为主，收入水平不低于当地平均水平
地块位置	须临近城市交通主干道，至少双向四车道，且没有绿化带、立交桥、河流和山川等明显阻隔为佳
竞争情况	核心商圈内（距项目1.5km）无经营面积超过5000m^{2}的同类业态为佳

等到周围的商圈形成，才能充分地吸引客流。不过近来沃尔玛在选址上有了很大的转变，逐渐放弃一贯的郊区化模式，而是将店址选在了城市中心。其在北京、南京、沈阳、贵阳、南宁开张的新店店址均选在市中心。具体来说沃尔玛在选址及物业等方面有以下要求。

五、建筑要求

沃尔玛基本建筑及物业要求   表 1-9

项目	要求
物业纵深	50m 以上为佳，原则上不能低于 40m，临街面不低于 70m
建筑层高	不低于 5m，对于期楼的层高要求不低于 6m，净高（空调排风口至地板的距离）在 4.5m 以上
楼板荷载	800kg/m² 以上，对期楼的要求在 1000 kg/m² 以上
柱网间距	9m 以上，原则上不能低于 8m
主出入口	正门至少提供 2 个主出入口，免费外立面广告至少 3 个
上下交通	每层有电动扶梯相连，地下车库与商场之间有纵向交通连接
门前广场	商场要求有一定面积的广场
停车场	至少提供 300 个以上地上或地下的顾客免费停车位； 为供应商提供 20 个以上的免费货车停车位； 如果商场位于社区边缘，则需做到社区居民和商场客流分开，同时为商场供货车辆提供物流专用场地，保证 40 尺货柜车转弯半径 18m

六、配套要求

沃尔玛配套要求   表 1-10

项目	要求
供电	市政电源为双回呼或环网供电或其他当地政府批准的供电方式； 总用电量应满足商场营运及司标广告等设备的用电需求； 备用电源应满足应急照明、收银台、冷库、冷柜、监控和电脑主机等的用电需求，并提供商场独立使用的高低压配电系统、电表、变压器、备用发电机、强弱电井道及各回路独立开关箱
排水	配备完善的给排水系统，提供独立给排水接驳口并安装独立水表，给水系统应满足商场及空调系统日常用水量及水压使用要求，满足市政府停水一天的商场用水需求
空调设备	安装独立的中央空调系统，空调室内温度要求达到 24℃标准
天然气	供应厨房使用
可视性	商业设施的可视性尤为重要

图1-4　家乐福门店

02 · 家乐福

欧洲第一大零售商

家乐福是大卖场业态的首创者，是欧洲第一大零售商，世界第二大国际化零售连锁集团。现拥有11000多家营运零售单位，业务范围遍及世界30个国家和地区。

一、大卖场业态首创者

家乐福（Carrefour）成立于1959年，是大卖场业态的首创者，是欧洲第一大零售商，世界第二大国际化零售连锁集团。现拥有11,000多家营运零售单位，业务范围遍及世界30个国家和地区。集团以三种主要经营业态引领市场：大型超市，超市以及折扣店。此外，家乐福还在一些国家发展了便利店和会员制量贩店。

家乐福的经营理念是以低廉的价格、卓越的顾客服务和舒适的购物环境为广大消费者提供日常生活所需的各类消费品。家乐福对顾客的承诺是在价格、商品种类、质量、服务及便利性等各方面满足消费者的需求。

家乐福基本信息 表 1-11

商家名称	家乐福（Carrefour）
LOGO	
创始人	付立叶和德福雷家族
创立时间	1959 年
所属国家	法国
行业地位	全球 500 强企业、欧洲最大零售商
进入国家	包括中国在内的全球 30 个国家
品牌形象	一次性购足；超低售价；货品新鲜；自动选购；免费停车
业态	超市、大卖场、综合超市
主要网点	遍及中国 47 个城市
目标人群	城市常住居民
拓展区域	计划在山西、四川等地开店
开店计划	拟 2013 年增开 24 店
店铺总数	219 家
开店方式	直营
首选物业	商业综合体、购物中心、商业街
物业使用	租赁
需求面积	40000 ～ 60000m²
合同期限	20 ～ 30 年

1. 业态特点

家乐福集团是大卖场这种业态的首创者，而家乐福以三种主要经营业态引领市场：大型超市，超市以及折扣店。此外，家乐福还在一些国家发展了便利店和会员制量贩店。

2. 卖场布局

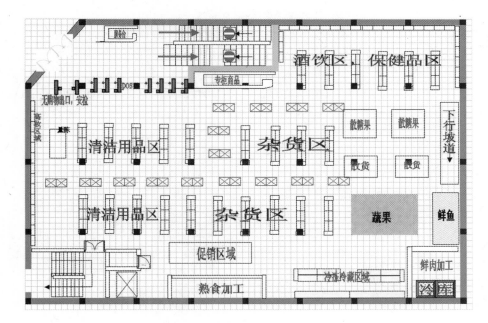

图1-5　家乐福卖场布局（一）

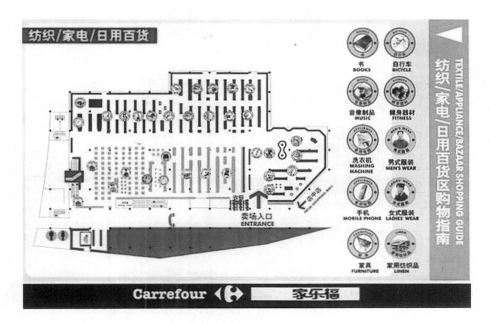

图1-6　家乐福卖场布局（二）

二、选址标准

家乐福基本选址标准 表 1-12

项目	要求
商圈地段	密集的主商圈顾客尤为重要（10min 内可达）； 2 公里商圈内 15 万～ 20 万以上的人口
交通条件	便利的公共交通设施；主要的公交线路沿线；毗邻地铁站及主要公交站点；迅捷的开车购物条件；位于交通主干道；合理的车流动线；庞大的免费停车场
人口情况	人口密度相对集中
地块位置	两条马路交叉口，其一为主干道

三、建筑要求

家乐福基本建筑要求 表 1-13

项目	要求
需求面积	建筑占地面积 15000m^2 以上，总需求面积 2 万～ 4 万 m^2
楼层选择	最多不超过两层
长宽比例	10 : 7 或 10 : 6
建筑层高	卖场净高不小于 5.5m，后仓净高不小于 9m
楼板荷载	卖场 800kg/m^2，后仓 1200kg/m^2
柱网间距	柱网开间 10m×10m，最低要求 8.4m
停车场	至少 600 个机动车停车位，非机动车停车场地 2000m^2 以上，免费提供家乐福公司及顾客使用

四、配套要求

家乐福配套要求 表 1-14

项目	要求
供电	二路供电，3500 ～ 4000kVA
供水	二路进水，300m³/ 天
供煤气	100m³/h
排水 / 排污	可排油污，或有二级生化处理
空调设备	中央空调及暖气供应
天然气	供应厨房使用
可视性	商业设施的可视性尤为重要

三、建筑要求

卜蜂莲花基本建筑要求   表 1-17

项目		要求
地块形状		矩形或梯形
		临街面至少 80m；通道不小于 80m；深度宜为 120～250m
		地块面积宜为 25000m² 以上
柱网间距		钢筋混凝土结构，柱网距离为 10.8m×10.8m
		若钢结构，柱网距离至少为 10.8m×10.8m
		若卜蜂莲花租用下层，业主在上层，单层店的柱网距离应保持 10.8m×10.8m
		若卜蜂莲花租用多层，柱网距离应保持在 8.4m×8.4m
楼层层高	平顶建筑	卖场净高不小于 5.3～5.5m，后仓净高不小于 6.8m，不大于 7.5m
	斜顶建筑	边部梁下净高 4.5～4.8m，顶部梁下净高 6m，后仓净高不小于 6.8m
墙面		外墙为实墙面，抹灰后可喷涂料或铺瓷砖，尽量减少使用玻璃幕墙
楼板荷载		卖场 800kg/m²，后仓与冷库 1000～1200kg/m²
		钢筋混凝土地面 200 厚 C30 内配 Φ12@150 双向双层，卖场区及出租区耐磨粉 3kg/m²，后仓区耐磨粉 5kg/m²，平整度要求为 6m±2mm
		钢筋混凝土楼面 70 厚 C30 内配 Φ6@150 双向，含耐磨面层，卖场区及出租区耐磨粉 3kg/m²，后仓区耐磨粉 5kg/m²，平整度要求为 6m±2mm
		仓库及生鲜后仓通道硬化耐磨，卖场及出租区内铺 PVC 地板，办公区及设备用房铺瓷砖，生鲜加工间铺瓷砖
卸货区		考虑两至三辆 40 英尺 35t 集装箱卡车和 4 辆小卡车满载重量及回车空间，保证集装箱卡车旋转半径 15m
停车位		上海、北京、广州店保证 400～600 个车位；上海、北京、广州以外店保证 150～300 个车位；每个车位约需 22m²；600～1000 个自行车位
货梯及垂直交通		两层配置两部 5t 货梯；三层配置两部 5t 货梯，一部 3t 货梯。如果有地下室，必须有一部货梯直达地下室
		两层配置 2 部自动人行步道，三层配置 4～6 部自动人行步道。如有地下室或楼面停车场，则必须有连通上下的自动人行步道

四、配套要求

卜蜂莲花配套要求

表 1-18

项目	要求
供水	小店 200t/ 天，大店 250t/ 天
供气	通常 320m³/h（不包括空调用气）
排水	配有符合国家及当地标准的化粪池、隔油池、排油烟装置等，并能最终通过当地验收
消防	满足卜蜂莲花的营运要求，同时符合国家及当地标准，并能最终通过当地验收（由业主负责），要求设置煤气报警与联动装置
空调设备	根据当地情况确定配置 60KW 通风管道式分体空调或中央式空调
	卖场正气压，卖场和出租区的保持新风，排烟要符合消防要求
	夏天 24℃，冬天 18℃
通信配置	电话 100 对，通局电缆到交换机房，并开通 36 门直线，2 条数据线，其中中继线 16 条，交换机容量 128 门
环保	符合国家及当地标准，并能最终通过当地验收（由业主负责）
绿化	符合国家及当地标准及卜蜂莲花的要求，并能最终通过当地验收
广告牌	免费广告牌位置分配：高炮占用 2 个位置，门头占用 2 个位置。业主负责所有审核及执照申请
出租区域	7000m² （max），4000m² （min）
后仓配置	上海、北京、广州配置 800 ～ 1000m²，其他城市配置 1000 ～ 1200m²
噪声控制	general > 45dB(A) @1 meter radium
	utility area > 75dB(A) @1 meter radium(max)
供电	2 of 2500kVA 干式变压器，10/0.4kV Dyn11 50Hz 双电源双回路供电，2 of 1250kVA 干式变压器，10/0.4kV Dyn11 50Hz 双电源双回路供电
发电机配置	1000kW 油罐容量可持续 1.5 天或 6t，业主需提供油罐位置；800kW 油罐容量可持续 1.5 天或 6t，业主需提供油罐位置
室外场地	重载路面（承重 35t）、停车场、绿化树种、景观等必须按照卜蜂莲花的要求或提供的图纸施工
人防	符合国家及当地标准及卜蜂莲花的要求，并能最终通过当地验收
建设用地规划文件	须由业主负责在租赁协议签约前提供
其他	要求业主提供当地水、电、气、汽的价格

链接 沃尔玛、家乐福、卜蜂莲花对比

表 1-19

对比对象		沃尔玛	家乐福	卜蜂莲花
商圈选址基本要求		人口：1.5km 范围 10 万以上；2km 范围 15 万～20 万 交通：临交通主干道至少双向四车道，无明显阻隔； 服务对象：以中青年为主，收入水平高； 限制条件：无经营面积超过 5000m² 同类业态	人口：人口密度相对集中；2km 范围 12 万～15 万人口 交通：两条马路交叉口，其中一条为主干道；有地铁、轻轨，私家车、公交车到达方便； 服务对象：城市居住人口	人口：3km 范围 25 万，5km 范围 50 万人口 交通：城乡接合部的交通便利处、社区密集区 服务对象： 以青年消费群体为主
建筑要求	面积	10000～25000m² 左右	15000m² 以上，不超过两层，总需求面积 2 万～4 万 m²	12000～20000m² 左右
	建筑物	纵深 40～50m 以上；临街面大于 70m	长宽比例 10:7 或 10:6	临街面不少于 80m，矩形或梯形地块
	层高	≥5m	净高 5.5m	卖场净高 5.3～5.5m；后仓 6.8～7.5m
	柱网间距	8～9m	≥8.4m	10.8m×10.8m
	楼板荷载	800～1000kg/m²	卖场 800kg/m²，后仓 1200kg/m²	卖场 800kg/m²，后仓冷库 1000～1200 kg/m²
	停车场	300 个以上顾客免费停车位，20 个以上免费货车停车位	免费提供至少 600 个机动车停车位，非机动车停车场地 2000m²	上海、北京、广州店配置 400～600 个车位，其他城市店配置 150～300 个车位，自行车位 600～1000 个
	相关配套	电动扶梯；电源稳定，配备完善的给排水系统，提供独立给排水接驳口并安装独立水表	二路供电：3500～4000kVA；二路进水：300m³/天；煤气：100m³/h；可排油污或有二级生化处理；中央空调及暖气供应	两层配置两部 5t 货梯；三层则增加加一部 3t 货梯。如有地下室，必须设有上下直达货梯；供水 200～250t/天
	其他	两个主出入口；外立面广告三个；设有广场	转租租户由家乐福负责管理	免费广告牌；高炮 2 个；门头 2 个
合作方式		租赁期限 20 年或 20 年以上	租金较低且长期的租赁合同，一般是 20～30 年	租赁，期限是 20～30 年

经典商业案例

04·华润万家

优秀的零售连锁企业品牌

华润万家是华润（集团）有限公司旗下优秀的零售连锁企业品牌，是中国最具
规模的零售连锁企业品牌之一，主营大卖场、生活超市、便利超市三种业态。

图1-7 华润万家门店

一、中国最具规模零售连锁企业品牌

华润万家（CR Vanguard）于1938年"联和行"（Liow& Co.）在香港成立，1984年华润超市创立。华润万家是国有控股企业集团——华润（集团）有限公司旗下优秀的零售连锁企业品牌，是中国最具规模的零售连锁企业品牌之一，主营大卖场、生活超市、便利超市三种业态。

华润万家多种业态优势互补，以客户需求为导向，为消费者提供高品质的商品与服务。截至目前，已进入全国31个省、自治区、直辖市和特别行政区，覆盖100多个重点城市。

华润万家基本信息 表 1-20

商家名称	华润万家（CR Vanguard）
LOGO	华润万家 Vanguard 与沃携手，改变生活
创始人	钱之光（第一任董事）
创立时间	1938 年
所属地区	中国香港
行业地位	世界 500 强企业
进入国家	中国（覆盖 100 多个重点城市）
品牌形象	与您携手改变生活
主营商品	红酒、休闲食品、个人护理、婴儿用品、玩具用品、体育用品、数码产品等
业态	超市、大卖场、社区超市
主要网点	全国 31 个省、自治区、直辖市和特别行政区
目标人群	广大消费者
拓展区域	华东地区，未来上海可能是华润万家高端超市系最为集中的市场
开店计划	未来上海可能是华润万家高端超市系最为集中的市场
店铺总数	4425 家
开店方式	直营、连锁经营
首选物业	商业综合体、购物中心、商业街、社区底商及配套商业
物业使用	租赁
需求面积	800 ～ 15000m²
合同期限	10 ～ 20 年

二、选址标准

华润万家基本选址标准 表 1-21

项目	要求
地方政策	政策环境良好，地方政府对连锁零售商业持支持态度，有政策优惠
商业业态	商业业态以传统百货为主，无或少超市类商场和公司
人口情况	人口规模在 50 万人以上，人口分布较为集中

三、建筑要求

1. 华润万家大卖场建筑要求

华润万家大卖场基本建筑要求 表 1-22

重点区域	全国
合作方式	租赁、自建
商圈地段	城市的商业中心、规划中的大型商业地块、住宅密集区
交通位置	位于城市主干道、十字路口
需求面积	8000m² 以上
楼层选择	首层最佳，总面积不超过三个楼层
层高要求	5.5m 最佳，最少不低于 5m
停车场	需配备大型停车场，不小于 1 个车位 /60m²
广场面积	不低于 1000m²

2. 华润万家便利超市建筑要求

华润万家便利超市建筑要求 表 1-23

重点区域	珠三角片区、长三角、京津地区
合作方式	租赁
商圈地段	大型成熟社区或待成熟社区
交通位置	位于小区主要出入口、十字路口
需求面积	200m² 以上
楼层选择	一层
层高要求	不低于 4.5m
停车场	免费提供商品配送车辆停车位
广场面积	不低于 1000m²

3. Vango24小时便利店标准

Vango24 小时便利店标准

表 1-24

重点区域	珠三角
合作方式	租赁
商圈地段	住宅区、商务区、商住区、商业区
交通位置	位于城市主干道、十字路口
需求面积	200m² 以上
楼层选择	首层
层高要求	不低于 4.5m
广场面积	100m² 以内

四、加盟条件

第一，认同华润万家品牌、经营理念、经营模式；

第二，有志于发展零售业、身体健康、诚信的个人及具有法人资格的企业；

第三，租赁期 5 年以上；

第四，加盟伙伴必须保证有充足的流动资金；

第五，房屋租赁合同或房产证明；

第六，店铺地点需经总部评估审查合格；

第七，特许权使用费和履约保证金（根据面积及商圈实地考察后确定）。

经典商业案例

05 ▪ 大润发

外资连锁零售企业

大润发是一家来自于台湾的大型连锁量贩店，中国大陆零售百货业冠军。

图1-8　大润发平价购物广场

一、中国连锁百强企业

　　大润发（RT-MART）是由台湾润泰集团于 1996 年创立的超市品牌，具体由大润发流通事业股份有限公司负责经营。截至 2012 年底，大润发在中国大陆开设有 223 家店，年销售额达到 725 亿元，总营业额和平均单店营业额在中国大陆目前所有的中外零售企业中排名第一。

大润发大卖场基本信息 表 1-25

商家名称	大润发（RT-MART）
LOGO	大潤發 RT-MART
创始人	尹衍梁
创立时间	1996 年
所属地区	中国台湾
行业地位	中国大陆零售百货业冠军
进入国家	中国
主营商品	科技影音家电、自营唱片行、图书天地、清洁用品、家用纸品、美容彩妆商品、服饰、男女式内着、鞋、婴幼儿用品、汽机车用品、鱼肉蔬果、食品、宠物食品用品
业态	超市
主要网点	华东区、华北区、华南区、华中区、东北区
目标人群	广大消费者
拓展区域	华东、华北、华南市场
店铺总数	223 家
开店方式	直营、通过资本运作收购同行、保留各自招牌、从中低调获利
首选物业	商业综合体、购物中心、商业街
物业使用	租赁、购买、合作
需求面积	5000～20000m² ，以一层 20000m² 为最佳，如二层即单层需求面积均在 10000m² 以上，总需求面积 20000～22000m² ，楼层最好不要超过二层
合同期限	10～20 年

二、选址标准

大润发大卖场基本选址标准 表 1-26

项目	要求
地块位置	最好以土地为界两边临路，要求在城市的主干道上。两条马路交叉口，其中一条为主干道
交通条件	便利公共交通设施，在主要公交线路沿线，毗邻地铁站及主要公交站点迅捷的开车购物条件，位于交通主干道，合理的车流动线，庞大的免费停车场
人口情况	以土地为中心半径 3km 人口约 30 万～40 万左右，县、地、省会城市均可，2km 商圈内 15 万～20 万以上的人口。购买力高的城市 3km 商圈内的人口 20 万也可以开

三、建筑要求

大润发大卖场基本建筑要求　　　　　表 1-27

项目	要求
需求面积	不低于 15000m²，如果是市中心，可以为 10000m²
总需求面积	20000 ~ 25000m²
建筑物长宽比例	10:7 或 10:6.4
楼层选择	最好不超过两层
建筑层高	建筑物室内层高楼板至楼板在 5.4m 以上，使用净高为 3.8m
柱网间距	最低要求 8m 或 11m
楼板荷载	卖场为 650kg/m²；收货区、库存区需要 1000kg/m²；卸货区为 3t/m²
停车场	至少机动车 10000m²（室内外均可）约 300 个停车位自行车 2500 ~ 3500m²（室、内外均可）

四、配套要求

大润发大卖场其他配套要求　　　　　表 1-28

项目	要求
供电	两路供电且同时使用，每路为 1600kVA，总容量 3200kVA，或一用一备，常供电 3200KVA，备用电 1600kVA。需求面积在 20000m² 以下，大厅在 3000m² 以下，两路同时使用，每路为 1250kVA，则总用电的容量为 2500kVA，或一用一备，常供电为 2500kVA，备用电 1250kVA
供水	两路进水，300m³/ 天（生活用水日供量 200t，空调用水日供量 200t）
供气	100m³/h
排水 / 排污	可排油污或有二级生化处理
空调设备	中央空调及暖气供应

经典商业案例

06·乐购

全球三大零售企业之一

乐购是英国领先的零售商，也是全球三大零售企业之一。

一、英国最大的零售商

Tesco 创始于 1919 年，是英国最大的零售商，也是全球三大零售企业之一。Tesco 在全球拥有门店数量超过 2800 家，分布 13 个国家，每周平均为全球超过 3000 多万名顾客提供优质服务。2004 年，Tesco 正式进入中国。截至 2013 年，Tesco 旗下的在华连锁大卖场已发展至 138 家门店的，分布于东北、华北（包括北京和天津）、华东、上海和华南五大区域的大型零售连锁企业。

乐购大卖场基本信息　　　　　　　　　　　　　　　表 1-29

商家名称	Tesco 乐购
LOGO	**TESCO 乐购**
创始人	Terry Leahy
创立时间	1919 年
所属国家	英国
行业地位	英国最大、排名全球第三的零售商
进入国家	中国
品牌形象	Every Little Helps，点滴皆有助益
主营商品	食品、日用品、财经服务、电信
业态	超市
主要网点	北京、山东、天津、辽宁、吉林等地
目标人群	广大消费者
拓展区域	东北区域继续保持拓展，主要以辽宁省为主；华东区域拓展主要以浙江、江苏、上海为主
店铺总数	138 家
开店方式	直营
首选物业	商业综合体、购物中心、商业街
物业使用	租赁、合作
需求面积	2000 ～ 21000m^2
合同期限	10 ～ 20 年

二、选址标准

乐购大卖场基本选址标准　　　　　　　　　　　　　表 1-30

项目	要求
商圈地段	城市主干道、城市的商业中心、社区中心，规划中的大型商业地块，住宅密集区
人口情况	2km 范围内人口数量在 15 万以上

三、建筑要求

乐购大卖场基本建筑要求　　　　　　　　　　　表 1-31

项目	要求
经营面积	18000m^2 以上（或根据综合情况而定）
楼层选择	1～2 层 /-1～1 层
建筑层高	5.5m
柱网间距	10.8m×8.4m
楼板荷载	800～1500kg/m^2
供配电负荷	3200kVA
内装修要求	简单装修
停车位	专用免费停车位 400 个

07 · 世纪联华超市

大型综合超市经营管理的专业化公司

图1-9　世纪联华门店

上海世纪联华超市由上海世纪联华超市有限公司经营管理，以直接经营、加盟经营和并购方式发展的一家布局全国网点、业态最齐全的零售连锁超市。

一、业态最齐全的零售连锁超市

上海世纪联华超市发展有限公司成立于 2001 年 7 月，是一家专门从事大型综合超市（大卖场）经营管理的专业化公司。目前发展区域已从上海延伸到苏、皖、粤、闽、川、豫、鲁等省市。未来五年，世纪联华将按照联华超市的全国发展规划，加快实施跨地区发展战略，联华超市股份有限公司于 1991 年起在上海开展业务，20 年间，以直接经营、加盟经营和并购方式发展成为一家具备全国网点布局、业态最齐全的零售连锁超市公司。现今，联华超市及其附属公司的总门店数目已经达到 5493 家，遍布全国 22 个省份及直辖市。

世纪联华超市基本信息 表 1-32

商家名称	世纪联华超市
LOGO	
创立时间	1991 年
所属国家	中国
行业地位	中国最大的商业零售企业
进入国家	中国大陆地区
品牌形象	大型综合超市
主营商品	大型综合超市、超级市场及便利店
业态	超市、大卖场、综合超市
主要网点	全国 22 个省份及直辖市
目标人群	广大消费者
店铺总数	5493 家
开店方式	直营、加盟
首选物业	商业综合体、购物中心、商业街
物业使用	租赁、合作
需求面积	1500 ~ 3000m²
合同期限	10 ~ 15 年

二、选址标准

世纪联华超市基本选址标准 表 1-33

项目		要求
地块位置		接近公司现有业务区域；虽远离公司现有业务地区，但人口规模巨大，经济发展水平高，商业业态以传统百货和杂货店为主的地区
城市	人口	规模应在 300 万人以上
	交通	便利，有高速公路相联系
	面积	城市分布呈面状，尽量避免线状分布；城市间相互距离不超过 3h 车程；在区域城市体系中有一个特大型中心城市为中心
商圈地段		在城市的中心城区、主要商业区、主要居民区中，在主干道上

第一类　超市、大卖场

续表

项目	要求
交通条件	交通便利，网点附近有公交站、轨道交通、有利于吸引人流
商圈人口	网点周边 3km 内有一定的居民区，用来支持卖场的购买力
其他	网点的各项证件是否齐全，手续是否合法，租赁是否存在可取性和可操作性，包括土地证、规划许可证、建设许可证、施工许可证、消防许可证和房地产许可证

三、建筑要求

世纪联华超市基本建筑要求　　　　　　　　　　　　　表 1-34

项目	要求
需求面积	15000m^2 左右
楼层选择	不超过三层，单层不小于 5000m^2
建筑层高	5m 左右
柱网间距	8m 左右
楼板荷载	600kg/m^2
停车场	100 个车位以上

经典商业案例

08 · 北京华联大型综合超市

国际百货协会唯一的中国零售企业会员

图1-10　北京华联

北京华联集团投资控股有限公司（简称北京华联集团）是商务部重点扶持的十五家全国大型零售企业之一，也是国际百货协会唯一的中国零售企业会员。北京华联大型综合超市是其旗下超市。

一、全国大型零售企业之一

　　北京华联集团投资控股有限公司（简称北京华联集团）是商务部重点扶持的十五家全国大型零售企业之一，也是国际百货协会唯一的中国零售企业会员。北京华联集团旗下拥有两家上市公司和多家控股公司，业态涉及大型综合超市、精品超市、百货店及商业地产等，截至 2010 年 10 月，在全国 19 个省市、自治区的 33 个重点城市拥有 121 家店铺。北京华联集团建立了覆盖全国的连锁零售网络，拥有中国一流的商业管理资源、商品资源、品牌资源和人才资源。

北京华联大型综合超市基本信息　　　　　　　　　表 1-35

商家名称	北京华联大型综合超市
LOGO	北京华联 BEIJING HUALIAN
创立时间	1996 年
所属国家	中国
进入国家	中国大陆地区
主营商品	生鲜、食品、百货等民生必需品
业态	大型综合超市、精品超市、百货店及商业地产
主要网点	全国 23 个省市、自治区的 35 个重点城市
目标人群	广大消费者
拓展区域	在全国一、二线城市开拓市场
店铺总数	100 多家
开店方式	直营、独立经营
首选物业	商业综合体、购物中心、商业街
物业使用	租赁
需求面积	6000 ～ 50000m²
合同期限	10 ～ 20 年

二、选址标准

北京华联超市基本选址标准　　　　　　　　　表 1-36

项目		要求
城市规模		省会城市或中心城市
		城区常住人口 100 万以上，年人均消费支出 6000 元以上
商圈地段	一级商圈	位于城区密集居民住宅区，3km 以内常住人口 50 万以上，紧邻城市主干道，有 8 条以上公交线，店面日均人流量 8 万以上
	二级商圈	位于城区密集居民住宅区，3km 以内常住人口 30 万以上，紧邻城市主干道，有 6 条以上公交线，店面日均人流量 6 万以上
	三级商圈	位于城区居民住宅区，3km 以内常住人口 20 万以上，紧邻城市主干道，有 4 条以上公交线，店面日均人流量 4 万以上
竞争对手		3km 内竞争对手不超过 2 家

三、建筑要求

北京华联超市基本建筑要求　　　　　　　　　　表 1-37

项目	要求
使用寿命	结构使用年限 > 租赁期限
结构改造	在国家规范许可范围内，满足经营需求
物业结构	框架或排架结构
建筑层高	5m
柱网间距	8m×8m
楼板荷载	卖场 4kg/m², 库房 5kg/m²
总需求面积	40000m²
层需求面积	12000m²
多层需求面积	6000m²/ 层
地面停车场面积	2000m²
地下停车场面积	8000m²
库房面积	2000m²
门前广场面积	2000m²
办公区面积	600m²
卸货区面积	300m²
卸货平台	高度 0.8m，面宽 8m，进深 5m
卸货通道（消防通道）	宽幅 3m
货梯	载重 2t 以上

四、配套要求

北京华联大型综合超市配套要求　　　　　　　　表 1-38

项目	要求
供电	经营方独立开户，用电量 0.12kVA/m²，其他根据规范满足经营需要
防水	混凝土刚性自防水加卷材柔性防水

经典商业案例

09 · 北京物美

中国连锁百强

物美集团是首都最大的连锁零售企业，位列中国连锁百强排名第十位。
旗下的物美综合超市是国内最早以连锁方式经营超市的专业公司之一。目前已
发展成为为华北、华东及西北的广大客户提供实惠商品和优质服务的大型连锁
企业。

一、首都最大的连锁零售企业

物美集团自 1994 年在京率先创办综合超市以来，秉承"发展现代流通产业，提升大众生活品质"
的经营理念，以振兴民族零售产业为己任，在连锁超市领域辛勤耕耘，取得了显著的成就，成为首
都最大的连锁零售企业，位列中国连锁百强排名第十位。

目前，物美在华北、华东及西北已经拥有满足顾客一次购物需求的大卖场、提供大社区全面服
务的生活超市、便利商店和中高端百货公司等各类店铺 700 余家，建立了为服务城乡居民的连锁零
售网络，不断推进着中国商业流通现代化的进程。

北京物美大卖场基本信息   表 1-39

商家名称	北京物美大卖场
LOGO	物美 WU MART
创立时间	1994 年
所属国家	中国
行业地位	中国连锁百强排名第十位
进入国家	中国
品牌形象	首都最大的连锁零售企业
主营商品	食品、日用杂品、洗化用品等
业态	超市、大卖场、综合超市
主要网点	华北、华东、西北
目标人群	广大消费者
拓展区域	暂无
店铺总数	700 余家
开店方式	直营、加盟
首选物业	商业综合体、购物中心、商业街、写字楼底商及配套商业
物业使用	租赁、合作
需求面积	3000 ～ 30000m^2
合同期限	3 ～ 10 年

二、选址标准

北京物美大卖场基本选址标准   表 1-40

业态	项目	要求
便利店	立地	临交通主动线，可视性佳（50m 以外易见），无进店障碍
	商圈	流动人口量 4000 ～ 8000 人次 / 天
	物业	面积 80 ～ 500m^2，地上一层布局方正为佳
综合超市	立地	临交通主动线交汇处，把角为佳，容易发现
	商圈	以半径 1.2 公里的商圈中有 2 万户居民为宜
	物业	单层面积 1500 ～ 6000m^2 以上，不超过两层，以一层为佳，卖场以方形最好
大卖场	立地	临交通主动线交汇处，客流车流量大，人流车流易进出，可视性佳 (50m 以外易见)，无进店障碍
	商圈	以 3 公里为半径内有居民 30 万人

三、建筑要求

北京物美大卖场基本建筑要求 表 1-41

项目	要求
需求面积	8000 ～ 30000m² 以上
楼层选择	以一层最佳，不超过两层
建筑层高	5m
柱网间距	8m
停车位	300 个

经典商业案例

10 ▪ 新一佳超市

国家重点培育的二十强商业企业

新一佳超市有限公司是深圳市民营领军标杆企业，是广东省流通龙头企业，是
国家重点培育的二十强商业企业。

图1-11　新一佳门店

一、深圳民营领军标杆企业

　　新一佳超市有限公司成立于 1995 年，是深圳市民营领军标杆企业，是广东省流通龙头企业，是
国家重点培育的二十强商业企业。公司创办以来，始终坚持"创新、服务、满意、第一"的经营理念，
以"新鲜、干净、丰富、便宜"为宗旨，极大地满足了顾客"一站购齐"的购物需求，多次受到国家、
省、市领导的赞扬和肯定，并被政府部门、行业协会、消费者协会等机构授予多项荣誉称号，赢得
了广大消费者的喜爱。

表 1-42

新一佳超市基本信息

商家名称	新一佳超市
LOGO	
创立时间	1995 年
所属国家	中国
行业地位	全国商业连锁企业第 28 位
进入国家	中国
品牌形象	大众化
主营商品	食品、日用杂品、洗化用品等
业态	大卖场、超市、综合超市
主要网点	大中城市
目标人群	城市常住居民
拓展区域	华南区域
开店计划	暂无
店铺总数	116 家
开店方式	直营
首选物业	综合体、购物中心、商业街、社区底商及配套商业
物业使用	租赁、购买、合作
需求面积	$10000 \sim 30000 m^2$
合同期限	$15 \sim 20$ 年

二、选址标准

表 1-43

新一佳超市基本选址标准

项目	要求
商圈地段	城市的商业中心、社区中心，规划中的大型商业地块，住宅密集区
人口情况	位于城市主干道，2 公里范围内人口数量在 15 万以上

三、建筑要求

1. 仓储式超市建筑要求

新一佳仓储式超市基本建筑要求 表 1-44

项目	要求
物业形状	方正
需求面积	10000 ~ 20000m² (或根据综合情况而定)
楼层选择	最好一层，最高两层 10000m²/ 三层以下，8000m²/ 两层以下
建筑层高	净高 > 5m
建筑进深	最少 60m
柱网间距	8.7m 以上
楼板荷载	承重 ≥ 1500kg/m²，面层为耐磨硬化剂地面
供配电负荷	2×800kVA，双回路用电

2. 大型仓储式超市建筑要求

新一佳大型仓储式超市基本建筑要求 表 1-45

项目	要求
需求面积	20000m²
卖场面积	单层约 10000m²，如达不到，单层不低于 500m²，
建筑结构	主体由钢结构或混凝土框架结构建设均可
楼层选择	1 ~ 4 层
建筑层高	净高 3.5 ~ 4m 以上
长宽比例	卖场临街面与进深（即长宽）标准比例为 7：4
柱网间距	8 ~ 10m 以上
建筑地面	铺设象牙白或浅色工业超市专用砖
坡梯	卖场多于一层的每层须配置两部自动扶梯（不超过 12°的）
货梯和卸货区	两部 3t 以上的货梯，地面一层不少于 500m² 的专用卸货区，商场周边需有环形车道以方便购物车及货车进出
停车场	停车位与商场面积比不小于 1 ~ 1.5 个 /100m²

四、配套要求

新一佳超市配套要求   表 1-46

项目	要求
水电配置	主要以生活用水和生鲜冷冻用水为主,日用水量 40t; 配大型超市及卖场要求两度的照明设施,照度不小于 600lux
空调设备	冬季采暖:18 ~ 20℃; 夏季制冷:24 ~ 26℃
通信配置	一条 DDN 数据专线及 20 门电话(应有一条中继线)
硬件设施	配置中央空调机组和消防设备
门前广场	面积 1000m^2(视情况而定)
店招位置	提供本商厦正面及侧面显著位置或屋顶设置店标及招牌

经典商业案例

11·欧尚超市

世界超市经营先驱者之一

图1-12　欧尚超市

欧尚商店诞生在法国，它首次在经营中将"多选、廉价、服务"三者融为一体，成为世界超市经营先驱者之一。目前，作为世界排名前十的零售业集团之一，在世界 12 个国家拥有大型超市和超市 1163 家。

一、世界排名前十的零售业集团

1961 年，第一家欧尚商店在法国诞生，它在经营中首次将"多选、廉价、服务"三者融为一体，由此，欧尚成为世界超市经营先驱者之一。目前，作为世界排名前十的零售业集团之一，在世界 12 个国家拥有大型超市和超市 1163 家。

作为世界排名前十的零售业集团之一，欧尚 2007 年发展成为年营业额 367 亿欧元、投资额 1045 万欧元，在世界上 12 个国家拥有大型超市和超市 1163 家，并涉及房地产及金融领域的世界五百强企业。至 2006 年年末，欧尚员工人数超过 186000 人，顾客人数达 13 亿，是目前法国主要的大型跨国商业集团之一，2012 年在世界 500 强企业排名 142 位。

在亚洲，欧尚首选了中国上海。1997 年 4 月，上海欧尚超市有限公司经国家工商管理局批准成立，上海杨浦中原店于 1999 年 7 月 17 日正式开业，其占地面积为 20000m²，需求面积 15000m²，营业面积为 8000m²，是欧尚在中国的第一家大型超市，也是欧尚在世界上的第 209 家店。至 2011 年年底，欧尚中国共有 45 家大型超市，而从 2012 年开始，欧尚更将加快在中国的发展步伐，至 2015 年，要求实现开 100 家店的目标。

欧尚超市基本信息 表 1-47

商家名称	欧尚超市
LOGO	**Auchan**
创立时间	1961 年
所属国家	法国
行业地位	世界超市经营先驱者之一
进入国家	中国等 12 个国家
主营商品	生鲜、家电、纺织服装、大众消费品、百货商品
业态	超市、综合超市
主要网点	上海、苏州、杭州、北京
目标人群	城市常住家庭成员
拓展区域	欧尚超市 (auchan) 在中国的发展战略正在向东北地区倾斜
开店计划	至 2015 年，欧尚超市 (auchan) 要实现在全国开 100 家店的目标
店铺总数	45 家（中国）
开店方式	直营、代理
首选物业	商业综合体、商业街
物业使用	租赁、购买
需求面积	10000 ～ 30000m^2
合同期限	15 ～ 20 年

二、选址标准

欧尚超市基本选址标准 表 1-48

项目	要求
净地面积	约 50 亩（合 33333.33m^2），土地形状为较规则的长方形（长约 2222m，宽约 160m）
地块位置	位于两条具有 4 车道的主干道的十字路口
周边人口	地块周边 2 ～ 3km 范围现在有常住人口至少 20 万～ 30 万，且无同类大型卖场
交通条件	地块临近公共交通站点

三、建筑要求

欧尚超市建筑要求　　　　　　　　　　　　　　　表 1-49

项目	要求
需求面积	单层需求面积约为 12000 ～ 18000m²，建筑轮廓约为（100 ～ 120）m×（120 ～ 150）m，
楼层选择	共 2 ～ 3 层
建筑层高	约 6m，梁下净高约 5.5m
柱网间距	约 9 m×9m
楼板荷载	800 ～ 1000kg/m²
出入口	至少两个以上机动车出入口，可供顾客相对独立使用的机动车位 600 个以上。机动车停车位面积、合作方式可另议

四、合作条件

欧尚超市基本合作条件　　　　　　　　　　　　　表 1-50

项目	要求
城市地图	标出地块所在城市中的位置，标出已存在的和潜在的竞争对手位置
规划图	Auto Cad 电子版的红线图、城市规划地图
地块环境	商业、住宅、工厂、写字楼；楼层高度、周边住宅人群消费能力
周边交通	车道宽度、双向几车道、红绿灯位置、有无转向限制，有无高架、桥梁、地铁、隧道，如有需标示引桥位置
客流	潜在的客户流和来自不同方向的人流百分比
技术指标	容积率、建筑密度、绿化率、建筑高度、建筑退界
物业平面图	是自建还是租赁，Auto Cad 的电子版平面设计图纸
楼层和面积	整个建筑的总楼层和面积
机动车出入口的位置	停车场的位置和数量
收货区	货车出入口和收货区的位置
停车场	自行车停车场的位置和数量
租赁	租赁建筑的楼层高度、净高，租赁建筑的楼板荷载
项目阶段	项目现处于什么阶段，目标超市开业日

经典商业案例

12·永辉超市

将生鲜农产品引进现代超市

永辉超市股份有限公司是中国大陆第一家将生鲜农产品引进现代超市的流通企业，经过十多年的发展，已成为以零售业龙头、以现代物流为支撑、以食品工业和现代农业为两翼、以实业开发为基础的大型企业集团，是福建省"商业流通及农业产业化"的双龙头企业。

图1-13　永辉超市门店

一、中国快速消费品连锁百强

永辉超市股份有限公司创办于1998年，是中国大陆第一家将生鲜农产品引进现代超市的流通企业，经过十多年的发展，已成为以零售业为龙头、以现代物流为支撑、以食品工业和现代农业为两翼、以实业开发为基础的大型企业集团，是福建省"商业流通及农业产业化"的双龙头企业。

永辉超市在福建、浙江、广东、重庆、贵州、四川、北京、天津、河北、安徽、江苏、河南、陕西、黑龙江、吉林、辽宁等16个省市已发展超过300家大、中型超市，经营面积超过300万 m²，位居2011年中国连锁百强企业20强、中国快速消费品连锁百强8强。

永辉超市基本信息　　　　　　　　　　　　　　　表 1-51

商家名称	永辉超市
LOGO	
创立时间	1998 年
所属国家	中国
行业地位	中国连锁百强企业 30 强、中国快速消费品连锁百强 10 强
进入国家	国内
主营商品	生鲜农产品、日常用品
业态	超市、综合超市、社区超市
主要网点	北京、重庆、安徽、福建
目标人群	广大消费者
拓展区域	福建、重庆、北京、天津、安徽、贵州、江苏、四川、河南，其他
开店计划	将开设 73 家门店，其中重庆 30 家、福建 24 家、北京 9 家、安徽 9 家、贵州 1 家
店铺总数	360 家
开店方式	直营、连锁经营
首选物业	商业综合体、商业街、社区底商及配套商业
物业使用	租赁、合作
需求面积	7000 ～ 15000m² 左右，单层面积 3000m² 以上
合同期限	10 ～ 20 年

二、选址标准

永辉超市基本选址标准　　　　　　　　　　　　　表 1-52

业态		要求
商圈面积	大卖场	面积 10000 ～ 20000m²，辐射半径 5 ～ 20km
	卖场	面积 5000 ～ 8000m²，辐射半径 3 ～ 5km
	社区店	面积 1500 ～ 3000m²，辐射半径 1 ～ 3km
	高级超市	面积 2000 ～ 3000m²
地块位置		客流量大的十字交叉路口，交通比较便捷的地带
人口情况		人口多，流动人口庞大，人口密度大

13·易买得超市

"百货超市"的经营业态

易买得超市是韩国新世界集团旗下的大型综合超市，其最大的特点就是"百货超市"的经营业态。新世界集团是韩国最大的商业流通集团，拥有百货商场和大型综合超市等业态。

图1-14 易买得门店

一、韩国最大的商业流通集团

易买得超市是韩国新世界集团旗下的大型综合超市，其最大的特点就是"百货超市"的经营业态。新世界集团是韩国最大的商业流通集团，拥有百货商场和大型综合超市等业态。目前，易买得超市在韩国拥有70家门店，占有韩国市场32%的市场份额，门店数和销售额均超过了沃尔玛和家乐福在当地市场的总和。

1997年，韩国新世界在上海开设了中国的第一家易买得超市。目前，上海易买得已经开设了5家分店。作为韩国最大的商业流通集团，韩国新世界集团在中国的连锁零售业选择了合作经营，目前其主要合作伙伴是上海九百和天津泰达。

超市经营韩国特色商品

为增加竞争力，易买得超市制定了特殊的商品策略，商品的差异化是其最大的特点。易买得经营的服装商品除了品牌众多外，还将根据不同季节和时期实行打折策略。此外，超市还将扩大易买得独家商品的种类，扩大价格差异，经常开发新的供应商，与合作企业签订易买得单独的交易合同。

韩国特色商品经营也是超市的一大特色，很多韩国供货商随着易买得进入了中国市场，他们非常看好中国市场前景，计划将一些国内难以见到的特色商品带到超市经营。

易买得超市基本信息　　　　　　　　　　　　表 1-53

商家名称	易买得超市
LOGO	E·MART
创立时间	1997 年
所属国家	韩国
业态	超市、综合超市
主要网点	全国一线大城市和二三线城市
目标人群	有购买能力的人群
开店计划	易买得计划截至 2015 年在华新开门店增至 45 家
店铺总数	16 家
开店方式	直营、代理
首选物业	商业综合体、购物中心、商业街、写字楼底商及配套商业
物业使用	租赁、合作
需求面积	15000 ～ 30000m^2
合同期限	5 ～ 10 年

二、选址标准

易买得超市基本选址标准　　　　　　　　　　表 1-54

项目		要求
拓展城市		全国一线大城市和二三线城市
城市规模		省会城市或中心城市
		城区常住人口 100 万以上，年人均消费支出 6000 元以上
商圈	一级商圈	位于城区密集居民住宅区，3km 以内常住人口 50 万以上，紧邻城市主干道，有 8 条以上公交线，店面日均人流量 8 万以上
	二级商圈	位于城区密集居民住宅区，3km 以内常住人口 30 万以上，紧邻城市主干道，有 6 条以上公交线，店面日均人流量 6 万以上
	三级商圈	位于城区居民住宅区，3km 以内常住人口 20 万以上，紧邻城市主干道，有 4 条以上公交线，店面日均人流量 4 万以上
竞争对手		3 公里内竞争对手不超过 2 家
区域客单消费		30 ～ 2000 元

三、建筑要求

易买得超市基本建筑要求 　　　　　　　　　表 1-55

项目	要求
总需求面积	15000m^2 以上
使用寿命	结构使用年限＞租赁期限
结构改造	在国家规范许可范围内，满足经营需求
建筑物结构	框架或排架结构
建筑层高	5m
柱网间距	8m×8m
楼板荷载	卖场 4kg/m^2，库房 5kg/m^2

经典商业案例

14 ▪ 好又多量贩

分店数量最多的台资商业企业

图1-15　好又多门店

好又多公司是经国家商务部批准的台资商业企业，自成立至今，队伍
不断发展和壮大，成为中国大陆连锁分店数量最多的台资商业企业。

一、大型流通业量贩型台资企业

好又多公司是经国家商务部批准的台资商业企业，自1997年8月成立至今，队伍不断发展和壮大。旗下经营的大型连锁店（含加盟）达100多家，总营业面积40多万平方米，员工总数30000余人，经营品项近2万种。好又多成为中国大陆连锁分店数量最多的台资商业企业，公司销售网络遍布国内20多个省、区、直辖市。

好又多百货商业广场有限公司是一家大型的流通业量贩型台资企业，主要经营产品零售日用百货、日用杂品、针纺织品、五金交电、照相器材、仪表仪器、工艺美术品、精品、精细化工产品、音像制品、副食品、粮油制品、冷冻食品、干货类食烟、酒类、书籍，并提供相关的商务咨询和商务服务，配套中西快餐、电子游戏机娱乐业务、食品加工及销售等。

好又多连锁超市基本信息　　　　　　　　表 1-56

商家名称	好又多连锁超市
LOGO	好又多 TRUST-MART
创始人	于日江
创立时间	1997 年
所属国家	中国
行业地位	中国大陆连锁分店数量最多的台资商业企业
业态	超市　大卖场；综合超市
主要网点	广州、深圳、福州、福清、厦门、上海等 20 多个省、区、直辖市
目标人群	大众消费群体
店铺总数	100 多家
开店方式	直营
首选物业	商业综合体、商业街
物业使用	租赁、合作
需求面积	8000 ～ 15000m^2
合同期限	10 ～ 20 年

二、选址标准

好又多连锁超市基本选址标准　　　　　　　　表 1-57

项目	要求
城市规模	现有好又多门店的城市； 中心城市和二三级城市； 城市化水平在 30% 以上，中、小城市密集，城乡一体化发展的区域； 城市间交通便利，有高速公路相联系； 城市分布呈面状，尽量避免线状分布
商圈人口	半径 1.2 公里的商圈，人口规模应在 300 万以上
店面要求	可接近性好，可视性好

三、建筑要求

好又多连锁超市基本建筑要求 表 1-58

项目	要求
需求面积	8000 ～ 30000m²
建筑楼层	两至三个楼层，每层面积不少于 5000m²
建筑层高	≥ 5m
柱网间距	> 8m
楼板荷载	> 500kg/m²
停车位	300 个

链接 企业发展

　　好又多成为中国大陆连锁分店数量最多的台资商业企业，自开设首家店——广州天河店以来，又陆续在全国各地开设二十几家新店，至今在成都、广州、番禺、深圳、昆明、绵阳、西安、武汉、福州、厦门、宁波、温州、杭州、上海等城市均已开设分店，并以成倍的数量，已开张的店总营业面积达十万多平方米，现有职工总人数约 12000 余人，经营品项有 1 万 5 千余种。旗下经营的大型连锁店（含加盟）达 100 多家，总营业面积四十多万平方米，员工总数 30000 余人。

百货店、购物中心

　　百货店是指在一个建筑物内，集中了若干专业的商品部，并向顾客提供多种类、多品种商品及服务的综合性零售形态。综合性购物中心中的百货主力店，可以是高层建筑裙楼、购物中心的主楼或者单体建筑。

一、商圈要求

大型连锁百货基本商圈要求

表 2-1

项目	要求
商圈地段	城市的商业中心、规划中大型商业地块。参照物主要有大中型超市、购物中心、大卖场、专卖店、银行、干洗店、冲印店等服务设施。凡上述类型的设施集中的地段可作为考虑的备选点
交通条件	交通便利，公交车、小车、摩托车、自行车等交通工具来往畅通，使得顾客便利通达店址
人口情况	40 万人以上

二、百货业建筑及配套要求

百货业基本建筑及配套要求

表 2-2

技术指标	要求
选择区域	城市核心商圈、商业中心内或商业新区
楼层选择	1 ～ 4 层（亦可酌情考虑）
建筑总面积	30000 ～ 40000m^2，每层需求面积不低于 6000m^2
单层店面积	15000m^2 以上（首层）
多层店面积	20000 ～ 30000m^2（每层面积：4000m^2 以上）
建筑层高	首层层高 ≥ 5.5m，二层以上层高 ≥ 5m
楼板荷载	营业区 ≥ 250kg/m^2，仓库区 ≥ 800kg/m^2，如百货品牌自身配备餐饮美食区，则厨房区 ≥ 450kg/m^2

百货业基本建筑及配套要求

续表

技术指标	要求
给排水供水	提供管径为 100mm 的独立进水管 2 根及独立计量水表，每天大于 250t 用水量百货业指标。提供给店方 200mm 排水管 2 根，与足够容量的隔油池连接
供配电	提供电容量大于 5500kVA 变电设备，双路供电方式，三相五线 380V/220V、50Hz，安装店方独立高压计量电表
空调配置	总冷负荷概算指标 200W/m²，宜采用空气—水系统，水冷式离心冷冻机或水冷式螺杆冷冻机，可变风量及水量空气调节末端
垂直交通	提供自动人形扶梯 2～3 部 / 层，货梯 2 部
卸货区	≥ 200m²
柱间柜	大于 9m×9m。单层结构以正四方形为最佳
燃气管道	提供配口
排污	提供给店方 150mm 排污管 2 根，能够就近接入足够容量的排污化粪池
门前广场	开阔，临时或临广场
停车位	按照 100m² 设置一个停车位标准配置，不低于 400 个机动车停车位，100 个 /10000m²，若与超市在一起，就可减少车位量
物业交付装修标准	简装 / 毛坯
租金承受范围	20～50 元 /（m²·月）左右
交付租金形式	扣点或纯租金
租赁年限	10～20 年
免租期	不同区域有不同的标准，一般一年左右
发展商品牌影响力	非常重要

三、引进大型连锁百货的要点

（1）提前确定合作意向

大型连锁百货零售商的开店计划一般在年初就已经制定，如果商业项目不在其选定的商圈里，那么入驻的可能性是非常之小的。因此，对于商业项目开发者来说，如果有意引入百货主力店，一定要在建设之前就确定合作意向。

（2）衡量大型连锁百货的利弊

　　在引入百货主力店的时候，开发商应该注意它的负面效应——对品牌的争夺和对客流的争夺。知名百货业能为购物中心带来大量的客流，但它们自身存在的一些问题也会"连累"商业项目。比如，原来的百货采用大卖场形式，乱糟糟的环境让越来越讲究购物环境的消费者倒了胃口；百货，实际上是个二房东，各家百货间的重叠品牌非常多，这使得百货业的竞争越来越不健康，打折返券成风。更重要的是，百货经营的商品和品牌常常与购物中心重叠，从而发生对品牌资源和客户资源的争夺战。

经典商业案例
01 · 百盛百货

最早在中国经营时尚百货的外资连锁企业之一

百盛是最早在中国经营时尚百货外资连锁企业之一，目前已经发展成为中国最大的时尚百货集团之一，并且拥有覆盖中国 18 个省 27 个主要城市的最广泛的营销网络。

图2-1 百盛百货

一、定位于中高档消费群体的时尚百货

百盛百货是金狮集团于 1987 年创立的，在近十年的时间里发展显著。连锁百货商店遍布马来西亚各主要城市，至今已开设了三十余间购物中心以及精品专卖连锁店，成为全马百货店最大、最成功的零售连锁集团。集团业务范围囊括制造、贸易、零售、房地产、金融服务与资讯科技等领域。旗下有二百余家公司及关系企业。集团属下"百盛"为马来西亚百货公司最大的连锁机构。

百盛于 1994 年进驻中国零售业市场（"百盛"），并在北京复兴门内大街开设首家百货店，定位于中高档消费群体。百盛是最早在中国经营时尚百货外资连锁企业之一，并且目前已经发展成为中国最大的时尚百货集团之一，拥有覆盖中国 18 个省 27 个主要城市的最广泛的营销网络。

百盛百货基本信息　　　　　　　　　　　　　　　　　　　　表 2-3

商家名称	百盛百货（Parkson）
LOGO	PARKSON 百盛
创始人	钟廷森
所属行业	综合商业
创立时间	1987 年
所属国家	马来西亚
行业地位	马来西亚百货公司最大的连锁机构
进入国家	马来西亚、中国
品牌形象	营造最佳购物场所
主营商品	服装、制造、贸易、零售、房地产、金融服务与资讯科技等
业态	百货、精品百货
主要网点	全国 35 个城市
目标人群	中高收入人群
拓展区域	北京以及其他大中城市
开店计划	百盛（Parkson）预计 2011 ～ 2013 两年内在中国新开 16 ～ 20 家店
店铺总数	53 家
开店方式	直营
首选物业	商业综合体、商业街
物业使用	租赁
需求面积	30000 ～ 100000m²
合同期限	10 年

二、建筑要求

百盛百货建筑要求　　　　　　　　　　　　　　　　　　　　表 2-4

项目	要求
建筑结构	一般采用框架结构
建筑层高	首层 5.6m 以上，保证净高 3.6m，其余各层层高 4.8m 以上
柱网间距	7.5 ～ 9m，宜选择矩形柱网布置

续表

项目	要求
楼板荷载	卖场 3.5 ～ 4kg/m², 超市 7kg/m², 库房 4 ～ 5kg/m²
总需求面积	30000m² 以上
单层需求面积	6000 ～ 7000m²/ 层, 一般来说不超过 5 层为宜
停车场面积	1 万 m² 体量, 大致需要 60 ～ 80 辆车的停车面积
库房、办公区面积	3000m²
卸货区	卸货平台高 1m 左右（根据货车）, 面宽 8m, 进深 5m。卸货区 300m² 靠近库房设计, 卸货通道净高 3m 以上为宜
垃圾间	垃圾分类处理间单独设立
其他	标识以及相关导引设施要求等

链接 百盛百货经营七大秘籍

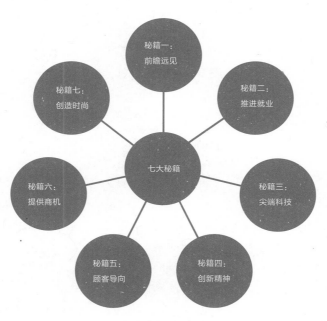

图2-2　百盛百货经营七大秘籍

秘籍一：前瞻远见

"百盛"发展之原动力是来自其重视企业与消费人的紧密伙伴关系的前瞻远见。"百盛"深信通过不断发掘与满足消费人的需求，便可不断地实现自我茁壮发展以及多元化，在马来西亚本国、中国内地以至世界各地担负起厂商和广大消费人间桥梁之重任。

秘籍二：推进就业

"百盛"的发展动力所发挥的社会效益并不止于提高消费人的品位方面。随着机构的扩展，"百盛"每个月聘用大量的新员工，不断为社会经济注入新动力。而且为了充分发挥雇员的天分与潜能，"百盛"为各级员工，从营业员、收银员，收货员以至中级管理人员提供严格与完整的培训课程，其中一些特别的课程还是与海外著名大专学府联办的。

秘籍三：尖端科技

为了保持集团的领先地位，"百盛"不惜重金聘用世界著名的电脑公司与系统工程师，开发出一套尖端的百货业电脑营运与管理系统。"百盛"的大型电脑目前可以监控每日超过39万件的存货流通以及4500架收银机的营业额，而且其效能还可以再提高一倍。正因为"百盛"拥有此类尖端科技所带来的现代化、更精简、更合乎成本效益的管理优势与超越同行的顾客水平，使"百盛"得以长期领先同行。

秘籍四：创新精神

"百盛"的创新领导精神也处处体现在商品推广与促销方面。例如"百盛大减价"就是中国零售业破天荒地第一次出现以大减价字样作为促销主题。另一项是"马来西亚文化商品节"，这项以马来西亚为主题的促销会展出了马来西亚文化遗产、艺术、建筑、食品与风俗。此外，"百盛希望基金"则是一项以人民币十万信托基金为巨奖的社会公益活动。

秘籍五：顾客导向

"百盛"自1987年创业以来的长期经验证明，为顾客提供最佳购物环境、最佳商品系列有助于提高消费人的品位与生活水平。当"百盛"对民生经济作出努力时，那日渐丰裕的国民经济也转过来滋育"百盛"的进一步成长。

营销术的成功关键在于能投顾客所好，而不是将自己的所有推销给顾客。为充分了解中国顾客群的购物行为与喜好，"百盛"已将马来西亚原有的电脑管理系统进一步开发用于中国"百盛"，使它能应用拼音与汉字进行发票和其他文汇报件的操作，以适应中国市场需要。

秘籍六：提供商机

"百盛"在中国的联营计划将为中国的厂家与供应商带来新的行销机会。"百盛"不但将他们的产品广泛推销给中国的顾客群，同时还通过"百盛"旗下的销售网介绍给马来西亚的顾客群。"百盛"所提供的出口潜能,加上其所引用的尖端营运科技以及为中国员工制造的就业机会与培训计划,必将对中国的经济发展有所贡献。

秘籍七: 创造时尚

"百盛"成功的其中一项秘诀是市场消息十分灵通,对消费者品味与时尚了如指掌。"百盛"能准确预知潮流动向,随时觉察时尚风向的转变,因此"百盛"可以不断地随中国广大消费者品味的变化而随时对商品、服务及销售方法作出迅速反应与调整,以迎合消费者的新期望与需求。

经典商业案例

02 · 新世界百货

中国中高档零售市场

图2-3　新世界百货

新世界百货中国有限公司（新世界百货）是一家在香港交易所上市的零售业公司。新世界百货的市场定位为中国中高档零售市场，提供一系列的中高档商品，主要集中销售时装、配饰、珠宝及化妆品。

一、定位高雅、时尚的中青年

　　新世界百货中国有限公司（新世界百货）是一家在香港交易所上市的零售业公司，包括中国内地及香港的 28 间"新世界"品牌百货店及九间"巴黎春天"品牌百货店。

　　新世界集团是建基于香港的知名企业，以物业、电信等核心业务为主。稳健的财务状况、多元化的业务组合、因时制宜的商业策略，使新世界集团变得更具实力，成为香港地位举足轻重的大财团。新世界集团看准市场契机，于 1993 年在天时地利人和的条件下成立了新世界百货有限公司，并于翌年在中国华中地区最大的城市——武汉经营管理了第一间百货商场。从此，新世界百货拉开了全力进军中国零售业市场的帷幕。

　　新世界百货的市场定位为中国中高档零售市场，提供一系列的中高档商品，主要集中销售时装、配饰、珠宝及化妆品。在集团的自有店中，销售主要分为两类，分别为专柜销售及自营销售，集团的自有店中进行的销售大部分为专柜销售。新世界百货根据市场情况及自身优势，确定了中高档路线的市场定位，高雅、时尚的中青年一族是新世界百货的主要目标顾客。

新世界百货基本信息   表 2-5

商家名称	新世界百货
LOGO	
所属行业	零售业
创立时间	1993 年
所属地区	中国香港
主营商品	时装、配饰、珠宝及化妆品
业态	百货、精品百货
主要网点	西部、华南、华东区
目标人群	高雅、时尚的中青年一族
拓展区域	北京、四川、哈尔滨、辽宁、西安、太原、广州
开店计划	新世界百货绵羊店 2011 年底前将开业，集团计划投资 10 亿美元，于未来 5 ～ 7 年在内地开设 7 家 K11 店。目前，新世界正酝酿上海 K11 的建设，北京崇文门 K11 也将可能于 2013 年开业
店铺总数	38 家
开店方式	直营、独立经营、合作经营
首选物业	商业综合体、购物中心、商业街
物业使用	租赁、合作
需求面积	35000 ～ 100000m^2
合同期限	10 ～ 20 年

二、选址标准

新世界百货对项目及店址的选择相当谨慎，既要分析目标城市的经济发展及市场情况，又要考虑店址的人流效益及周边环境，务必将风险减至最低，以争取最高的投资回报。邻近或处于核心商圈是首选，选择新兴商圈或新兴发展区成为现阶段新世界百货选址的要求。

新世界百货基本选址标准   表 2-6

项目	要求	
城市选择	在二、三线城市	
商圈地段	首选	邻近或处于核心商圈
	现阶段需求	新兴商圈或新兴发展区
	具有人流量大，交通系统成熟，有消费基础等特点的传统商业区	

三、建筑要求

新世界百货基本建筑要求 表 2-7

项目	要求
建筑结构	一般采用框架结构
建筑层高	首层 5.6m 以上，保证净高 3.6m，其余各层层高 4.8m 以上
柱网间距	7.5 ~ 9m，宜选择矩形柱网布置
楼板荷载	卖场 3.5 ~ 4kg/m²，超市 7kg/m²，库房 4 ~ 5kg/m²
总需求面积	10000 ~ 44000m²
单层需求面积	6000 ~ 7000m²/ 层，一般来说不超过 5 层为宜
停车场面积	1 万 m² 体量，大致需要 60 ~ 80 辆车的停车面积
库房、办公区面积	3000m²
卸货区	卸货平台高 1m 左右 (根据货车)，面宽 8m，进深 5m，卸货区 300m² 靠近库房设计，卸货通道净高 3m 以上为宜
垃圾间	垃圾分类处理间单独设立
其他	标识以及相关导引设施要求等

链接　运营模式

1. 新概念经营模式

新世界百货将革新形象，率先引入"时尚"及"生活"的新概念经营模式，为消费者带来崭新购物体验。

革新后的新世界百货，全国分店不再以档次作定位，改以时尚、生活的概念作全新定位方向，开创先河把百货店划分为两大类别："时尚馆"和"生活馆"，针对国内消费者追求时尚及高质素的生活要求，更精准地提供服务。一般面积较大的分店将规划为"生活馆"，而面积较小的分店则会改造成"时尚馆"。

"时尚馆"以"时尚"及"个性"为主题，为销售各式时装及服饰相关类的"主题性百货"。强调"混搭"（Mixand Match）风格，引进独家品牌和设计师品牌（Designer Brands），致力成为各地城市的"时尚"潮流地标。

"生活馆"糅合百货店及商场的经营元素，致力迎合"男女老青幼"、全面照顾"衣、食、住、行、乐"的需要，为"一站式购物百货"。馆内约 20% ~ 30% 面积将规划为配套服务用途，提供如餐饮、健身中心、水疗美容中心、银行、娱乐、服务等配套设施，成为一家大小购物消闲、共聚天伦及欢度假日的好去处。

2. 差异化经营

（1）定位差异化

同质化令众多商场不得不靠价格战来吸引顾客，打折优惠由偶尔的促销手段变成经营常态。很多顾客和会员甚至只在打折的时候才会惠顾，谁的优惠力度大就去哪家，缺乏品牌忠诚度。商场也一减再减，通过大规模的促销吸引客流。

为了进一步明晰商场的经营定位，新世界百货将 3.5 万 m² 以下的商场发展成"时尚馆"，以上面积的为"生活馆"。定位"时尚国际名品馆"的南京街店，目标客户是 35 ~ 55 岁的客群；太原街店则革新为辽宁省首家"时尚折扣馆"，以销售品牌换季货品为主，目标客户是十几岁到二十多岁的少女；中华路店打造成"一站式购物生活馆"，客群从 25 ~ 45 岁，适合一家大小共度闲暇。该店超过 20% 的面积放在租赁配套，引入了儿童乐园、美发、美甲、文化教室、亲子早教等一些商铺。

另外，新世界百货还通过进一步细分百货市场更精准地提供配套服务，其"时尚馆"七成以上都是针对女性的商品和服务，生活馆六成以上的商品也是主要针对女性。于 2009 年 5 月开业的北京崇文区"时尚馆"是当地首家俱乐部女子时尚百货，该店面对高收入、高教育水平的都市白领女性，全部采用年轻男性服务员。

（2）品牌差异化

目前中国的零售业处于战国时代，一些区域龙头已经逐渐形成，这些区域老大也在收购拓展，慢慢整合区内资源，并进一步拓展其他市场。对于百货商来说，规模的形成有助于降低成本，提高与供货商的议价能力，也能取得在城市的协同品牌效应。形成规模以后如何避免同系竞争，尤其是同一商圈内的同系竞争是百货经营者不得不面对的问题。通过在全国范围内铺开错位经营的策略，新世界百货不仅避免了兄弟门店自相残杀，也让各商场定位更清晰。不止是在沈阳，新世界百货在全国各地的门店都陆续加入了错位经营计划，通过统一的翻新明确自己的定位，给消费者创造更好的购物环境，全国内的翻新预计可以在两年内完成。

3. 地产+百货模式

类似于多年前"深国投与沃尔玛"或者"大连万达与沃尔玛"之间的捆绑商业模式，新世界系正在以集团内旗下子公司捆绑的方式推动商用物业的扩张。而地产就是这一模式承上启下的"中间环节"。

新世界系属于典型的相关多元化业务结构。纵向来看，新世界集团总共拥有四家香港上市公司，分别涵盖了集团内部四大核心业务板块，即集团总部的酒店业、基建、地产及百货。地产作为产业链中的中间环节，处于核心地位，承上启下，带动基建、百货、酒店等相关产业共同发展，这种联合发展的模式是新世界的一大竞争优势。

4.颠覆传统百货经营模式

　　北京时尚新世界女子百货首开先河，成为全国第一家全线采用男营业员的百货。在首层显著位置设置个性小铺、时尚坊，开设拥有众多设计师品牌的设计师基地，引进多个首次进驻中国或北京市场化妆品品牌、中国内地首家女性书馆，全市最大室内宠物旗舰店……近300家铺位，数十种特色食肆，数十万种商品，能满足顾客的购物、休闲、就餐全面需求。别致私密的女性休闲空间、热情周到的专业级服务、全馆无障碍的网络覆盖、舒适气派的白金会员休息厅、仿如自然世界般大面积的绿植覆盖，无不凸显时尚百货独特品位及潮流时尚气质。

经典商业案例

03 ▪ 王府井百货

图2-4　王府井百货

中国连锁零售业的翘楚

"王府井百货"简称"王府井"是国内专注于百货业态发展的最大零售集团之一，也是A股唯一一家全国百货连锁零售商。

一、全国百货连锁零售商

北京王府井百货（集团）股份有限公司,简称"王府井百货",前身是享誉中外的新中国第一店——北京市百货大楼，创立于1955年。经过56年的创业、发展，现已成为国内专注于百货业态发展的最大零售集团之一，也是在上海证券交易所挂牌的上市王府井。

作为中国连锁零售业的翘楚，北京王府井百货（集团）股份有限王府井自1996年起便开始在全国范围内推进百货连锁规模发展，实现由地方性企业向全国性企业，由单体型企业向连锁化、规模化、多元化企业集团的转变。

目前，在中国大陆成功实施全国连锁的百货连锁零售商只有王府井、百盛和新世界中国，而王府井也是目前最成功同时也是A股唯一一家的全国百货连锁零售商。

王府井百货基本信息

表 2-8

商家名称	王府井百货
LOGO	王府井百货 Wangfujing
所属行业	零售业
创立时间	1955 年
所属国家	中国
行业地位	国内专注于百货业态发展的最大零售集团之一
进入国家	中国
主营商品	化妆品、黄金珠宝、钟表眼镜、工艺礼品、男女服装、运动装、配装配饰、针织内衣、儿童用品、男女鞋、箱包皮具、家居用品、办公用品、音像器材，通信器材、生活电器等
业态	百货：精品百货、日用百货
主要网点	全国 20 个城市
目标人群	大众消费群体
拓展区域	将拓展北京、上海、深圳、成都等地
开店计划	计划每年开出 3 ～ 5 家门店
店铺总数	30 家
开店方式	直营
首选物业	商业综合体、购物中心、商业街
物业使用	租赁、购买
需求面积	30000 ～ 100000m²
合同期限	15 ～ 20 年

二、建筑要求

王府井百货基本建筑要求

表 2-9

项目	要求
经营面积	30000m² 以上
单层面积	4000m² 以上
建筑层高	首层不低于 5.2m，其他不低于 4.8m
柱网间距	8 ～ 10m 为佳
停车位	200 ～ 500 个

链接　经营策略

王府井的竞争优势包括：初步完成全国百货连锁布局，规模优势明显；门店多居黄金地段，区位优势突出；招商能力及品牌优势突出，经营管理能力突出。

1. 连锁布局，规模优势明显

1996 年开始，王府井初步确立并稳步推进跨区域扩张计划，一方面以平均每年 2 家的速度新增门店，一方面对已有的异地门店进行改造升级，使其成为高盈利门店。

目前，王府井门店总数达到 22 家，经营范围遍布全国，其重点以北京、西南、华南三大区域为发展重点，遍布华南、西南、华中、华东地区四大经济区域中心城市黄金地段的一级连锁销售网络，显而易见，王府井百货有实力发展成为中国境内最大的百货零售网络之一。

从王府井布局的城市来看，100 万人口以上的城市都是王府井潜在的开店区域，我国拥有 100 万人口以上的城市有几百个，王府井目前仅涉及了 15 个城市，未来开店空间巨大。

王府井下属门店大多位于省会城市核心商业区的黄金地段。

2. 招商能力及品牌优势突出

王府井与许多国内外知名品牌建立了长久而稳定的合作关系，拥有世界近百个奢侈品牌国内唯一销售权，积累了丰富的供应商资源，与许多重点品牌的供应商已有长达十年以上的合作历史。随着国际一线品牌对中国，尤其是对北京市场的重视，店铺模式将从标准店向旗舰店过渡，王府井有能力打造成国内外著名的品牌聚集区。

我国百货门店的跨区域经营非常不易，必须克服商圈资源缺乏、供应商资源缺乏和当地水土不服等三大障碍。王府井异地开店的成功，意味着王府井管理团队已经成功地克服了异地开店的障碍，表明王府井经营管理能力优于同业。

3. 同区域多店，同城多店

同城扩张，形成优势互补，有利于王府井新拓展门店较快实现盈利；

分级扩张，有利于王府井周期性（培育型——成长型——成熟型）地培育门店。王府井已经在全国 15 个重点城市的主要商圈拥有了 22 家百货门店，初步搭建了全国连锁百货门店平台，并且，这些门店已经或正在步入成熟期。

王府井未来发展战略仍是同区域多店、同城多店，密集发展的优势在于扩大市场份额以增加与供应商谈判的砝码；规模效应产生的费用节约。而同城开店将优先在市场容量足够的城市，如成都、包头等地区。

4. 发展购物中心和主题百货业态

所有零售业态生存基础在于需求，百货的需求面对的是个性化、时尚化的消费客层，在未来 20 年，百货业态不存在需求上的匮乏。

国外零售巨头没有随便跨业态经营，业态越专注越有利于企业自身发展。未来王府井的业态创新将由现代百货向主题百货和购物中心业态拓展。

经典商业案例

04·天虹百货

首创"百货+超市+X"的业态组合模式

图2-5 天虹百货

天虹商场股份有限公司是国有控股的中外合资连锁百货企业，是深圳和广东地区销售额最高、商场数量最多的连锁百货企业，也是国内最早引入精益六西格玛、平衡计分卡、卓越绩效管理模式的零售企业。

一、中国连锁百强企业

天虹商场股份有限公司是国有控股的中外合资连锁百货企业，其控股股东是中国航空技术深圳有限公司，系隶属于中国航空工业集团的下属子公司。1984年成立以来，在人本、科学的管理，专业、高效的运营之下，天虹取得了卓越的业绩，实现了跨越式的发展。天虹已连续8年进入中国连锁百强企业，是深圳和广东地区销售额最高、商场数量最多的连锁百货企业，也是国内最早引入精益六西格玛、平衡计分卡、卓越绩效管理模式的零售企业。

天虹在国内首创"百货+超市+X"的业态组合模式，在此基础上根据目标顾客的不同，按照城市中心店和社区购物中心两种模式经营百货商场，打造"亲和、信赖、享受生活"的品牌核心价值。天虹本着务实进取的精神，潜心经营，多次被深圳市政府授予"信誉好商店"称号，历年被深圳市政府评为"纳税大户"、"百万市民心中的诚信企业"、"最具公信度商场"、"年度最具影响力的百货商场"，获评"中国企业信息化500强"、"百城万店无假货"示范店、"最具爱心企业奖"、"深圳市市长质量奖"和"全球战略执行明星组织"。

天虹百货基本信息 表 2-10

商家名称	天虹百货
LOGO	RAINBOW 天虹 分享生活之美
所属行业	零售业
创立时间	1984 年
所属国家	中国
品牌形象	亲和、信赖、享受生活
业态	高端百货、精品百货、日用百货
主要网点	一二线城市
目标人群	中高阶层消费者
拓展区域	全国各重点省市城市
开店计划	面向一线城市的新城区及二、三级城市开店
店铺总数	55 家
开店方式	直营、特许经营
首选物业	商业综合体、购物中心、商业街
物业使用	租赁、合作开发或建设、购买
需求面积	20000 ~ 40000m²
合同期限	10 ~ 20 年

二、选址标准

天虹百货选址标准 表 2-11

项目	要求
城市商圈	一、二线城市,位于城市的主要商圈内或者住宅密集区域。
商圈地段	市级商圈、区域商圈、主要居住区
交通条件	主要商业街或者交通干道

三、建筑要求

天虹百货建筑要求　　　　　表 2-12

项目	要求
需求面积	不少于 20000m²
楼层选择	楼层数不超过 8 层
建筑层高	首层层高不低于 5m，二层以上层高不低于 4.5m
柱网间距	8m 以上
楼板荷载	500kg/m²
门前区域	门前广场面积至少 1000m²
停车位	每 100m² 商场配 1 ～ 1.5 个车位
内装修	毛坯或者装修

链接 运营模式

1. 业态组合经营模式

通过不断摸索，公司在国内首先在百货商场中引入超市及其他业态，在保证百货经营为主体的基础上，配合可与百货共享顾客群体的精品超市，并根据顾客需求和竞争对手情况灵活配置 "X"（家居、电器、餐饮等）。这种百货为主、超市可大可小、X 可有可无的弹性定制模式使得公司可以根据所在门店所处地区客户群的实际需求，精确自身定位，强化了业态间的协调效应，有效提高了商场的整体盈利能力，已经取得了较好的经营成果，并在不断扩大区域拓展范围。

总体来看，公司轻资产扩张模式，减轻了扩张带来的资金压力，并制定了相适应的扩张模式，总结为中小型门店为主，关注主力商圈，全面覆盖次级商圈，以富裕二线城市为扩张重点；并配合 "百货＋超市+X" 的多业态组合弱化商圈影响，提高门店存活率，实现数量取胜。通过优质的供应商管理和客户服务，公司获得了扩张所需的稳定现金流供应，从而达到连锁零售业 "规模化复制" 的理想状态。

2. 管理创新

天虹坚持走专业化的发展道路，建立了专业化的管理体系，搭建高效率的作业平台，包括：招商采购、卖场管理、信息管理、营销策划、售后服务等方方面面。同时，自创建以来，一直将管理创新作为公司持续进步的手段，不断追求卓越。天虹在业界率先引进 ISO9000、绩效管理、平衡计分卡（BSC）、精益六西格玛、卓越绩效管理模式等先进的管理工具，并以卓越绩效管理模式为核心框架，将这些管理工具系统整合后用于推动整个组织的持续改进。

3.打造首家高端店

除社区购物中心和城市中心店两类商场外，公司拟根据竞争策略和高端市场需求发展趋势，逐步发展面向高端消费群体、以"君尚"为品牌的高档百货店。君尚百货是天虹商场股份有限公司投资打造的高端百货品牌，开设君尚百货是公司在中高端百货市场取得规模效应后，根据市场发展需求作出的战略选择。开设君尚百货能够拓展公司的发展空间，满足市场高端消费需求，增强公司对高端品牌供应商的吸引力，提升公司整体市场地位。

经典商业案例

05 · 银泰百货

全国性的百货集团

图2-6　银泰百货

银泰百货，即银泰百货集团，是以百货零售业为主营业务的百货零售集团。集团以实现连锁经营、专业化、集约化为目标，结合银泰百货的优势实现管理创新、业态创新，实施品牌战略，形成具备银泰商业文化特色的大型零售企业品牌。

一、以百货零售业为主营业务

　　银泰百货，即银泰百货集团，是以百货零售业为主营业务的百货零售集团。集团以实现连锁经营、专业化、集约化为目标，结合银泰百货的优势实现管理创新、业态创新，实施品牌战略，形成具备银泰商业文化特色的大型零售企业品牌。银泰百货一直以"倡导全新生活美学"为宗旨，着力为顾客提供高附加值的购物体验。

　　作为中国银泰投资有限公司的百货品牌，银泰百货已取得良好的经济效益和社会效益，并在此基础上初步形成了全国性的百货集团公司的架构。

银泰百货基本信息   表 2-13

商家名称	银泰百货
LOGO	银泰百货
创始人	沈国军
所属行业	综合商业
创立时间	1998 年
所属国家	中国
行业地位	中国服务业 500 强
进入国家	中国
品牌形象	倡导生活美学
主营商品	化妆品、服装、杂货、家庭用品、儿童用品、体育用品和食品等
业态	百货：高端百货、精品百货
主要网点	浙江、湖北、陕西
目标人群	30 岁以下的年轻人和新型家庭
拓展区域	在安徽、四川、陕西、河北、广西等多个地区快速扩张
开店计划	在全国开出 60 家门店
店铺总数	31 家
开店方式	直营
首选物业	购物中心、商业街
物业使用	租赁
需求面积	20000 ～ 50000m²
合同期限	8 ～ 15 年

二、选址标准

银泰百货选址标准   表 2-14

项目	要求
商圈地段	中国各一线城市省会城市选址及城市各商圈的核心区域
	商业活动频繁（如商业街、步行街等）或商业活动历史悠久的街区
	MALL、商场、超市、购物中心、宾馆、大酒店、展览馆出入口或临街旺铺
	人口密度高、人口数量多的大型居宅区
	大型写字楼、商住区
	同行聚集的街道区域
	各地市政、行政区域中心

三、建筑要求

银泰百货建筑要求 表 2-15

项目	要求
经营面积	30000m² 左右
单层面积	4000m² 以上
建筑层高	首层层高不低于 5.2m，其他不低于 4.8m
柱网间距	7m 以上
停车位	200～500 个

 运营模式

1.传递生活美学

银泰对于员工的要求是，不仅要业务能力过硬，更要有较强的综合素质，面对顾客，周到的服务和微笑都应该是发自内心的。优质服务，成了银泰最引以为自豪的核心竞争力，也是她面对危机的最强底气。2009 年，银泰百货计划通过"服务月"、"质量月"、"卫生周"等活动，继续打造全员服务的 INTIME 全新服务链，将服务真正作为一种理念，深入每位员工的内心，成为员工的基本素质。银泰倡导"接待多一点微笑，销售多一点热情，收银多一点亲和，投诉接待多一点体贴"，力争想在顾客之前，做到顾客之前。

2.创新营销

公司在积极探索的过程当中，走出一条适合自身发展的、循序渐进的道路，并先后提出"百货业的唯一出路在于连锁；立足杭州、发展浙江；两点一线的市场拓展战略；竞走式发展连锁；营运店长制、管理总监制的连锁模式"等具有战略意义的论断，银泰上下依据这些论断进行实践，并不断加以完善和巩固，创下了百货业经营管理的诸多第一，也创造了一流业绩与银泰模式，使企业竞争力得到全面提升，使越来越多的消费者认同银泰、走进银泰、融入银泰。

3.四店协同经营

在一个城市开出四家门店，是银泰百货"立足杭州"战略布局的结果，而在这一战略背后，则是银泰百货希望通过同城多店的集合优势，加强区域商品、企划、人力资源等各项资源的整合，实现"1+1>2"的效益。

以同属武林商圈的银泰武林店与百大店为例，这两家各具实力与优势的商场在定位上就体现出一定的互补性，形成良性互动。而武林店则在调整中引入了卡地亚、AMARNI、COACH 等国际名品以及国际大牌的二线品牌、年轻系列，在保有银泰武林店年轻时尚定位的同时，将整个品位与档次进行大幅提升，以满足原有客群购买力和需求的提升。

在强化各自定位，针对不同的顾客群体，服务于不同需求的基础上，这四家银泰百货开在杭州的门店也通过劳动竞赛式的竞争来加强内部良性互动，不断提高服务水平，多店协同，克服困难。也正是通过四店协同发展，才使得银泰在杭州商业规模增长了近十倍左右的这 11 年中，银泰百货在杭州的规模却扩大了 20 倍。

4.将进军电子商务

经过一系列的资本运作，银泰百货又将增加一个新的身份：电商银泰。银泰百货已经组建了一支电子商务业内资深人士组成的团队，其众多管理人物均来自凡客、京东等知名电商。银泰网运营模式完全借助自营模式，直接从品牌商拿货，供应商的支持、银泰百货的品牌优势则是银泰网的有力后盾。

银泰网高层团队主要分为两部分：一支来自传统行业的渠道团队；另一支从京东、凡客、新蛋、红孩子等国内较成型 B2C 企业挖来的电商团队。公司共有员工 400 人，其中客服 180 人。

产品方面银泰网定位于时尚快销品，商品结构和品牌结构将和商场相似，经营商品包括服装、箱包、鞋帽、配饰、化妆品、奢侈品等两百多个品牌、5 万余个品类，其中 50% 为服装类。

另外，在发货方面银泰网目前采用款到发货的配送方式，选择中国邮政集团（EMS）配送，目前银泰网全国各地快递与 EMS 的配送收费均为 15 元／单。

06 ▪ 广百百货

华南百货零售服务业的市场引领者

图2-7 广百百货

经过改制后的广百股份有限公司按照"一业为本，连锁经营，区域做强"的总体战略以及"立足广州，拓展华南，面向全国"的布局规划，重点发展连锁百货，大力开拓购物中心，成为华南百货零售服务业的市场引领者。

一、重点发展连锁百货

2002年4月30日，有11年历史的广州百货大厦成功实现股份制改造，成立广百股份有限公司，从原来的国有大型百货零售企业改制成为国有控股、多元化投资主体的股份公司，实现了由传统百货公司向现代零售业、由单店经营向连锁经营的重大转变。公司按照"一业为本，连锁经营，区域做强"的总体战略以及"立足广州，拓展华南，面向全国"的布局规划，重点发展连锁百货，大力开拓购物中心，成为华南百货零售服务业的市场引领者。

广百百货基本信息　　　　　　　　　　　表 2-16

商家名称	广百百货
LOGO	GrandBuy
所属行业	零售业
创立时间	2002 年
所属国家	中国
行业地位	华南百货零售服务业的市场引领者
进入国家	中国
业态	精品百货
主要网点	一二线城市
目标人群	时尚白领，百货店周边人群
拓展区域	立足广州、拓展华南、面向全国
开店计划	广百百货每年开 2 ～ 4 家
店铺总数	23 家
开店方式	直营
首选物业	商业综合体
物业使用	租赁、合作、合资、兼并、收购、投资建设物业并经营管理等
需求面积	30000 ～ 50000m^2
合同期限	15 ～ 20 年

二、选址标准

1.广百百货

广百百货选址标准　　　　　　　　　　　表 2-17

项目	要求
城市选择	广东省内一、二、三线城市，华南、西南地区省会城市和一、二线城市
商圈地段	百货店——大中城市发展成熟的核心商圈或区域性商业中心区
	购物中心——城市的核心商圈
地块位置	接近商圈中心或商圈内人流最密集的通道上
交通条件	交通设施完善、交通便利，商圈内有两条以上的道路可直达物业

2.广百购物中心

广百购物中心选址标准 表 2-18

项目	要求
城市选择	城市人口在 70 万以上，城市居住密度较高，基础设施完善； 市内有较多新增楼盘和住宅区； 人均月收入超过 1000 元，并呈增长态势
商圈地段	位于主要城市的核心商圈； 商圈处于或接近人口稠密区，尤其是高收入、高消费人群的聚集区，如高级商务区和传统商业区； 以物业为中心的方圆 2 公里范围内有 30 万以上的常住人口
地块位置	接近商圈中心或商圈内人流最密集的通道上； 周围 3km 内没有规模相近的购物中心
交通位置	临近城市主干道，交通便利； 处于或临近地铁站出口； 周围 100m 内无阻碍视线的立交桥、高架桥等构筑物； 方便大型货车进出

三、建筑及配套要求

1. 广百百货

广百百货建筑及配套要求 表 2-19

项目	要求
经营面积	$20000 \sim 50000 m^2$
楼层选择	6 层以下
建筑层高	首层 $5.5 \sim 6m$；二层以上 $4.5 \sim 5m$
柱网间距	8m 以上
楼板荷载	$400kg/m^2$ 以上
门前广场	面积 $1000 m^2$ 以上
中庭面积	（包含电梯井）面积要求 $300 m^2$
停车位	150 个以上
给排水 / 排油 / 排污 / 排烟	须配备，具体标准商议后确定
供配电	具体商议
物业产权	清晰、合法

2. 广百购物中心

广百购物中心建筑及配套要求

表 2-20

项目	要求
经营面积	$40000 \sim 70000m^2$
楼层选择	5 层以下
建筑层高	首层 5m；二层以上 $4 \sim 4.5m$
柱网间距	8m 以上
楼板荷载	$400kg/m^2$ 以上
门前广场	面积 $2000m^2$ 以上
中庭面积	（包含电梯井）$500m^2$ 以上
停车位	300 个以上
配套设施	扶梯、货梯（载重 2t 以上）、中央空调、消防分区、卸货区、给排水系统、高低压配电设备、消防应急照明、喷淋系统、探测报警系统、排烟系统
物业产权	清晰、合法

经典商业案例

07▪巴黎春天百货

以时尚的生活方式引领上海百货行业

图2-8　巴黎春天百货

巴黎春天百货是香港新世界集团下属在上海投资经营的连锁百货。巴黎春天主打"生活·时尚·新个性"的零售品牌，引领、满足客户多元化，不断创造购物、消闲、娱乐的全新生活空间。

一、中国高端百货

　　巴黎春天是一家集服饰、化妆品、珠宝、鞋帽等商品为一体的百货购物中心品牌，巴黎春天百货是香港新世界集团下属在上海投资经营之连锁百货。集团成立于1970年，并于1972年在香港联交所上市，是香港的四大华资企业之一，集团下属之百货连锁目前已在全国经营管理超过34家店铺，遍及沈阳、哈尔滨、大连、北京、武汉、宁波、无锡等地。

　　上海巴黎春天百货以时尚的生活方式引领上海百货行业趋势发展，目前已在上海成功开设七家分店，并希望通过不断地发展及努力，打造"生活·时尚·新个性"的零售品牌，引领、满足客户多元化的需求，为中国的城市创造及提供优质商品、高品质的服务，不断创造购物、消闲、娱乐的全新生活空间。

巴黎春天百货基本信息　　　　　　　　表 2-21

商家名称	巴黎春天百货
LOGO	巴黎春天百货　PCD STORES
创立时间	1970 年
所属国家	法国
进入国家	中国
业态	百货：精品百货
主要网点	上海各区
目标人群	25 ～ 45 岁的工薪阶层
店铺总数	13 家
开店方式	直营
首选物业	商业综合体、购物中心、商业街
物业使用	租赁、购买
需求面积	30000 ～ 100000m^2
合同期限	15 ～ 20 年

二、选址标准

巴黎春天百货选址标准　　　　　　　　表 2-22

项目	要求
商圈地段	城市商圈、目的性商圈、大型购物中心内（高新区、开发区免谈）
	15min 车程商圈
商圈人口	常住人口 60 万以上

三、建筑要求

巴黎春天百货基本建筑要求

表 2-23

项目	要求
需求面积	基地形状应为矩形，长宽为 60m×80m，店面积为 20000 ~ 25000m^2
楼层选择	租赁楼层位于较低层，负 2 层~ 4 层（理想位置 3 层以下）
建筑层高	5m 以上
楼板荷载	荷重 600kg/m^2
柱网间距	8m 以上
停车场	负 2 层
停车位	地面 500 个以上

四、配套要求

巴黎春天百货配套要求

表 2-24

项目	要求
给排水	供水量 16m^3/ 天
供电	照明 100VA/m^2(不含中央空调)
其他	具备中央空调、消防喷淋、烟感器、自动扶梯、升降梯

经典商业案例

08 ▪ 大商百货

中国最大百货之一

大商百货是中国最大的百货之一，旗下百货品牌众多。新机制下的大商集团以创建享誉世界的品牌为理想，以"无限发展、无微不至"为理念，通过股票上市、组建集团、合资合作、异地扩张、业态创新等方法和步骤，推动企业快速健康发展。

图2-9 大商集团百货

一、创建享誉世界的品牌

大商百货是中国最大的百货之一，旗下百货品牌众多，有千盛百货、新玛特、锦州百货大楼等。新体制、新机制下的大商集团活力焕发，发展步伐加快。以创建享誉世界的品牌为理想，以"无限发展、无微不至"为理念，通过股票上市、组建集团、合资合作、异地扩张、业态创新等方法和步骤，推动企业快速健康发展。

大商百货基本信息 表 2-25

商家名称	大商百货
LOGO	
所属国家	中国
行业地位	中国最大的百货之一
进入国家	中国
品牌形象	"无限发展、无微不至"
主营商品	经营日用百货，服装鞋帽
业态	百货：精品百货、日用百货
主要网点	辽宁、沈阳、北京等地
目标人群	广大消费群体
拓展区域	北京、上海
店铺总数	200 多家
开店方式	直营
首选物业	商业综合体、购物中心、商业街
物业使用	租赁、合作
需求面积	5000 ～ 30000m²
合同期限	10 ～ 20 年

二、选址标准

大商百货选址标准 表 2-26

项目		要求
城市选择		省会城市或中心城市
		城区常住人口 100 万人以上
商圈	位置	城市中心或繁华商业街，可以辐射全市人口，紧邻城市主干道，有 12 条以上公交线
	人口	店面日均人流量 20 万人以上

三、建筑要求

大商百货基本建筑要求　　　　　　　　　　　表 2-27

项目	要求
建筑层高	5.1m
柱网间距	8m×8m
楼板荷载	百货 3.5kg/m², 库房 5kg/m²
需求面积	5000m²/ 层，以 4 层为宜
卸货平台	高度 0.8m，面宽 15m，进深 20m
卸货通道（消防通道）	宽幅 5m
地下室防水	混凝土刚性自防水加卷材柔性防水
能源供应	经营方独立开户，用电量 0.2kVA/m²，其他根据规范可满足经营需要
地面停车场	3000m²
地下停车场	10000m²

经典商业案例

09 · 乐天百货

韩国商业流通最具代表性企业

图2-10　乐天百货

乐天百货是韩国第一大百货店，是韩国商业流通领域中最具代表性的知名企业。

一、韩国第一大百货店

乐天百货是韩国第一大百货店，目前在全国已拥有 22 家店。自 1979 年开业以来，不论是销售业绩还是商场规模，都已发展成为在韩国商业流通领域中最具代表性的知名企业，乐天百货计划从 2009 年开始每年新开两家以上百货或超市门店，至 2019 年在中国共开 15 ~ 20 家门店。

乐天百货基本信息 表 2-28

商家名称	乐天百货
LOGO	带给您幸福 LOTTE Mart
创立时间	1979 年
所属国家	韩国
行业地位	韩国第一大百货
进入国家	中国
主营商品	名品、化妆品、服装、杂货、家庭用品、儿童用品、体育用品和食品等
业态	百货：高端百货、精品百货
主要网点	北京
目标人群	中高收入的消费人群
拓展区域	计划拓展中国、俄罗斯、印尼和越南等市场
开店计划	乐天银泰百货 (LOTTE) 于 2011 年在天津开设第二家连锁店，计划在 2018 年前仅在中国就开设 20 家百货商店连锁店。乐天百货银河国际购物区中心店计划 2012 年开张纳客
店铺总数	2 家
开店方式	直营、加盟
首选物业	购物中心、商业街
物业使用	租赁、合作
需求面积	30000 ～ 100000m²
合同期限	5 ～ 15 年

二、选址标准

乐天百货选址标准 表 2-29

项目		要求
城市选择		省会城市或中心城市
		城区常住人口 100 万以上，年人均消费支出 9000 元以上
商圈	位置	城市中心或繁华商业街，可以辐射全市人口，紧邻城市主干道，有 12 条以上公交线
	人口	店面日均人流量 20 万以上

三、建筑要求

乐天百货基本建筑要求 表 2-30

项目	要求
使用寿命	结构使用年限 > 租赁期限
需求面积	5000m²/层，以 4 层为宜
建筑层高	> 5.2m
柱网间距	8m×8m
楼板荷载	百货 3.5kg/m²，库房 5kg/m²
地面停车场	3000m²
地下停车场	10000m²
卸货平台	高度 0.8m，面宽 15m，进深 20m
卸货通道（消防通道）	宽幅 5m
地下室防水	混凝土刚性自防水加卷材柔性防水
能源供应	经营方独立开户，用电量 0.2kVA/m²，其他根据规范可满足经营需要

链接 企业发展

　　乐天百货是韩国优质百货代名词，韩国首尔证券交易所上市公司（SEO：023530），源自韩国乐天有限公司（Lotte Co. Ltd），是日本乐天控股株式会社（Lotte Holdings Co. Ltd.）子公司，雄厚实力稳居韩国百货业前列。公司以"顾客中心管理"为基本精神，为光临百货店的顾客提供优质温馨的服务。各商场内均设有内容丰富的文化以及便利设施，将百货店营造成为现代化全方位的休闲生活空间。同时公司为了不断提高服务质量，在内部设立了营运管理大学和服务开发学院，定期为百货店培养输送优秀的员工，并且长期不断地进行顾客服务管理系统的研发，以便为顾客提供更优质便捷的服务。

　　乐天百货以创造顾客价值、强化内部和人才管理为基础，持续促进多店铺、多元化经营的市场策略，并积极开拓海外市场，特别是俄罗斯以及有巨大发展潜力的中国市场，不断发展成为国际化的知名商业流通企业。

　　乐天以韩国国内满意度、百货店铺总数、市场占有率、品牌影响力等方面位居前列的业绩，始终引领韩国市场，今天，已是韩国百货翘楚的乐天仍在不断创造令人惊叹的奇迹。

便利店

第三类

　　便利店是小型、郊外化的超市，一般位于居民住宅区、学校以及客流量大的繁华地区，以经营即时性商品为主，采取自选式购物方式的小型零售店。它的服务宗旨是满足顾客应急性、便利性需求。

　　便利店最突出的特点是便利性，包括距离便利性、购物便利性、时间便利性、服务便利性。距离便利：一般便利店分布在各居民区、学校、客流量大的十字路口，步行 5 ~ 10min 就能到达。与超市相比更加贴近消费者；购物便利：便利店能提供消费者急需的生活用品，商品陈列简单明了，货架低使消费者一眼能找到自己所需的物品，而且进出口同一服务台收费避免排长队结账情况出现，素有"三分钟服务"之称；时间便利：便利店营业时间长达 16 ~ 24h，全天无休，极大满足各类人群的需要；服务便利：便利店除了销售日常生活物品之外，还能提供多层次全方位的便民服务，例如速递、银行还款、代收公用事业费、代售邮票、代订车票和飞机票、代冲胶卷等。

一、选址规则

第一，150m 半径内居民不少于 1 万人，其中 200m 半径内不少于 2000 户；居民区入口处或主要交通道路。便利店的目标顾客为稳定的居民，应考虑居民出入小区的路线；

第二，面积限制在 50 ~ 200m² 以内。这个面积限制是便利店的最佳面积范围，既不会因面积太大而导致投入（例如便利店的设备和装修等）和费用（例如租金与人工费用等）太高，又可以保证有足够的商品陈列面摆放所需的商品；

第三，便利店应保证在建设物的底层开设店铺，一般不要设在夹层或二层，楼层间高度保证在 3m 以上；

第四，足够的配电功率，完善的水电和消防设施等。

二、立地条件

所谓立地，是港台地产界的专用术语，也就是我们所说的地段。一般来说任何行业的选铺都会很注重商铺的地段，而在便利店选铺时，地段则被提到了无可替代的位置。

便利店在地段选择上需要注意以下几点：

第一，最好选择主商圈的辐射范围、CBD 区域、大型住宅社区或高档住宅社区等地段；店铺位置的选择是离路口越近越好，最好是在路口的转角门面；

第二，店铺应选择在人、车流动线的正方向（人、车流动线指人和车辆行走时的移动方向）；

第三，地下店铺或二层以上店铺不可选择，这属于选址最基本的问题，设在地下室或楼上的便利店主要缺点是顾客进出不方便。

三、选址要求

开店地点周围住户的情形，亦即所谓的居民居住条件，其范围有以下几类：

1. 住宅的种类

分为单身住宅、普通小区住宅（分大、中型）、公寓（分电梯大楼、普通公寓）、高级住宅区，以上的住宅种类都适于开设便利店，但贫民区、老人住宅区则不太适合。

2. 住户的构成

便利店的客户群以 10 至 30 岁的青壮年为主，单身男女尤其重要，如以职业类别来看，司机、工厂上班者等蓝领及白领阶层以及服务业人员，都是比较理想的对象；

位于社区商业中心街道（动线上）。东西走向街道最好坐北朝南；南北走向街道最好坐西朝东，尽可能位于十字路口的西北拐角；

与超市、商厦、饭店、24 小时药店、咖啡店、茶艺馆、酒吧、学校、银行、邮局、洗衣店、冲印店、社区服务中心、社区文化体育活动中心等集客力较强的品牌门店和公共场所相邻；

社区交通方便、通畅，与过街天桥、过街地下通道、公共汽车站、地铁站口、轻轨站口等人流量较大的公共交通设施相邻；

社区居民文明素质较高，治安状况良好；

社区地方政府执法文明，注重社区文化建设。

3. 外观形象

对一家便利店来说，外观形象也是很重要的，同样一个便利品牌，有没有良好的外观形象对该店的生意影响是很大的。

独立商铺或楼房底层，最好有两面以上的开面，如果只有单面，门面展开宽度不少于 6m，这样在开门的同时可以有足够的橱窗用来展示；

门前最好没有台阶，如有也不得高过 1.5m，便利店是迎合顾客，而不是吸引顾客；店头上方最好有较大的空间，可以设置店招，最好还有树立侧店招的位置，加大店面的展示度；

店铺门口最好没有遮拦物，尤其是树木和花坛，因为相对栏杆等遮拦物，植物的迁移成本会更大。

四、建筑及配套要求

便利店的硬件配置相对要求比较高，主要是为了满足日常经营的需要，包括面积、面宽、水力和电力等。

便利店基本建筑及配套要求

表 3-1

项目	要求
需求面积	一般的便利店所选商铺的面积最好在 65 ～ 100m² 之间，其中 10 ～ 20m² 会作为临时仓库
面宽要求	便利店的商铺最好要接近正方形的铺位，这样有利于货架的摆放和顾客的方便；而门面最好有两面以上是临空的，不然至少也要有 5 ～ 6m 以上的单面宽以提升形象和招揽顾客
门窗结构	可改装为落地式大玻璃结构
水电配置	便利店需要同时配备上水和下水，而一些商铺可能只有下水，就无法满足开店的需要了； 提供电容量大于 30kVA 变电设备，三相五线 380V/220V、50Hz，安装店方独立计量电表
给排水	提供管径为 25mm 的独立进水管及水表，每天 8t 用水量平价指标。提供给店方50mm 排水管一根
通信配置	直拨电话 2 部，用作电话传真及电脑终端站，用于市内及长途电话线。另配通信专用 POS 机数据终端线路一条
空调配置	提供物业屋顶上约 20m² 场地给店方放置室外机组（包括空调机、制冷机组、排烟设备等），五台空调主机位，并提供室外机正常运转所需的散热、回风空间
停车位	店前空地不少于店内经营面积，可停放 20 辆以上自行车及摩托车。店前或附近50m 内可停放 2 辆以上小汽车
消防配置	消防喷淋改造，按店方施工图设计施工； 消防报警改造，按店方施工图设计施工，与业主总控制柜连接； 提供消防栓，供店方使用

五、合作要求

便利店基本合作要求

表 3-2

项目	要求
产权及租期	店铺产权清晰且至少可使（租）用 6 年
广告位	店面、店侧及店前可发布（安装）30m^2 以上的广告牌

经典商业案例

01 ▪ 7-Eleven便利店

真正揭开了便利店时代的序幕

图3-1　7-Eleven便利店

7-Eleven 便利店诞生于美国，2005 年成为日本公司。最先销售冷藏用的冰块，随后应当地居民要求销售其鸡蛋、牛奶等日常生活用品，从而真正揭开了便利店时代的序幕。目前 7- Eleven 店铺遍及全世界 18 个国家和地区。

一、世界最大的零售集团之一

　　7-Eleven 便利店诞生于美国，前身是成立于 1927 年的"南大陆制冰公司"，最先销售冷藏用的冰块，随后应当地居民要求销售其鸡蛋、牛奶等用品。由于店铺的营业时间是从早上 7 点开始到晚上 11 点结束，1946 年南大陆公司正式改名为 7-Eleven，从而真正揭开了便利店时代的序幕，2005 年成为日本公司，目前 7-Eleven 店铺遍及全世界 18 个国家和地区。

7-Eleven 便利店基本信息　　　　　　　　　　　　　表 3-3

商家名称	7-Eleven 便利店
LOGO	
创立时间	1927 年
所属国家	日本
进入国家	中国
主营商品	小型零售：杂志、漫画、饮品、药物、零食及便当
业态	便利店
主要网点	华南区域
目标人群	广大消费群体
拓展区域	广州、佛山、珠海、中山、东莞、深圳
店铺总数	超过 2000 多家
开店方式	独立经营
首选物业	购物中心、社区商业、商业街、商业裙楼
物业使用	租赁
需求面积	80 ~ 150m^2
合同期限	6 ~ 15 年

二、选址标准

7-Eleven 便利店选址标准　　　　　　　　　　　　　表 3-4

项目	要求
选址出发点	便捷，从大方面来讲，就是要在消费者日常生活的行动范围内开设店铺，诸如距离居民生活区较近的地方、上班或上学的途中、停车场附近、办公室或学校附近等。 总的来说，7-11 特别注意在居民住宅区内设立店铺
商圈地段	以店为中心半径为 300 ~ 500 公尺,步行(5 ~ 7min)可达的区域;按商圈的特性分为住宅区、商业区、办公区和商住混合区
避免建店地点	道路狭窄的地方、停车场小的地方、人口狭窄的地方以及建筑物过于狭长的地方等

三、建筑要求

7-Eleven 便利店基本建筑要求

表 3-5

项目	要求
经营面积	40 ～ 160m²
结构形状	方正
楼层要求	首层
建筑层高	不低于 2.8m

四、加盟原则

7-11 店铺设立决策除了考虑地点和周围环境外，还有一个因素是十分重要的，那就是 7-11 对加盟的经营者的素质和个人因素有较高的要求，正因为如此，7-11 在与经营者签订契约之前，都要按一定的标准严格审查加盟者的素质和个人条件。在素质方面，主要是强调经营者要严格遵守 7-11 店铺经营的基本原则，这是 7-11 经营的核心和诀窍，所以作为经营者不仅要能够理解这些原则对店铺运营的作用，而且在实际经营中能很好地执行。这些基本原则主要有四点：

原则一，鲜度管理（确保销售期限）；

原则二，单品管理（单品控制，防止出现滞销）；

原则三，清洁明亮（有污垢立即清扫，保持整洁明亮的店铺）；

原则四，友好服务（热情、微笑待客）。

个人因素是 7-11 公司在店铺设立过程中，十分注重的因素，这也构成了 7-11 店铺管理的一大特色，这些因素包括加盟者的身体健康状况、对便利店的了解程度、性格、夫妻关系融洽与否、孩子的大小以及本人的年龄等。

链接　商标设计

7-11 的正式商标表记方式为 7-ELEVEN，其中除了结尾的 n 为小写外，其余英文为大写。此种设计的原因，在华人地区（尤其是台湾）的民间说法是因为风水的因素，大写 N 的最后一划为往外，表示会将钱财散出去，而小写 n 的结尾为往内，表示会吸引钱财进来；不过官方说法则表示此设计在美国南方公司时期就已存在，而当初设计者只是因为美观问题才创造出此商标，然而由 2009 年 2 月 4 日日本电视娱乐节目《杂学王》中所采访得到的推论是"可能当时的商标法中不允许一般名词（这里是数词）作为商标来注册登录"，许多民间说法是小写 n 是为了提醒顾客 eleven 是晚上（night）的时间。

经典商业案例

02 · 罗森便利店

首家完成全日本展店工作的便利商店

图3-2　罗森便利店

罗森（LAWSON）是特许经营连锁式便利店，分店网络主要在日本关西地区，在上海也有分店。日本罗森株式会社通过 20 多年的艰苦创业，目前在日本全国已拥有近 8000 家的优良店铺，成为唯一店铺覆盖全日本的便利连锁企业。

一、特许经营连锁式便利店

　　罗森（LAWSON）是特许经营连锁式便利店，分店网络主要在日本关西地区，在上海也有分店。日本罗森株式会社成立于 1975 年 4 月，通过 20 多年的艰苦创业，目前在日本全国已拥有近 8000 家的优良店铺，成为唯一店铺覆盖全日本的便利连锁企业。2000 年 7 月，在东京和大阪证券交易所同时上市成功。截至 2012 年 1 月，罗森便利店在中国共开设了 340 家店铺。

　　罗森是首家完成全日本展店工作的便利商店业者，近年来由于致力改革，在业界的评价甚高，股价甚至超越日本 7-ELEVEN，一度蔚为话题。

罗森便利店基本信息　　　　　　　　　　　　　　表 3-6

商家名称	罗森便利店
LOGO	**LAWSON 罗森**
创立时间	1987 年
所属国家	日本
主营商品	零售：杂志、漫画、饮品、药物、零食及便当
业态	便利店
主要网点	上海、重庆
目标人群	广大消费人群
拓展区域	华南、华东、华北、华中区域
店铺总数	340 家
开店方式	直营、代理、加盟
首选物业	购物中心、社区商业、商业街、百货、超市
物业使用	租赁（租赁单价对便利店相配）、合作
需求面积	100 ～ 200m²
合同期限	5 ～ 10 年

二、选址标准

罗森便利店选址标准　　　　　　　　　　　　　　表 3-7

项目	要求
商圈地段	顾客汇集的交通干道：商圈半径为 500m，在方圆 500m 的范围内至少有 3000 个商圈人口
底商情况	繁华商圈的写字楼底商，公寓底商
店铺位置	人流较大的街边店铺

三、建筑要求

罗森便利店建筑要求 表 3-8

项目	要求
需求面积	30m² 以上，倾向门店面积：100～200m²，房型尽量方正，门面开阔
楼层选择	必须是首层或 B1 层，有无餐饮条件皆可
配套设施	电量不低于 60kW；有上下水设施，有外接空调位置，有可以同步的卫生
其他	若马路上无法看到商店，可以设立店铺门面和招牌

四、加盟条件

罗森便利店加盟条件 表 3-9

项目	要求
加盟要求	使用公司指定合同签约
	店铺主要由加盟者提供，公司也可酌情推荐
	店铺由加盟商经营，经费由加盟商承担
	营业设备由罗森提供
	毛利额分成：加盟商 65%，罗森 35%
	由罗森提供物流配送及日常经营管理指导
合同条件	合同期限 5 年
	毛利润的 65% 归加盟店所有，经费包括房租、水、电、人工费用、杂费等
	最多 6 万元的无息商品贷款，加盟者须于 45 个月内归还
	加盟者每月毛利收入不足 1 万 6 千元时，补偿至 1 万 6 千元（全年 19 万 2 千元）期限 2 年
加盟资格和条件	需 2 名具有经营能力（店长和副店长）
	10 万元以上现金做信用担保（合同正常结束后全额退还）
	有 20 万以上资金者
	出具无刑事犯罪记录证明
	公司加盟需提供最近两年度的财务决算报告
资金用途	加盟金（LAWSON 罗森收取）：5 万
	预备金（LAWSON 罗森开户金）：1 万
	店铺零头准备金：约 7 千元
	各种证照申请费：约 2 千元
	装潢，空调等费用：约 13 万元
	合计约 20 万元

03 · 全家便利店

亚洲最大国际连锁便利店之一

全家 FamilyMart 品牌源自于日本，自 1972 年成立以来成为亚洲
最大国际连锁便利店之一，服务网点遍及日本、韩国、中国台湾、
泰国、美国洛杉矶等地，店数超过 12000 店。

图3-3　全家便利店

一、连锁便利流通事业之标杆

全家 FamilyMart 品牌源自于日本，自 1972 年成立以来成为亚洲最大国际连锁便利店之一，服务网点遍及日本、韩国、中国台湾、泰国、美国洛杉矶等地，店数超过 12000 店。中国大陆地区则于 2002 年成立上海 FamilyMart 筹备处，2004 年上海福满家便利有限公司获商务部批准成立。全家 FamilyMart 品牌正式进入中国上海市场，开始中国大陆地区之便利店经营事业。2006 年 11 月，上海全家便利门店总数已逾 120 家，正步入快速发展期。

全家 FamilyMart 秉持"诚信务实、价值创新、顾客满意、共同成长"的经营理念，务必使店铺得到最好的后勤支持与指导，提供丰富、贴心、便利的优质服务，创造消费者生活乐趣，成就合作经营者的事业梦想，成为连锁便利流通事业之标杆。

全家便利店基本信息 表 3-10

商家名称	全家便利店
LOGO	FamilyMart
创立时间	1972 年
所属国家	日本
行业地位	亚洲最大国际连锁便利店之一
进入国家	中国
品牌形象	诚信务实、价值创新、顾客满意、共同成长
主营商品	零售：杂志、漫画、饮品、药物、零食及便当
业态	便利店
主要网点	上海、苏州、广州
目标人群	广大消费者
拓展区域	全国
开店计划	2015 年预计于中国地区新开设 1000 店铺
店铺总数	2907 家
开店方式	直营、加盟
首选物业	写字楼底商及配套商业、社区底商及配套商业
物业使用	租赁、合作
需求面积	500 ～ 1000m^2
合同期限	5 ～ 10 年

二、选址标准

全家便利店基本建筑标准 表 3-11

项目	要求
地块位置	离路口越近越好，最好是在路口的转角门面
人口情况	周边要有足够的固定居民（包括写字楼的上班族）和一定的人流量
竞争环境	周围 300m 内最好不要有其他便利店的存在
其他	最好有一定的集客设施（车站、地铁站、商业中心、学校、医院等）

三、建筑要求

全家便利店基本建筑要求   表 3-12

项目	要求
需求面积	最好在 65 ~ 100m² 之间，其中 10 ~ 20m² 可作为临时仓库
物业形状	最好是接近正方形的店铺，这样有利于货架的摆放和顾客的方便
门面设置	门面最好有两面以上是临空的，至少也要有 5 ~ 6m 以上的单面宽，以提升形象和招揽顾客
供配水电	要有上水和下水，至少要有 35kW 以上的电量

四、合作条件

全家便利店基本合作条件   表 3-13

合作方案	合作条件	合作内容
方案 A	合作申请资格	签约者为自然人或法人
		签约者可聘用店长、副店长各一名专职经营
		所聘店长、副店长要求：年龄 20 ~ 50 岁；高中以上文化；身体健康（需办理健康证）；具备管理能力；对便利事业热忱者
	合作者毛利分配	月销货毛利额 6 万元以下（含 6 万元），分配 70%；6 万元以上的超出部分，分配 50%
	合作经营期间	合作期间 5 年
	双方保证	培训服务费：2 万元
		管理咨询费：4 万元
		保证金：20 万元
		契约期间且无违约情况时保证金可全部退还
方案 B	合作申请资格	需有两名共同专职经营
		年龄 20 ~ 50 岁；高中以上文化；身体健康（需办理健康证）；具备管理能力；对便利事业热忱者
	合作者毛利分配	月销货毛利额 - 月租金及物管费 = 毛利分配基础额
		毛利分配基础额 4 万元以下（含 4 万元），分配 70%；4 万元以上的超出部分，分配 50%
	合作经营期间	合作期间 5 年
	双方保证	培训服务费：2 万元
		管理咨询费：4 万元
		保证金：20 万元
		契约期间且无违约情况时保证金可全部退还

经典商业案例

04 · 快客便利店

中国连锁便利业态最具实力
公司之一

图3-4 快客便利店

上海联华快客便利有限公司（原名上海联华便利商业有限公司）由联华超市股份有限公司全额投资管理。是中国连锁便利业态最具实力的公司之一。

一、零售行业中居领先地位

上海联华快客便利有限公司（原名上海联华便利商业有限公司）成立于 1997 年 11 月 28 日，由联华超市股份有限公司全额投资管理。目前，联华快客网点规模 1000 多家，其规模、销售和利润在同行中均处于领先地位，2005 年网点规模达到 3200 家，成为中国连锁便利业态最具实力的公司之一。

快客便利店基本信息   表 3-14

商家名称	快客便利店
LOGO	
创立时间	1997 年
所属国家	中国
行业地位	中国连锁便利业态最具实力的公司之一
进入地区	中国国内
主营商品	零售：杂志、漫画、饮品、药物、零食及便当
业态	便利店
主要网点	华北、华中、华东、华南
目标人群	大众群体
拓展区域	全国
开店计划	全面拓展全国市场
店铺总数	1000 多家
开店方式	直营、代理、加盟
首选物业	商业综合体、商业街、写字楼底商及配套商业、社区底商及配套商业
物业使用	租赁
需求面积	$20 \sim 80m^2$
合同期限	1 年

二、建筑要求

快客便利店基本建筑要求   表 3-15

项目	要求
需求面积	$50 \sim 60m^2$
单层面积	$50 \sim 60m^2$
楼层选择	首层
建筑层高	$\geqslant 4m$
开间长度	$4 \sim 9m$
楼板荷载	$\geqslant 250kg/m^2$
走道宽度	店前走道宽 1.5m 以上，要裸露且没有绿化带
进深长度	$\leqslant 15m$

三、配套要求

快客便利店基本配套要求　　　　　　　　　表 3-16

项目	要求
空调配置	预留空调安装位置
水电配置	一般商业标准（三厢电）
通信设备	提供电话线配口
排污排气	提供接口
消防配置	符合国家消防安全标准
装修标准	简单装修

链接　公司使命

　　快客便利店一直紧守"顾客第一，唯一的第一"的理念，采取以客为本的市场策略，旨在以具竞争力的价格提供品种繁多的优质商品和增值服务，为顾客提供愉快的购物体验。快客便利店的使命是巩固领导优势，在中国零售市场建立卓越地位。

第四类

家电数码市场

家电数码店一般指在人口比较密集、交通设施完善的区域开设的大中型专业店，以经营电器、消费电子、数码通信、电脑等品类为主，商品专业性较高，消费的关联性强，常作为商业项目的次主力店。

第四类 家电数码市场

一、选址标准

选择位于城市或某区域的商业中心或较发达的郊区县核心商圈，人流量大，交通便利。
家电各类型店商圈要求如下：

家电数码类型店主要商圈要求

表 4-1

店面类型	商圈要求	商圈级别
商业街店	临街商铺（一层）	处于市级商圈、区级商圈
店中店	在具有较大商流的大型商场或大型超市内，处于或接近电器商品销售区或日用消费品区	处于市级商圈、区级商圈
社区店	位于可辐射多个高消费社区的商业区域，紧邻主要大型社区，社区人口 10 万人左右（一层）	—
特定市场店	手机、IT 一条街（一层），市级手机、IT 一条街	—
交通枢纽店	位于地铁、机场、车站、码头交通枢纽等处且已形成一定规模的商圈	—

二、建筑及配套要求

家电数码类型店建筑及配套要求

表 4-2

项目		要求
物业		独立、清晰的产权
需求面积	普通店	200 ~ 300m²
	旗舰店	400 ~ 800m²
	大型店	3000 ~ 5000m²
楼层选择		从一楼开始，楼层三至四楼
建筑层高		净高不低于 4.5m，楼板净高不小于 3.5m
柱网间距		一般应大于 8m×8m

家电数码类型店建筑及配套要求

续表

项目	要求
楼板荷载	应确保建筑物的楼板使用恒荷载应≥ 5kN/m²
供配电	电容量按照营业用电 60W/m²、空调用电 100W/m² 的标准配置。双路供电方式，三相五线 380V/220V、50Hz，租赁区域配置独立的配电间，安装店方独立高压计量电表
给排水	提供管径为 100mm 的独立进水管 1 根及独立计量水表。店方排水管 1 根，方便介入大楼主排水管
排污设施	提供给店方 150mm 排污管一根，就近接入足够容量的排污化粪池
通信配置	提供 50 对通局电缆到交换机房，并开通 18 门直线以及 2 条数据专线
垂直交通	根据楼层设置来配置自动扶梯，每层需要至少 2 部。货运电梯 2 部
空调配置	制冷总负荷概算指标 100W/m²，宜采用空气—水系统，水冷式离心冷冻机或水冷式螺杆冷冻机组，可变风量及水量空气调节末端
门前广场	距街道的距离在 6m 以上，有开阔的停车场地和门前广场
广告位置	门头店招预留 2 个位置，面积在 50m² 以上。墙体广告 500m² 以上，屋顶广告位预留 3～4 块
消防设施	店方使用大楼统一的消防系统，包括烟感报警、消防喷淋、卷帘门，负一层设置强排烟、消防中控系统、应急 / 指示系统和防火分区
停车位	提供充足车位和其他商业共用停车场，免费提供 5 个独用车位

三、合作要求

家电数码类型店主要合作要求

表4-3

项目	要求
租金	1～3 元 /（m²·天）
租期	一般 8 年以上
开店原则	小型店只经营 3C 商品，中型店和大型店根据店址所处商圈特点可选择和音像共同经营。商业街店和店中店及交通枢纽店以开设小型店和中型店为主，社区店以开设中型店为主，特定市场店以开设中型店和大型店为主

01 · 国美电器

中国大陆最大的家电零售连锁企业

图4-1 国美电器

国美电器（GOME）是中国的一家连锁型家电销售企业，也是中国大陆最大的家电零售连锁企业。

一、连锁型家电销售企业

国美电器（GOME）是中国的一家连锁型家电销售企业，也是中国大陆最大的家电零售连锁企业。2009年，国美电器入选中国世界纪录协会中国最大的家电零售连锁企业，成立于1987年1月1日，董事局主席张大中。在北京、太原、天津、上海、广州、深圳、青岛、长沙、香港等城市设立了42个分公司及1200多家直营店面。

国美电器基本信息　　　　　　　　　　　　　　　　表 4-4

商家名称	国美电器
LOGO	
创始人	黄光裕
创立时间	1987 年
所属国家	中国
行业地位	中国家电零售连锁的领导者
品牌形象	成就品质生活
主营商品	家用电器、数码产品
业态	家电数码
主要网点	全国大中型城市
目标人群	广大消费者
拓展区域	太原、天津、上海、广州、深圳、青岛、长沙、香港等
店铺总数	1400 多家
开店方式	直营
首选物业	商业综合体、购物中心、商业街、写字楼底商及配套商业
物业使用	租赁
需求面积	2000 ～ 20000m²
合同期限	10 ～ 20 年

　　随着国美电器在全国的连锁扩张，在全国不同地区和级别的城市均需要开设符合商场条件的商业物业，具体区域要求如下：

国美电器主要扩张区域　　　　　　　　　　　　　　表 4-5

市场类别	要求	开店区位	店面规模
副省级以上城市	直辖市、省会城市、副省级城市	核心商圈	5000m² 以上
		区域商圈	4000m² 以上
		大型社区	3000m² 以上
地级城市	市区人口 50 万以上，具有一定的购买能力	商业中心	3000m² 以上
县级市场	江苏、浙江、广东等地的县级市，内陆省份发展较快的县级市（百强县优先），副省级以上城市的较发达的郊区县	核心商圈核心位置	3000m² 以上

二、选址标准

国美电器选址标准　　　　　　　　　　　　　　　　　　表 4-6

项目		要求
商圈	商业街店	临街商铺（一层），处于市级商圈、区级商圈
	店中店	在具有较大客流的大型商场或大型超市内，处于或接近电器商品销售区或日用消费品区，处于市级商圈、区级商圈
	社区店	位于可辐射多个高消费社区的商业区域，紧邻主要大型社区，社区人口 10 万人左右，位于一层
	特定市场店	市级手机、IT 一条街，位于一层
	交通枢纽店	位于地铁、机场、车站、码头等交通枢纽处且已形成一定规模的商圈
地块位置		城市或某区域的商业中心，人流量大，交通便利

三、建筑及配套要求

国美电器建筑及配套要求　　　　　　　　　　　　　　　表 4-7

项目	要求
物业产权	独立、清晰的产权
需求面积	3000m² 以上
楼层选择	从一楼开始，地级市场楼层不超过四楼，县级市场楼层不超过三楼
门前广场	物业距街道的距离在 6m 以上，有开阔的停车场地和门前广场
配套设施	合格并正常使用的消防系统，合格并正常使用的供水供电系统，空调系统，扶梯和货梯（两层以上）

四、合作要求

国美电器合作要求　　　　　　　　　　　　　　　　　　表 4-8

项目	要求
免租期	10 个月
租金费用	含物业管理费用，不含空调使用费用
反竞争约定	租赁物中不得以任何形式自营或招租经营同我方相类似的业态和商品

国美电器租金计算标准　　　表 4-9

计算方法	租金额度
按销售提成	按月度销售总额的 2.5% 提成
按保底租金计租	1～3 年日租金：0.9 元 /（m²·天）
	4～6 年日租金：1.2 元 /（m²·天）；7～9 年日租金：1.5 元 /（m²·天）
	10～12 年日租金：1.8 元 /（m²·天）；13～15 年日租金：2.1 元 /（m²·天）

五、3C 店规模要求

1.开店原则

　　小型店只经营 3C 商品，中型店和大型店根据店址所处商圈特点可选择和音像共同经营。商业街店和店中店及交通枢纽店以开设小型店和中型店为主，社区店以开设中型店为主，特定市场店以开设中型店和大型店为主。

2.建筑及配套要求

国美电器 3C 店建筑及配套要求　　　表 4-10

项目		要求
需求面积	小型店	30～50m²
	中型店	80～120m²、160～240m²
	大型店	260～320m²
	旗舰店	400m² 左右
产权		独立、清晰
楼层选择		从一楼开始，楼层不超过四楼
门前区域		非店中店要有开阔的停车场地和门前广场
配套		消防系统、合格并正常使用的供水供电系统，空调系统、扶梯和货梯（两层以上）
租期		一般在 8 年以上

02 · 苏宁电器

中国 3C 家电连锁零售企业的领先者

图4-2　苏宁电器

苏宁电器是中国 3C（家电、电脑、通信）家电连锁零售企业的领先者，是国家商务部重点培育的"全国 15 家大型商业企业集团"之一。

一、中国最大的商业连锁企业

苏宁电器 1990 年创立于南京，是中国 3C（家电、电脑、通信）家电连锁零售企业的领先者，是国家商务部重点培育的"全国 15 家大型商业企业集团"之一。苏宁电器连锁网络覆盖海内外 600 多个城市，中国香港和日本东京、大阪地区，拥有 1700 多家店面，海内外销售规模 2300 亿元，员工总数 18 万人，先后入选《福布斯》亚洲企业 50 强、全球 2000 大企业中国零售业第一，中国民营企业前三强，品牌价值 815.68 亿元。

苏宁电器基本信息   表 4-11

商家名称	苏宁电器
LOGO	SUNING 苏宁电器
创始人	张近东
创立时间	1990 年
所属国家	中国
行业地位	中国最大的商业零售企业
进入国家	中国、日本
主营商品	传统家电、消费电子、百货、日用品、图书、虚拟产品
业态	家电数码
主要网点	国内一、二、三线城市
目标人群	城市家庭消费群体
开店计划	计划 2012 年再增 400 多家店铺；到 2020 年，苏宁实体店铺将由现在的 1700 家增加到 3000 家
店铺总数	1700 多家
开店方式	独立经营、合作经营
首选物业	商业综合体、购物中心、商业街
物业使用	租赁、购买、合作
需求面积	2500 ～ 20000m²
合同期限	10 ～ 20 年

二、选址标准

1. 城市选择标准

苏宁电器城市选择标准   表 4-12

项目	要求
商圈地段	直辖市、省会城市、副省级以上城市的核心商圈
	所有二级城市及部分三级市场，要求人口规模在 30 万以上的地级或县级地区
人口情况	地级城市市区人口 50 万以上，具有一定的购买能力商业中心；县级市场江苏、浙江、广东等地的县级市，内陆省份发展较快的县级市（百强县优先），副省级以上城市的较发达的郊区县核心商圈核心位置，面积 3000m² 以上
交通条件	要有多条公交车、地铁（如有）等城市主要交通工具可以到达，主入口门前道路无隔离护栏或其他障碍物
门前广场	物业距街道的距离在 6m 以上，有开阔的停车场地和门前广场

2. 店面规模标准

苏宁电器店面规模标准　　　　　　表 4-13

市场类别	要求	开店区位	店面规模
副省级以上城市	直辖市、省会城市、副省级城市	核心商圈	5000m² 以上
		区域商圈	4000m² 以上
		大型社区	3000m² 以上
地级城市	市区人口 50 万以上，有一定的购买能力	商业中心	3000m² 以上
县级市场	江苏、浙江、广东等地的县级市，内陆省份发展较快的县级市（百强县优先），副省级以上城市的较发达的郊区县	核心商圈核心位置	3000m² 以上

3. 商圈选择标准

苏宁电器商圈选择标准　　　　　　表 4-14

项目	要求
城市商圈	必须为城市主商圈或区域商圈，即城市或某区域的商业中心，人流量大、交通便利的副省级以上城市直辖市、省会城市、副省级城市核心商圈；且商圈内商业气氛浓厚，客流量大，周围商业企业集中且较成熟；各种商业业态较丰富且较具规模
商圈地段	必须在商圈内核心位置或者新城市中心，不能偏离主商圈
面积	核心商圈面积 5000m² 以上；区域商圈面积 4000m² 以上；大型社区 3000m² 以上

三、建筑及配套要求

苏宁电器基本建筑及配套要求　　　　　　表 4-15

项目	要求
物业形状	方正实用
经营面积	2500～5000m²
楼层选择	1～3 层。从一楼开始，1 层或 1 层部分 + 2 层均可；地级市场楼层不超过四楼，县级市场楼层不超过三楼楼层
建筑层高	3.5m 以上
柱网间距	8m 以上

续表

项目	要求
楼板荷载	350kg/m²
给排水／排油／排污／烟道	除给排水外无要求
供配电负荷	150W/m²
内装修	精装，地面 60×60 抛光地砖，石膏板或矿棉板吊顶，墙刷白
电容	提供 80kW／1000m² 的电量供商场照明、样机展示使用，不包括空调、自动扶梯、货梯等设施设备用电
硬件设施	提供中央空调、自动扶梯、货梯、顶地墙装修及合格的消防设备设施
设施设备	提供验收合格的消防系统、中央空调、供水供电系统，如租赁区域包含 2 层，需提供双向自动扶梯或宽度在 3m 以上的踏步梯且自动扶梯或踏步梯和货梯（两层以上）
商场入口	有独立的顾客入口、员工通道和货物通道，且顾客的入口临街，宽度在 10m 以上
门前广场	宽敞平整，可停放机动车辆和非机动车辆，可举办户外促销活动
店招位置	主入口可设立主店招，对应外立面及楼顶可设广告位，公用通道内可设引导、指示牌
停车位	免费提供 20 个以上

四、合作要求

苏宁电器基本合作要求 表 4-16

项目	要求
物业产权	独立、清晰的产权
租金要求	纯租赁或按销售额扣点形式

五、其他要求

第一，苏宁承租面积的其他剩余部分不再租赁给其他经营家电、电子商品的租户；

第二，电费按市价据实支付；

第三，各项收费提供正式发票（租金需租赁业发票，水、电需增值税发票）；

第四，另请开发商提供该物业的土地使用证、产权证明、消防验收证明、手扶梯合格证明；若有抵押，另需抵押银行提供同意向苏宁租赁的授权证明。

品牌发展

　　整合社会资源、合作共赢，满足顾客需要、至真至诚。

　　苏宁电器坚持市场导向、顾客核心，与全球近 10000 家知名家电供应商建立了紧密的合作关系，通过高层互访、B2B、联合促销、双向人才培训等形式，打造价值共创、利益共享的高效供应链。

　　与此同时，坚持创新经营，拓展服务品类，苏宁电器承诺"品牌、价格、服务"一步到位，通过 B2C、联名卡、会员制营销等方式，为消费者提供质优价廉的家电商品，并多次召开行业峰会与论坛，与国内外知名供应商、专家学者、社会专业机构共同探讨行业发展趋势与合作策略，促进家电产品的普及与推广，推动中国家电行业提升与发展。目前，苏宁电器经营的商品包括空调、冰洗、彩电、音像、小家电、通信、电脑、数码、OA 办公、厨卫等综合品类，上千个品牌，20 多万个规格型号。

03·五星电器

中国家电零售业前三强

图4-3　五星电器

五星电器是百思买 [Best Buy Co., Inc. (NYSE: BBY)] 旗下全资子公司。五星电器是一家持续增长、年轻富有活力的公司，中国家电零售业前三强。

一、持续增长且年轻富有活力

五星电器成立于 1998 年 12 月 18 日，是百思买 [Best Buy Co.Inc. (NYSE: BBY)] 旗下全资子公司，王健为五星电器 CEO 并兼任百思买全球高级副总裁。

五星电器是一家持续增长、年轻富有活力的公司，中国家电零售业前三强，总部位于中国南京，美丽的六朝古都。2011 年营业额达到 130 亿元人民币，在中国江苏、安徽、浙江、山东、河南、四川、云南七个省份拥有专业化连锁卖场 219 家、23000 多名在册员工。

五星电器基本信息　　　　　　　　　　　　表 4-17

商家名称	五星电器
LOGO	
创始人	汪建国
创立时间	1998 年
所属国家	美国
行业地位	中国家电零售业前三强
主营商品	大小家电、通信设备、照相机等
业态	家电数码
主要网点	江苏、安徽、浙江、山东、河南、四川、云南等 7 个省份
目标人群	有消费能力的家庭
开店计划	五星电器计划五年中在浙江设立 50 ～ 60 家新店
店铺总数	219 家
开店方式	独立经营
首选物业	商业综合体、商业街、写字楼底商及配套商业、专业市场
物业使用	租赁、合作
需求面积	3000 ～ 15000m²
合同期限	10 ～ 20 年

二、选址标准

五星电器基本选址标准　　　　　　　　　　表 4-18

项目		要求
城市选择		县级市场江苏、浙江、广东等地的县级市，内陆省份发展较快的县级市（百强县优先），副省级以上城市的较发达的郊区县核心商圈、核心位置 3000m² 以上
商圈	市级城市	位于城市或某区域的商业中心，人流量大、交通便利的副省级以上城市直辖市、省会城市、副省级城市核心商圈
	地级城市	市区人口 50 万以上，具有一定购买能力的商业中心
	县级市场	江苏、浙江、广东等地的县级市，内陆省份发展较快的县级市（百强县优先），副省级以上城市的较发达的郊区县核心商圈。地段较为成熟，有一定的竞争力
商圈人口		地级城市市区人口 50 万以上，具有一定的购买能力商业中心 3000m² 以上

三、建筑及配套要求

五星电器建筑及配套要求 表 4-19

项目	要求
需求面积	副省级以上城市直辖市、省会城市、副省级城市核心商圈 5000m² 以上；区域商圈 4000m² 以上；大型社区 3000m² 以上
楼层选择	从一楼开始，地级市场楼层不超过四楼，县级市场楼层不超过三楼
门前广场	距街道的距离在 6m 以上，有开阔的停车场地和门前广场
配套设备	有正常使用的消防系统，合格并正常使用的供水供电系统，空调系统，扶梯和货梯（两层以上）
建筑产权	独立、清晰的产权

链接 媒体关注

　　五星电器自诞生以来，始终是社会各界以及新闻传媒的焦点。从企业诞生到专业连锁，从创新的五星大卖场到扩张的进程，从迅速上升的市场业绩到回馈社会，五星电器的每一个脚印，每一次飞速发展均世所瞩目，各路媒体争相报道"五星现象"，包括中央电视台《经济半小时》、《扬子晚报》等国内众多知名媒体均对五星电器进行了深入的跟踪采访与报道。

经典商业案例

04·百脑汇

大陆最具代表性的 IT 终端零售通路

图4-4　百脑汇

百脑汇，成立至今始终秉持"价廉又物美、服务百分百"的经营理念，已成为中国电脑大卖场第一品牌。在不远的将来，百脑汇将在中国 35 个主要城市成立电脑商场，打造大陆最具代表性的 IT 终端零售通路。

一、中国电脑大卖场第一品牌

百脑汇（Buynow）于 1998 年成立至今，百脑汇始终秉持"价廉又物美、服务百分百"的经营理念，已成为中国电脑大卖场第一品牌。通过提供舒适自在的购物环境、先进的营销理念和完善的客户服务，获得商家及消费者的一致好评。百脑汇已有 22 家专业大型 IT 商场分别设立在北京、上海、南京、常州、成都、沈阳、郑州、天津、杭州、广州、长春、西安、哈尔滨、厦门、无锡、武汉等中心城市。在不远的将来，百脑汇将在中国 35 个主要城市成立电脑商场，打造大陆最具代表性的 IT 终端零售通路。

百脑汇基本信息 表 4-20

商家名称	百脑汇（Buynow）
LOGO	百脑汇® Buynow
创立时间	1998 年
所属地区	中国台湾
行业地位	中国电脑大卖场第一品牌
主营商品	电脑产品
业态	IT、通信
主要网点	全国一二线城市
目标人群	中高收入的消费者、家庭、白领、学生
拓展区域	百脑汇 (Buynow) 计划在三线城市拓展
开店计划	百脑汇 (Buynow) 将在中国 35 个主要城市成立电脑商场，并以 1+N 的模式 (1 为每个城市自地自建的旗舰店，N 为在周边以租赁等方式快速展店的商场)，在每家旗舰商场辐射区再开设约 3 家商场，在全国各省扩散开来百余家店，构造大陆最具代表性的 IT 终端零售通路。
店铺总数	20 家，上海 3 家
开店方式	直营
首选物业	专业市场
物业使用	购买
需求面积	10000 ～ 30000m²
合同期限	15 年以上

二、选址标准

百脑汇基本选址标准 表 4-21

项目	要求
城市选择	各省会城市和经济较为发达重点二级城市（地级市）
商圈地段	成熟的 IT 商圈或百货广场
地块位置	至少一侧临主干道，拥有多条公交线路

第四类　家电数码市场

三、建筑及配套要求

百脑汇基本建筑及配套要求　　　　　　　　　　　表 4-22

项目	要求
需求面积	10000 ～ 30000m^2，楼层不超过 4 层，单层面积不小于 2000m^2
正门距离	正门距主干道不少于 10m
广场面积	广场面积不少于 400m^2
配套设施	各设施设备完整，符合大型商场要求，物业形状类方形或类圆形，使用率不低于 80%
广告位	具有明显地标概念和店招、广告位

四、合作要求

百脑汇基本合作要求　　　　　　　　　　　　表 4-23

项目	要求
物业	收购物业产权或公司股权、土地开发
物业产权	产权清晰，无三角债务关系

经典商业案例

05 · 颐高

专业从事 IT 零售终端

颐高集团有限公司是专业从事 IT 零售终端和商业地产的开发运营及
模式创新的企业，目前拥有"颐高数码"、"颐高广场"、"亿茂商业"
三大产业，覆盖 IT、地产、商业、网络、传媒等领域。

图4-5　颐高数码连锁

一、商业地产的开发运营及模式创新

颐高集团有限公司成立于 1998 年，是专业从事 IT 零售终端和商业地产的开发运营及模式创新
的企业，目前拥有"颐高数码"、"颐高广场"、"亿茂商业"三大产业，覆盖 IT、地产、商业、网络、
传媒等领域，旗下全资子公司、控股公司 42 家，全国员工 2000 余人。2011 年，颐高品牌价值达
93.06 亿元。2012 年，颐高荣获"国家级科技企业孵化器"、"中国驰名商标"荣誉。

数码连锁，IT 连锁中国。颐高创办了 40 家颐高数码连锁市场，总经营面积为 25 万 m^2。经过
10 余年的发展，颐高数码连锁积累了从项目拓展、招商、品牌、营销推广、市场管理、售后服务、
服务创新等方面较强的核心竞争力。颐高数码连锁目前已与全球排名前 50 位的 IT 厂商形成了战略
合作伙伴关系。

颐高基本信息　　　　　　　　　　表 4-24

商家名称	颐高
LOGO	**EGO 颐高集团**
创立时间	1998 年
所属国家	中国
行业地位	专业从事 IT 零售终端和商业地产的开发运营及模式创新的企业
主营商品	电子数码类产品
业态	通信数码
主要网点	江苏、浙江、上海
目标人群	对电子类产品有需求的广大消费者
开店计划	全国预计开 20 ~ 30 家； 上海地区没有数字概念，看到好的物业就可以考虑开店； 明年重要城市：江苏、江西、武汉
店铺总数	80 家
开店方式	独立经营、合作经营
首选物业	商业街、专业市场
物业使用	租赁、合作
需求面积	10000 ~ 50000m²
合同期限	10 ~ 20 年

二、选址标准

颐高数码市场选址标准　　　　　　表 4-25

项目		要求
城市商圈	特大型城市	优先级 A：IT 核心商圈（如上海的徐家汇）
		优先级 B：CBD 商圈（如淮海路、静安寺）
		优先级 C：辐射范围 5 km 内拥有高品质、成规模居住人口的区域中心商圈（如中山公园、虹桥）
		优先级 D：有较大发展潜力的区域中心（如五角场）
	中型城市	优先级 A：已有 IT 街区的——在 IT 街区半径 200m 内
		优先级 B：没有 IT 街区的——核心消费类商圈
		优先级 C：副中心级别的区域性商圈
	小型城市	必须在 IT 街区或者核心商圈

续表

项目	要求
地块位置	紧邻或正对当地人气最旺的电脑城
	商圈内的十字路口（或者紧邻十字路口），且至少其中一条是主干道
交通条件	拥有多条公交线路
人口情况	商圈周边5km半径内辐射人口数量不少于15万
开店标准	在核心IT商圈周围3km范围之内的非核心区域，绝对不考虑开店
	在核心IT商圈周围5km范围以外的副中心商圈，可以考虑开店
其他	有小型（不少于200m²）或者大型广场的优先考虑

三、建筑及配套要求

1. 经营面积与楼层

颐高数码市场经营面积基本要求　　　　　表4-26

城市级别	需求面积	单层面积	经营楼层选择
3B级以下城市	2000～5000m²	800～2500m²	F1、F2
3A级城市	5000～15000m²	2000～5000m²	B1、F1、F2、F3
2级以上城市	10000～30000m²	3000～10000m²	B1、F1、F2、F3、F4

备注：若在重点城市出现3万m²以上物业，可考虑采用3C-Mall经营方案。

2. 物业配置要求

颐高数码市场物业配置要求　　　　　　表4-27

项目	要求
物业形状	正方形；长方形（长宽比范围为3:1～1:3）；圆形（或类圆形、椭圆形、八角形等）；哑铃型
路距	物业正门距离主干道必须在10m以上
建筑方位	以面向主干道为基准方向，物业从各方向各视角观察的露出度要高，没有过于明显的遮挡物
建筑层高	吊顶之后不低于3m；吊顶之后标准值3.3m
楼板荷载	不低于300kg/m²

第四类 家电数码市场

项目	要求
停车场	最低值：50 个车位；标准值：100 个车位；无上限
供配电负荷	1.1kW/m^2，弱电系统同一般商业物业，无特殊要求
给排水 / 排油 / 排污 / 烟道	同餐饮业一般标准，可参考肯德基
硬件设施	安装中央空调，物业内有垂直货梯；有垂直观光电梯者更佳
装修要求	没有严格限定，毛坯、粗装、精装都可以

家居家纺市场

第五类

随着房地产的快速发展和普通百姓生活水平的提高，家居家纺行业变得越来越专业化、产品个性化、市场细分化。开家居家纺店首先需要有清晰的定位，确定消费者群体，经营什么类型的家纺；再根据人群特点进行选址。

一、选址标准

家居家纺市场选址标准

表 5-1

项目	要求
商圈地段	位于城市主干道交汇处，如广场四周、十字路口、丁字路口、环路两侧；最好是传统建材市场；项目本身、周边或商圈内有非竞争性的综合超市、百货店或其他专业市场，商圈 5～10km 范围内，常住人口总量覆盖 50 万～80 万，周边应有多条公交线路通过，交通便利
地块位置	建设场地要求平坦，至少一面紧临城市主干道路，建筑物位置的布置必须满足国家和当地地区有关的规范和要求，扣除绿化、退让、车位等因素后，保持建筑物的建筑要求，保证主面临街，周围道路进出方便
占地面积	标准店净用地面积（红线内面积）约 3 万～4 万 m^2（45～60 亩），其他业态用地面积不限
需求面积	总建筑面积 35000～40000m^2；建筑单层面积 8000～10000m^2；建筑物的长、宽分别要求达到 137m 和 77m 左右；可以在地下一层（要装 12° 坡梯，长 42m），地面要有 500m^2 的入口处

二、建筑要求

家居家纺市场基本建筑要求

表 5-2

项目	要求
需求面积	每层卖场面积约为 15000m^2，一层为仓储式建材超市，二层为家居超市
标准店轮廓尺寸	商场 137m（长）×73.5m（宽）+ 门楼 41m×4m。一般长以 100～150m（最佳的进深不小于 180m）、一般宽以 75～100m（最佳地块面宽不小于 150m）
柱网高度	一层层高 8.5m 以上
柱网间距	一般 10m×10m 以上（最佳 9.9m×12m）
建筑层高	25m
楼板荷载	仓库 ≥ 1.5t；经营区 ≥ 500kg；楼板承重载荷为 2500kg/m^2；收（卸）货区的楼板承载不小于 5000kg/m^2

家居家纺市场基本建筑要求

续表

项目	要求
梁高度	楼盖梁的高度不大于 0.8m，最好采用井字梁或扁平梁的结构形式
商场出入口	保证主入口及出口最少各一个，并设置专门的货车出入口
停车设施	建筑场地必须考虑绿化及机动车辆和非机动车辆的停放。停车数量必须在满足国家和当地地方规范的基础上，符合建材超市的使用要求，500 ~ 1200 个车位（每车位面积：地面约 25m²，地下约 40m²），以地上为最佳
收货区	根据建筑场地及建筑物布置情况，商场主入口面向城市主干道，室外收货区（300 ~ 400m²）一般设置于建筑物的背面（雨棚 10m×40m），要求道路 20m 宽，可以供送货车辆转弯，收货区要求设专用的货物出入通道与城市道路相接

三、配套要求

家居家纺市场其他配套要求

表 5-3

项目	要求
电力供应	要求两路市政供电，每路供电电源负荷不小于 1600kVA，应急电源负荷除保证房屋消防系统的供电以外，另向百安居物业提供 500kVA 的用电负荷（即有效负荷为 500kVA 的柴油发电机）
给排水	水源取自市政给水管网，且具有 2 路供水条件，给水压力不小于 0.25 MPa，提供 2 根 DN50 给水管至物业内，预留排水管管径不小于 DN150
天然气	在当地天然气供应有保证的情况下，可要求业主提供天然气接口（包含调压站等设施），一般要求供有效供气量不小于 200m³/h

经典商业案例

01·宜家家具

全球最大的家居用品零售商之一

IKEA 自在瑞典建立以来，经过 60 年的发展，目前已经在 30 多个国家成立了约 160 家分店，成为全球最大的家居用品零售商之一。

图5-1　宜家家居

一、白领阶层为第一客户群

　　IKEA 自 1943 年在瑞典建立以来，经过近 70 年的发展，目前已经在 30 多个国家成立了约 160 家分店，成为全球最大的家居用品零售商之一。

　　宜家于 1998 年进入中国，第一家店开在上海，营业面积 8000m²，1999 年 1 月第二家店在北京开业，营业面积 15000m²。

　　宜家进入中国市场后，很快以其典型、时尚的北欧风格为市场所接受，成为中国家居用品市场最富经营特色和品质保证的零售商之一，中国的白领阶层成为它的第一客户群。

　　宜家在商品采购上采取大规模的采购策略，采购范围覆盖全球近 70 个国家。宜家 1973 年开始在中国采购，采购总量位居全球第二位；宜家的商品特色很典型，除了自己的品牌外，主要都是北欧风情的品牌，商品覆盖家庭可能使用的各种商品；在价格方面，宜家充分利用对商品的合理设计、高效的物流体系等有效控制商品的成本，谋求商品的价格竞争力。

宜家家居于 1943 年由其创始人英格瓦·堪普拉德 (IngvarKamprad) 在瑞典创立。历经半个多世纪的发展，是目前世界上最大的家居供应商，为消费者提供种类繁多经济实惠的家居用品。

截至 2012 年 8 月 31 日，宜家集团在 26 个国家 / 地区共拥有 298 家商场，拥有 139000 名员工，销售总额为 270 亿欧元。

宜家家居基本信息   表 5-4

商家名称	宜家家居
LOGO	IKEA
创立时间	1943 年
所属国家	瑞典
主营商品	沙发系列、办公用品、卧室系列、厨房系列、照明系列、纺织品、炊具系列、房屋储藏系列、儿童产品系列等约 10000 个产品
业态	家居
主要网点	北京、上海、广州、成都、深圳、南京、沈阳
目标人群	中高阶层消费者
店铺总数	全球 280 多家
开店方式	直营、自建租赁
首选物业	购物中心、专业市场
物业使用	租赁
需求面积	50000 ~ 100000m²
合同期限	15 年以上

二、选址标准

宜家家居选址标准   表 5-5

项目	要求
商圈地段	国内一线城市重点商圈，人口密集区域
物业类型	单体规则型临街物业

三、建筑及配套要求

宜家家居建筑及配套要求　　　　表 5-6

项目	要求
需求面积	33000m²，标准店面积 28000 ～ 35000m²
建筑层高	6.5m 以上
楼板荷载	2.5t/m²
柱网间距	9m×9m 以上
供电	2000kW
空间模式	两层，底层是自选区和家居用品区，二层是样板间、沙发区、家具区和一个可容纳 500 人的餐厅
仓库	宜家对物流配送的要求也很高，商场都有很大的物流配送仓库
停车位	1000 个以上
配套设施	拥有 800 个免费停车位的地下停车场，面积为 170m² 的儿童天地和咖啡厅

链接　采购模式

　　宜家的采购模式是全球化的采购模式。宜家的产品是从各贸易区域（Trading Area）采购后运抵全球 26 个分销中心再送货至宜家在全球的商场。宜家的采购理念及对供应商的评估主要包括 4 个方面：持续的价格改进；严格的供货表现 / 服务水平；质量好且健康的产品；环保及社会责任（简称 IWAY——The IKEA way of Purchasing home furnishing products，宜家采购家居产品要求，它是宜家公司对供应商有关环境保护、工作条件、童工和森林资源方面的政策）。

　　宜家在全球的 16 个采购贸易区设立了 46 个贸易代表处，分布于 32 个国家。贸易代表处的工作人员根据宜家的最佳采购理念评估供应商，在总部及供应商之间进行协调，实施产品采购计划，监控产品质量，关注供应商的环境保护、社会保障体系和安全工作条件。如今，宜家在全球 53 个国家有大约 1300 个供应商。

　　宜家是目前世界上最大的家居供应商。宜家一贯以"为大众创造更美好的日常生活，提供种类繁多、美观实用、老百姓买得起的家居用品"为自己的经营理念。

经典商业案例

02·百安居

世界 500 强企业之一

百安居（B&Q）是世界第三、欧洲第一的大型国际装饰建材零售集团，隶属于世界 500 强企业之一的英国翠丰集团。

图5-2　百安居

一、大型国际装饰建材零售集团

百安居（B&Q）是世界第三、欧洲第一的大型国际装饰建材零售集团，隶属于世界 500 强企业之一的英国翠丰集团。

百安居携其全球先进的零售管理经营模式以及在中国台湾地区开设连锁店所获得的丰富经验，于 1999 年 6 月在中国内地成功着陆，开办了该品牌的第一家内地连锁店——上海沪太店。2001 年 8 月，它又选择在祖国大陆开设了它的全球新概念店——上海杨浦店。

截至 2007 年 8 月底，百安居在中国大陆拥有 60 家商店，遍布包括上海、北京、深圳、广州、青岛、杭州、苏州、武汉、南京、昆明、福州、无锡、哈尔滨等在内的 26 城市。百安居的业务进展将覆盖中国各个城市。至 2010 年，B&Q 百安居在华北、华中、华东及华南共 30 多个城市开设分店，连锁店总数 100 家。

百安居基本信息　　　　　　　　　　　　　　表 5-7

商家名称	百安居
LOGO	B&Q 百安居
创立时间	1969 年
所属国家	英国
主营商品	建材管件、木材、地板瓷砖、油漆涂料、厨卫设备、五金工具、电工电料、园艺用品、布艺装饰、地毯灯具等，更有装潢设计、装修服务
业态	家居、家装、建材
主要网点	大中城市
目标人群	城市常住居民
店铺总数	100 多家
开店方式	加盟
首选物业	商业综合体、购物中心、商业街
物业使用	租赁
需求面积	20000m^2
合同期限	一般为 20 年或 20 年以上，并提供一定的免租期

二、选址标准

百安居选址标准　　　　　　　　　　　　　　表 5-8

项目	要求
商圈地段	在项目 5km 范围内人口达 40 万以上
	须临近城市交通主干道或快速干道，至少双向四车道，且无（绿化带、立交桥、河流、山川等）明显阻隔为佳
	商圈内住宅及人口有快速增长趋势
	项目周边人口畅旺，道路与项目的衔接性比较顺畅，车辆可以顺利地进出停车场

三、建筑要求

百安居基本建筑要求   表 5-9

项目	要求
需求面积	净用地面积 20000m²
商场主入口	面向城市主干道
出入口	正门至少提供 2 个主出入口
物业纵深	在 50m 以上，单层面积 10000m² 左右
建筑层高	不低于 10m，对于期楼的层高要求不低于 12m，净高在 9m 以上（空调排风口至地板的距离）
柱网间距	要求 10 ～ 12m 以上（厦门明发商业广场的柱距是 8m）
楼板荷载	在 1500kg/m² 以上，对期楼的要求在 2000kg/m² 以上
供电	2000 kW
电梯	每层有电动步道梯连接，地下车库与商场之间有步道梯连接
停车场	场地要求平坦，必须考虑绿化和机动车辆停车场
	1000 个以上地上或地下的顾客免费停车位
	必须为供货商提供 20 个以上的免费货车停车位
	商场设计时要提供货物专用车辆掉头及转弯的场地，保证 40 尺货柜转弯半径 18m
室外收货区	位于建筑物背面，要求设专用货物出入通道与城市道路连接
室外广场	商场要有一定面积广场

四、配套要求

百安居配套要求   表 5-10

项目	要求
市政电源	为双回路或环网供电（或其他当地政府批准的供电方式），总用电量应满足商场营运及司标广告等设备的用电需求，备用电源应满足应急照明、收银台、冷库、冷柜、监控、电脑主机等用电需求，并提供供商场独立使用的高低压配电系统、电表、变压器、备用发电机、强弱电井道及各回路独立开关箱
空调系统	安装独立的中央空调系统

品牌价值

百安居品牌价值　　　　　　　　　　　　　　　表 5-11

值得信赖	行业领先	B&Q 百安居隶属于世界 500 强企业之一的英国翠丰集团（Kingfisher Group）。依靠先进的标准化管理模式和质量监督体系、雄厚的资金支持以及专业团队的综合服务，欧洲第一、世界领先的大型国际装饰建材零售集团 B&Q 百安居在进入中国后，迅速发展成中国家装建材行业的领军企业，并带动了一大批建材生产企业共同发展
	品质保证	坚持以严格的供应商筛选与管理、完善的质检体系、规范的施工操作以及完善的客户反馈与售后服务机制为消费者提供具有国际品质的产品与服务，并且大力推行"安全、健康、环保"的绿色家装理念
	对中国的承诺	B&Q 百安居进入中国后，顺势求变，在经营模式、产品类型、服务理念上都进行了改良，为中国消费者提供更适合当地需求的产品与服务
便利快捷	门店位置与布局	B&Q 百安居的门店选址都经过多方面考量，方便顾客的出行，同时保证有足够舒适的购物空间。门店内醒目的标识、简单明了的产品简介、专业的导购人员，都能帮助顾客在 B&Q 百安居感受更加轻松便捷的购物体验
	一站式购齐	依靠全球性采购网络，B&Q 百安居提供 19 个大类的家居装潢产品。从建材管件、木材、地板瓷砖、油漆涂料、厨卫设备、五金工具、电工电料、园艺用品、布艺装饰、地毯灯具等，更有装潢设计、装修服务，真正实现"一站式"购物，以轻松、便利的服务，让更多安居梦想成为现实
	全方位服务	B&Q 百安居提供包括装潢设计、团购服务、特殊订单服务、退货服务、免费切割（木材、绳、链、管件）、DIY 演示、电脑调漆、家装课堂等一系列全方位的服务
物有所值	货真价更实	以其高效率的国际标准管理方式和全球性的采购网络，降低物流损耗和经营成本，把真正的实惠带给消费者。同时，B&Q 百安居明码标价，以真实可信的透明价格，让消费者无须东奔西走便能选购到价格、品质都称心的建材商品
	保贷服务	B&Q 百安居提供多种家装贷款业务以及家装保险、保修延展计划等服务，为消费者创造更多价值
推陈出新	产品与服务革新	作为飞速发展的家装建材行业的领军企业，B&Q 百安居一直致力于革新其所提供的产品与服务，引导消费者进行更健康更安全的家装
	行业新规范	B&Q 百安居努力推动家装建材行业的发展与进步，开创了质量管理方面的审核标准，如率先在行业内对人造板标识标志进行大规模整改，并严格按照住房和城乡建设部 GB18580-2001 的标准执行，橱柜以 QB/T2531 为产品标准等
企业责任	环保管理	B&Q 百安居一直致力于供应链领域的环保管理，同时在提升公众环保意识、倡导绿色消费等方面不懈努力，与消费者一起打造绿色健康的家居环境，改善自然环境
	社区投入	B&Q 百安居积极融入当地社区，力当一位好邻居。B&Q 百安居不仅经常组织各种关爱弱势群体的员工活动，还积极参与其他社会公益活动，与当地人民休戚与共

03 · 红星美凯龙

中国家居业第一品牌

红星美凯龙自创业以来，始终以建设温馨、和谐的家园，提升消费者的居家生活品味为己任，最终发展成为中国家居业第一品牌。

图5-3　红星美凯龙家具建材店

一、建设温馨、和谐的家园

红星美凯龙自 1986 年创业以来，始终以建设温馨、和谐的家园和提升消费者的居家生活品味为己任，已在北京、上海、天津、南京、长沙、重庆、成都等 85 座城市开办了 115 家商场。市场总规模达 300 万 m²，2011 年销售总额达 400 多亿元，成为中国家居业第一品牌。红星美凯龙计划到 2020 年建成 200 家品牌连锁大卖场。

红星美凯龙基本信息　　　　　　　　表 5-12

商家名称	红星美凯龙
LOGO	红星·美凯龙 MACALLINE
创立时间	1986 年
所属国家	中国
主营商品	中、高档时尚品牌家具、国际品牌家具；卫浴、陶瓷、五金、地板、门业、油漆涂料等建材；橱具、布艺、工艺品等家饰用品
业态	家居、家装、建材
主要网点	北京、上海、常州、天津、南京、郑州等 85 座城市
目标人群	有消费能力的家庭
拓展区域	未来主要拓展华东、华南、华中、西南、西北、华北、东北等地
开店计划	计划五年之内将在山东省实现 22 个店面，并且到 2020 年计划建成 200 家品牌连锁大卖场
店铺总数	115 家
开店方式	直营、加盟
首选物业	商业综合体、购物中心、商业街
物业使用	购买、合作
需求面积	50000 ～ 200000m^2
合同期限	10 ～ 20 年以上

二、选址标准

红星美凯龙选址标准　　　　　　　　表 5-13

项目	要求
地块位置	位于城市主干道交汇处、广场四周、十字路口、丁字路口、环路两侧，最好是传统家居、建材市场附近和城市重点发展方位
	最好为一线重点城市的重点商圈或者大型居民密集区域，临街首层，商场主入口面向城市主干道
交通条件	周边有多条公交线路通过，交通便利
人口情况	商圈 5 ～ 10km 范围内，常住总人口覆盖 50 万～ 80 万
竞争环境	项目本身、周边或商圈内有非竞争性的综合超市、百货店或其他专业市场

三、建筑要求

红星美凯龙基本建筑要求   表 5-14

项目	要求
需求面积	省会城市需求面积 70000m² 以上，待建土地 50 ～ 100 亩
单层面积	多层店单层不低于 10000m²
建筑结构	建筑结构采用轻钢结构或钢筋混凝土框架结构，最好为规则型物业建筑
柱网间距	柱网 9m×9m，不低于 8m×8m
建筑层高	至少 8m 以上
楼板荷载	承载力 600kg/m²
电梯	观光电梯、自动扶梯、客梯、货梯满足需要
停车场	每 10000m² 需求面积，停车位不少于 300 个，有专用的通道做到人车分流

四、配套要求

红星美凯龙基本配套设备   表 5-15

项目	要求
能源要求	每 10000m² 用电 800kVA（含空调风机用电量，不包括空调主机）；每 10000m² 用水量每天不少于 30m³
中央空调	具备较好的新风系统

链接　企业精神

　　成立 26 年来，红星美凯龙始终秉承 "一丝不苟，视信誉为生命；勤奋务实，视今天为落后" 的企业精神，积极实施品牌市场全国连锁化经营、"全球化名牌捆绑" 品牌经营的策略，在全国领先推出了 "市场化经营，商场化管理" 的模式，得到了众多业内权威专家的高度肯定，被誉为 "红星美凯龙模式"，并在中国家居业首创了 "所有售出商品由红星美凯龙负全责" 的诚信创举，为中国家具建材市场的发展与繁荣作出了创造性的贡献。

经典商业案例

04·月星家居

以高档家居产业为主

图5-4 月星家居

月星集团是华东地区规模最大的集科工贸为一体的跨行业、跨地区的多元化企业集团之一，现已成为以高档家居产业为主，集家具制造、商业连锁、商业地产、资本投资和海外业务于一体的实业型集团企业。

一、跨行业，跨地区的多元化企业

月星集团是华东地区规模最大的集科工贸为一体的跨行业、跨地区的多元化企业集团之一，现已成为以高档家居产业为主，集家具制造、商业连锁、商业地产、资本投资和海外业务于一体的实业型集团企业。2008年，月星集团又在江苏常州建设总面积达 40 万 m² 的月星国际家居广场二期 12 万 m² 扩建项目；在上海，月星集团正全力打造亚洲第一、世界第四，总面积达 43 万 m² 的月星环球家饰博览中心，立足上海，辐射长三角，连接全球市场，年销售预计超过 100 亿元。在二十多年积累沉淀的基础上，月星集团于 2010 年 3 月正式启动月星家居"百店计划"。目前，月星家居连锁已在全国进行商业布局，发展步伐进一步加快，"百店计划"正健康持续推进中。

月星家居基本信息 表 5-16

商家名称	月星家居
LOGO	
创立时间	1988 年
所属国家	中国
主营商品	海内外品牌家具
业态	家居；家纺；家饰
主要网点	遍布上海、江苏、浙江、辽宁、吉林、黑龙江、甘肃、宁夏、青海等地
目标人群	中高阶层时尚消费者
店铺总数	近 20 家，上海 2 家
开店方式	直营、加盟
首选物业	商业综合体、购物中心、商业街
物业使用	租赁、合作
需求面积	40000 ~ 150000m²
合同期限	5 ~ 15 年

二、选址标准

月星家居选址标准 表 5-17

项目	要求
商圈地段	一线城市重点商圈范围内
广告位	有明显的户外广告位置

三、建筑要求

月星家居基本建筑要求　　　　　　　表 5-18

项目	要求
建筑层高	至少 8m 以上
楼板荷载	（荷载）2.5t/m²
柱网结构	9m×9m 以上
主入口	可以是和购物中心组合形式，要位于商场的主入口
通道	有专门的货运通道和垃圾通道
停车位	有充足的停车位
供电	2000kW

经典商业案例

05 ▪ 特力屋

超大型家居生活馆

图5-5 特力屋

HOLA 特力屋隶属于国际知名贸易集团——特力集团。HOLA 特力屋是一家超大型家居生活馆，以平实的价格提供顾客精致且独具风格的家用家饰商品，满足顾客一站购足的概念。

一、提供品位生活的优质升级服务

HOLA 特力屋隶属于国际知名贸易集团——特力集团。特力集团是一个全球性的集团，拥有超过 30 年的对外贸易实务经验，为全世界各地的知名零售卖场提供商品。目前特力集团已发展为一个涵盖零售、贸易、营造、电子商务、工业设计等领域的大型事业体，在全球 19 个国家设有 31 个分支机构、10 个关系企业。

HOLA 特力屋是一家超大型家居生活馆，以平实的价格提供顾客精致且独具风格的家用家饰商品，满足顾客一站购足的概念。在宽敞的购物空间与专业服务下，HOLA 的居家世界里，可以轻松寻得您想要的商品与期望居的价格与服务，随时为您的家居装饰提供灵感与创意。特力屋还会以华东地区为基地，再拓展至华北、华南地区。拓展模式都将以一级城市为主，再蔓延至邻近的卫星城市。

HOLA 特力屋于 2011 年 9 月正式宣布更名为 "HOLA 特力和乐家居"。升级后的 HOLA 特力和乐家居以 "和谐家庭 乐享生活" 的品牌承诺全新亮相，为消费者提供更多品位生活的优质升级服务。

特力屋基本信息 表 5-19

商家名称	特力屋
LOGO	HOLA 特力和乐家居 www.HOLA.com.cn
创立时间	1996 年
所属地区	中国台湾
主营商品	各类家居软装用品，餐具茶具、床上用品、厨房用具、居家收纳、地毯地垫、毛巾拖鞋、卫浴美体、家用纺品、家用百货、进口美食、灯饰、家用电器、饰品花艺、香氛蜡烛、家具 15 大类
业态	家居、家纺、家饰
主要网点	北京、上海、广州、深圳、江苏、浙江
目标人群	时尚年轻居家人群
店铺总数	40 多家
开店方式	直营
首选物业	购物中心、社区底商及配套商业
物业使用	租赁
需求面积	1000 ~ 3000m²
合同期限	15 年

二、选址标准

特力屋选址标准 表 5-20

项目	要求
商圈等级	城市商圈、城市次级商圈、大型社区商圈、目的性购物商圈、商圈涵盖范围内符合城市发展方向
商业组合	购物中心 + 目的购物卖场
	目的购物型卖场聚集
	日用品卖场 + 目的性购物卖场
人口情况	5min 车程商圈常住人口 60 万以上，30min 车程商圈家庭户数 50 万以上

三、建筑要求

特力屋基本建筑要求   表 5-21

项目	要求
基地形状	应为矩形长宽比 1.2:1.5
楼层选择	位于较低层（B1～2F）
使用面积	标准店（3500～4500m²）；小型店（2000m²左右）
建筑层高	5.4m（最低灯下净高 3m）
楼板荷载	600kg/m²，部分区域须达 1000kg/m²
柱网间距	主卖场部分需在 8m 以上
停车位	300 个车位

四、配套要求

特力屋配套要求   表 5-22

项目	要求
空调配置	整套完整可直接使用的空调系统
消防配置	承租区域装修前后的消防报批及保证通过相关部门的验收
给／排水	供水量不低于 10m³/天
电力配置	照明用电 60VA/m²
垂直交通	应有足够垂直动线载运客人，必须有自动坡道梯连接租赁楼层及停车场
卸货区	独立卸货区进货空间，卸货车位应有 3 个，3m×7m
货梯	独立使用货梯 2 个载重 2t 或 1 部载重 3t
广招位置	建筑物外立面上要有独立招牌位置
隔墙	租赁范围内办公室仓库固定隔间墙完成

五、租赁条件

特力屋基本租赁条件　　　　　　　　　　　　　　　表 5-23

项目	要求
租期	15 年加 5 年优先续租权
押金	不超过 2 个月的租赁物业租金金额的押金（不含任何管理）
租金支付	按月支付
排他条款	在租赁期间业主不得向从事，也不得允许任何第三方从事与 HOLA 特力屋相同或相似之业态、活动等，并在租赁期间内不得将物业任何部分转让、出售给任何特力屋的竞争者

经典商业案例

06·好饰家建材家居

沪上著名的建材家居购物中心

好饰家建材园艺超市有限公司,坚持"倡导时尚流行、倡导健康生活、倡导诚信服务",形成了集装潢设计施工、销售装潢材料、家具用品、灯具灯饰、软装饰物品、园艺宠物的一站式服务,成为沪上著名的建材家居购物中心。

图5-6 好饰家

一、公园式大型建材家居商场

好饰家建材园艺超市有限公司成立于 1998 年,坚持"倡导时尚流行、倡导健康生活、倡导诚信服务",形成了集装潢设计施工、销售装潢材料、家具用品、灯具灯饰、软装饰物品、园艺宠物于一体的一站式服务,成为沪上著名的建材家居购物中心。目前有徐汇、杨浦及松江店共三家大型商场,总经营面积达 13 万 m²。其中徐汇店占地 6 万 m²,绿地占地面积达 2.4 万 m²,是上海地区一家有大型绿地的公园式大型商场。

好饰家建材家居基本信息 表 5-24

商家名称	好饰家建材家居
LOGO	好饰家
创立时间	1998 年
所属国家	中国
主营商品	提供从装潢设计施工，销售装潢材料、建材、家具、灯饰、家电、饰品、园艺、宠物的一站式服务
业态	家居；家装；家纺；家饰；建材
主要网点	好饰家在上海设有 3 家店面，分布在徐汇、杨浦、松江三处
目标人群	中高层收入人群
店铺总数	3 家
开店方式	直营、加盟
首选物业	商业街、专业市场
物业使用	租赁
需求面积	30000 ~ 60000m²
合同期限	5 ~ 10 年

二、选址标准

上海好饰家选址标准 表 5-25

项目	要求
商圈等级	城市商圈、城市次级商圈、大型社区商圈、目的性购物商圈、商圈涵盖范围内符合城市发展方向
商业组合	购物中心 + 目的购物卖场
	目的购物型卖场聚集

三、建筑要求

上海好饰家主要建筑要求　　　　　　　　表 5-26

项目	要求
需求面积	30000m² 以上
建筑层高	5.4m（最低灯下净高 3m）
楼板荷载	600kg/m²，部分区域须达 1000kg/m²
柱网间距	主卖场部分需在 8m 以上
给排水	供水量不低于 10m³／天
电力配置	照明用电 60VA／m²
垂直交通	应有足够垂直动线载运客人，必须有自动坡道梯连接租赁楼层及停车场
卸货区	独立卸货区进货空间，卸货车位应有 3 个，3.0m×7m
货梯	独立使用货梯 2 个载重 2t 或 1 部载重 3t
广招位置	建筑物外立面上要有独立招牌位置
隔墙	租赁范围内办公室仓库固定隔间墙完成
停车位	300 个车位

四、租期要求

15 年加 5 年优先续租权。

07·好百年家居

国内知名的家居连锁企业集团

图5-7 好百年家居

好百年是国内知名的家居连锁企业集团，植根深圳，服务全国。好百年家居是从事家居商品流通的知名连锁企业集团，主要经营中高档家居商品，包括品牌家具、欧陆灯饰、时尚布艺、家居饰品、家庭用品、床上用品等六大系列。被业界誉为中国家居流通业的标杆。

一、家居商品流通连锁企业

好百年是国内知名的家居连锁企业集团，创立于1999年，植根深圳，服务全国。好百年拥有两大家居零售品牌——HOBA好百年家居、METEN美庭品位家居。截至2012年底，好百年已在深圳、上海、成都、长沙、福州、中山、珠海、南宁、九江等国内大中城市开设了十余家大型家居连锁商场。是从事家居商品流通的知名连锁企业集团，主要经营中高档家居商品，包括品牌家具、欧陆灯饰、时尚布艺、家居饰品、家庭用品、床上用品等六大系列。先后获得"中国商业质量奖"、"广东省著名商标"、"深圳知名品牌"、"深圳老字号"、"中国家居业十佳流通商业品牌"等百余项荣誉，被业界誉为中国家居流通业的标杆。

好百年家居基本信息 表 5-27

商家名称	好百年家居
LOGO	
创立时间	1999 年
所属国家	中国
主营商品	主要经营中高档家居商品，包括品牌家具、欧陆灯饰、时尚布艺、家居饰品、家庭用品、床上用品等六大系列
业态	家居、家装、建材
主要网点	深圳、珠海、中山、成都、福州、长沙、上海、杭州、郑州、合肥、贵阳、重庆
目标人群	城市的常住中高收入家庭群体
拓展区域	好百年家居将向深圳拓展店面
店铺总数	超过 20 家大型家居连锁商场
开店方式	直营
首选物业	专业市场
物业使用	租赁、合作
需求面积	10000 ～ 30000m²
合同期限	10 ～ 20 年

二、选址标准

好百年家居选址标准 表 5-28

项目	要求
商圈地段	传统家居建材市场、城市房地产开发密集区域，或规划中未来商业中心区
地块位置	位于城市主干道、十字路口、丁字路口、环路两侧
交通条件	周边有多条公交线路通过，交通便利
人口情况	商圈 5 ～ 10km 范围内，常住总人口覆盖 50 万～ 80 万

三、建筑要求

好百年家居主要建筑要求 表 5-29

项目	要求
待建土地	面积 26700 ～ 54000m²
建筑结构	建筑结构采用轻钢结构或钢筋混凝土框架结构
面积要求	项目面积要求 20000m² 以上，省会及一线城市面积 50000m² 以上； 好百年家居 2.5 万 m² 以上，美庭品位家居 2 万 m² 以上
单层面积	单层面积不低于 5000m²
柱网间距	柱网不低于 8m
建筑层高	首层层高 6m，二层以上层高不低于 5m
楼板荷载	500kg／m²
能源要求	每 10000m² 用电 800kVA（含空调风机用电量，不包括空调主机）
进水	管径 DN150，日供水量不少于 250t
空调配置	冷暖空调，具备新风系统
垂直交通	观光电梯、自动扶梯、客梯、货梯满足需要
停车位	每 10000m² 需求面积配 150 个停车位

经典商业案例

08·剪刀·石头·布家居

满足中高端消费者软装家居需求

图5-8 剪刀·石头·布家居生活广场

上海剪刀石头布家居实业有限公司（Shanghai Home Expo Co., Ltd）旗下品牌"剪刀·石头·布"早期以布艺起家，集十多年的零售、批发、进出口贸易的综合零售经验发展壮大，成为满足沪上消费者家居一站式购足的家居生活广场。

一、一站式家居生活广场

上海剪刀石头布家居实业有限公司（Shanghai Home Expo Co.,Ltd）旗下品牌"剪刀·石头·布"成立于1998年，早期以布艺起家，集十多年的零售、批发、进出口贸易的综合零售经验及发展壮大，成为满足沪上消费者家居一站式购物的家居生活广场。2010年更打造顶级奢华整体软装品牌，成立帝幔整体软装·进口家具，满足中高端消费者的各种软装家居需求。2011年浦东分店开幕，被评为"最受网友关注卖场十大品牌"，三度被评为"上海市著名商标"。2012年帝幔进口家具馆开幕，被评为"四星级"诚信创建企业、"最具人气家居卖场"。

剪刀·石头·布基本信息　　　　　　　　表 5-30

商家名称	剪刀·石头·布
LOGO	剪刀·石头·布® SHANGHAI HOME EXPO 家居生活广场
创立时间	1998 年
所属国家	中国
主营商品	进口家具、整体软装、壁纸、窗帘、家饰
业态	家居、家饰
主要网点	全国
目标人群	广大消费者
拓展区域	剪刀石头布计划在上海及周边城市、华东地区、全国一线城市开拓市场
开店方式	直营、加盟
首选物业	商业综合体、专业市场
物业使用	租赁
需求面积	6000 ～ 12000m²
合同期限	5 年

二、选址标准

剪刀·石头·布选址标准　　　　　　　　表 5-31

项目	要求
地块位置	须临近城市交通主干道，至少双向四车道，且无绿化带、立交桥、河流、山川等明显阻隔为佳
交通条件	项目周边人口畅旺，道路与项目衔接性比较顺畅，车辆可以顺畅的进出停车场
人口情况	在项目 1.5km 范围内人口达到 10 万以上为佳，2km 范围内常住人口可达到 12 万～ 15 万人
消费人群	商圈内人口年龄结构以中青年为主，收入水平不低于当地平均水平
竞争环境	核心商圈内（距项目 1.5km）无经营面积超过 5000m² 的同类业态为佳

三、建筑要求

剪刀·石头·布家居基本建筑要求　　　　　表 5-32

项目	要求
物业纵深	在 50m 以上为佳，原则上不能低于 40m，临街面不低于 70m
建筑层高	不低于 5m，对于期楼的层高要求不低于 6m，净高在 4.5m 以上（空调排风口至地板的距离）
楼板荷载	在 800kg/m² 以上，对期楼的要求在 1000kg/m² 以上
柱网间距	要求 9m 以上，原则上不能低于 8m
垂直交通	每层有电动扶梯相连，地下车库与商场之间有竖向交通连接
出入口	正门至少提供 2 个主出入口
广告位	免费外立面广告至少 3 个
室外广场	商场要求有一定面积的广场
停车场	至少提供 300 个以上地上或地下的顾客免费停车位
	为供应商提供 20 个以上的免费货车停车位
	如商场在社区边缘需做到社区居民和商场客流分开，同时为商场供货车辆提供物流专用场地，40 尺货柜车转弯半径 18m

经典商业案例

09 ▪ TAYOHYA多样屋

年度销售额持续保持高速增长

图5-9　多样屋

"TAYOHYA多样屋"曾荣获"中国著名品牌"、"最具影响力特许品牌"、"上海市畅销品牌"等称号。主要从事居家生活用品的设计研发、整合生产、经营厨房客餐、卫浴系列、家纺床用、居家摆设等。

一、营销体系遍布全国

　　"TAYOHYA多样屋"创建于中国上海，主要设计研发、整合生产、经营厨房客餐、卫浴系列、家纺床用、居家摆设等居家生活用品，其产品款式新颖、种类繁多，完全满足中国家庭的日常所需。截至2013年，多样屋已遍布全国200多个城市和500多家门店，员工规模多达700多人，年度销售额持续保持高速增长并荣获"中国著名品牌"、"最具影响力特许品牌"、"上海市畅销品牌"等称号。

TAYOHYA 多样屋基本信息　　表 5-33

商家名称	TAYOHYA 多样屋
LOGO	**TAYOHYA®** 多样屋
创始人	潘淑珍
创立时间	1998 年
所属国家	中国
主营商品	厨房客餐、卫浴系列、家纺床用、居家摆设等居家生活用品
业态	家居建材
主要网点	全国 200 多个城市
目标人群	中高阶层消费者
拓展区域	全国 200 多个城市
店铺总数	500 余家
开店方式	直营
首选物业	购物中心、商业街、百货、其他
物业使用	租赁、合作
需求面积	20 ～ 500m²
合同期限	1 ～ 5 年

二、选址标准

TAYOHYA 多样屋选址标准　　表 5-34

项目	要求
商圈地段	成熟商业中心、高档社区商业中心、具有一定消费能力的可辐射商业区域

三、建筑要求

TAYOHYA 多样屋建筑要求　　表 5-35

项目	要求
需求面积	80 ～ 200m²
楼层选择	最好为一楼商铺
建筑层高	2.8m 左右

经典商业案例

10·水星家纺

中国现代家纺业的重要奠基者

上海水星家用纺织品有限公司是水星控股集团下属主要成员企业，也是中国现代家纺业的重要奠基者。

图5-10　水星家纺

一、专注于家用纺织品行业的专业化

上海水星家用纺织品有限公司是水星控股集团下属主要成员企业，也是中国现代家纺业的重要奠基者。公司成立于1987年，经过12年的发展，已快速成为集研发、设计、生产、销售于一体，专注于家用纺织品行业的专业化、多品牌企业，公司生产、销售、渠道规模及综合实力居行业前三，2009年通过上海市高新技术企业评审。公司坐落于上海奉贤综合工业开发区，下辖上海百丽丝家纺有限公司、上海水星电子商务有限公司等，拥有"水星"、"百丽丝"两大著名家纺品牌。

水星家纺主要通过直营的方式，针对追求高品质生活的消费者进行家居店铺设立。

水星家纺基本信息 表 5-36

商家名称	水星家纺
LOGO	
创立时间	2000 年
所属国家	中国
主营商品	产品涵盖床罩多件套、被子、枕芯、单件组合、靠坐垫、儿童用品、夏令用品、床垫沙发、餐厨卫浴、毛毯等十大系列
业态	家纺
主要网点	北京、上海、广州、香港、深圳、苏州、南京、杭州、郑州、合肥、东莞、惠州、佛山等全国大中型城市
目标人群	广大消费者
拓展区域	水星家纺计划继续在全国各大中型城市发展经营网络
店铺总数	1700 多家
开店方式	直营
首选物业	商业综合体、购物中心、专业市场
物业使用	租赁
需求面积	50 ~ 200m²
合同期限	1 年

二、建筑要求

水星家纺基本建筑要求 表 5-37

项目	要求
门店位置	要求醒目、可见度强
店面面积	最小不可低于 50m²、最大 200m² 以上均可
店面通道	店前通道无障碍并且属于主要通道，客流量大
店面广告	店面广告符合企业广告标准；能够吸引顾客眼球
店面橱窗	店面应当有适当的橱窗位置，增强店面展示力度

三、加盟要求

1.加盟"A级水星店"

水星家纺加盟要求   表 5-38

	项目	要求
地级市	区域选择	地级市以上区域（含地级市）
	店面面积	在市区繁华地段具备独立店面 120m² 以上
	保证金	预交 2 万元人民币的信用保证金
	流动资金	具备 50 万元流动资金（不含店面租金）
	其他	符合品牌经营规范，完成相应约定的销售指标
县级城市	区域选择	县级以上区域（含县级市）
	店面面积	在闹市区繁华地段具备独立店面 80m² 以上
	保证金	预交 2 万元人民币的信用保证金
	流动资金	具备 40 万元流动资金（不含店面租金）
	其他	符合品牌经营规范，完成相应约定的销售指标

2.加盟店费用项目

店面房租、装修折旧（一般按三年）、水电费用、员工工资（至少三名）、工商税收、通信费用、运输费用、利息支出、其他费用等。

经典商业案例

11·富安娜家纺

家纺行业领袖型品牌

图5-11 富安娜家纺

富安娜家居用品股份有限公司是一家集先进的研发设计中心、现代化的生产基地、健全的营销服务体系和高效的物流配送体系于一体的具有强大综合实力的知名家纺企业。是国内家纺业中拥有自主知识产权最多的企业。

一、国内床品高档品牌

富安娜家居用品股份有限公司创立于1994年8月，是一家集先进的研发设计中心、现代化的生产基地、健全的营销服务体系和高效的物流配送体系于一体的具有强大综合实力的知名家纺企业。

截至2012年底，富安娜在全国已拥有27家子公司和3000多家专卖店/柜，全面进驻全国一、二线城市知名商圈，确立了其在家纺行业的领导者品牌地位。与国内十大商业系统成为战略合作伙伴，并先后获得中国名牌、中国品牌500强等一系列的荣誉称号。富安娜拥有国内最强大的研发队伍，并得到国际顶级设计师的悉心指导，累计开发的花型已达数千种，每年终端推广的新款花型有100多种，拥有外观设计专利7项、版权登记217项，是国内同行业中拥有自主知识产权最多的企业。

富安娜家纺是国内床品高档品牌，体现一种华贵、典雅的格调。

富安娜家纺基本信息 表 5-39

商家名称	富安娜家纺
LOGO	
创立时间	1994 年
业态	家纺、家饰
主要网点	北京、上海、广州、深圳、武汉、长沙等
目标人群	25 ～ 49 岁讲究生活品质的中高收入家庭主妇、大众客群
店铺总数	3000 多家
开店方式	直营、加盟、特许加盟
首选物业	商业综合体、购物中心、商业街、专业市场
物业使用	租赁、合作
需求面积	60 ～ 20m²
合同期限	2 ～ 5 年
客单消费	300 ～ 5000 元

二、选址标准

富安娜家纺选址标准 表 5-40

项目	要求
商圈地段	直辖市、省会城市、沿海经济发达城市的商业较繁华地段
地块位置	当地市场中主要零售企业卖场的楼层、边厅或能够充分展示品牌形象的位置

三、建筑要求

富安娜基本建筑要求 表 5-41

项目	要求
卖场面积	150m² 以上；二级城市卖场面积 100m² 以上；三级城市卖场面积 80m² 左右（不低于 60 m²），卖场面积不低于 50m²
门头宽度	专卖店店面门头宽度 8m 以上

经典商业案例

12·紫罗兰家纺

国内最早走品牌化发展之路的
家纺企业之一

紫罗兰家纺总部位于中国纺织基地——江苏南通，是国内最早走品
牌化发展之路的家纺企业之一，在国内和国际家纺行业享有较高的
知名度和美誉度。

图5-12　紫罗兰家纺

一、享有较高的知名度和美誉度

　　紫罗兰家纺成立于 1995 年，总部位于中国纺织基地——江苏南通，现有两个现代化的生产、办公工业园区，是国内最早走品牌化发展之路的家纺企业之一，在国内和国际家纺行业享有较高的知名度和美誉度。近年来公司坚持走"以市场为导向，不断自主创新"的发展之路，成为从传统型家纺企业向科技型家纺企业转变的先行企业，如今的紫罗兰在家纺品牌排名中已经遥遥领先。

　　紫罗兰家纺涵盖了家纺业的套件类、礼盒类、枕芯类、被芯类、夏季用品类、床垫毛毯类、靠垫饰品类、厨卫类、单件类、儿童类十大产品系列，以清新淡雅的特色绣花、提花、印花床品为主，每年推出自主研发设计的几百种花型系列，深受国内外消费者的喜欢。

紫罗兰家纺基本信息　　　表 5-42

商家名称	紫罗兰家纺
LOGO	紫羅蘭 **V**iolet
创立时间	1995 年
所属国家	中国
主营商品	产品涵盖家纺业的套件类、礼盒类、枕芯类、被芯类、夏季用品类、床垫毛毯类、靠垫饰品类、厨卫类、单件类、儿童类十大产品系列
业态	家纺
主要网点	全国一线大城市和二三线城市
目标人群	广大消费者
店铺总数	1000 多家
开店方式	直营、加盟
首选物业	商业综合体、购物中心、专业市场
物业使用	租赁
需求面积	300 ～ 500m²
合同期限	3 ～ 5 年

二、选址标准

紫罗兰家纺选址标准　　　表 5-43

项目	要求
地块位置	位于城市的商务中心、交通枢纽附近区域、会展中心、大型商业中心、附近有便捷的公共交通设施为佳
交通条件	交通流动性好，有良好的可视性和可进入性

三、建筑及配套要求

紫罗兰家纺基本建筑及配套要求　　　　　　　　　　　表 5-44

项目	要求
需求面积	300 ～ 500m^2
建筑结构	建筑物结构最好为框架结构，外观整齐，允许进行改造
水电配置	进水管径不小于 DN75； 额定不低于 125kVA
燃气配置	有燃气管道接入
排污配置	纳入市政排污管道网，有化粪池
停车位	周边有一定空地，有一定数量停车位
消防	验收合格
产权	房产产权清晰，物业使用权年限在 3 年以上
其他	有线电视等设施到位

 品牌特点

　　紫罗兰家纺沿袭来自意大利的设计理念精髓，紫罗兰的设计师们在产品开发上力求工艺精细，镶嵌、绣花、绗缝等工艺和蕾丝花边的适度运用，塑造风格各异的绣花印花图案，与流行同步。

　　民俗和地域文化的沉淀在这里不断地得到升华，经久不衰，它提供了丰富的创作源泉和设计灵感。用科技和时尚外衣包装的俏丽佳人有着更迷人的风采，环保与健康一度成为各企业的口号，各国的花卉草木成为设计师遐想与创新的热门。

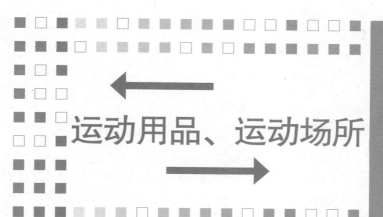

运动用品、运动场所

第六类

一、运动场所选址及建筑要求

运动场所选址及建筑要求

表 6-1

项目		要求
商圈		繁荣商圈
建筑设计	层高	层高要求 4～5m，4～5 层为佳
	面积	单层在 1000～2000m²
	承重	楼板承重要求≥350kg/m²
设备配套	供电	220V 照明电，电力按每 100m² 配置 10kW
	楼板承重	如配置健身房，楼板承重在 400kg/m²，（1500～2000m²）需要提供锅炉
	上下水管道	齿科排水要经生化处理才能进入城市排水管，符合环保要求
	停车位	数量从 20 个到 100 个不等

二、主要附属设施及场地要求

1. 游泳池

游泳池场地要求

表 6-2

项目	要求
标准尺寸	以 21m×25m 为最佳
水深	水深大于 1.8m，两端池壁自水面上 0.3m 至水下 0.8m 处
池岸宽	出发台池岸宽大于 5m，其他池岸宽大于 3m
泳池装饰	水池池壁垂直平整，池底防滑，池面层平整光洁易于清洗。一般池壁贴白色马赛克，池底贴白色釉面砖，泳道标志线为黑色釉面砖

游泳池场地要求

续表

项目	要求
进水设计	泳池应采用底部均匀进水，四周溢流的方式进行泳池设计
泳池供热	宜采用煤气（或天然气）为能源，采用常压铸铁锅炉为宜，如无煤气（天然气），可采用其他高效能源，避免电加热，成本过高。供热系统须考虑淋浴热水、泳池热水及其他美容、卫生间热水，应考虑泳池四周地热系统。热水管道尽可能采用铜管等防腐材质
水处理	水处理系统必须有加药和过滤设备，宜加设臭氧消毒和活性炭吸附设备，以确保水质。系统应设自动水质监测设施和自动调整水处理的控制系统

2. 网球场

网球场场地要求

表 6-3

项目	要求
标准尺寸	不小于 36m×18m，有效双打场地的标准尺寸 23.774m×10.973m，在每条端线后应留有空余地不小于 6.40m，在每条边线外应留有空余地不小于 3.66m
净空高度	不低于 7m
球场中心网柱	两柱中心间距 12.80m，网柱顶端距地平面是 1.07m，球网中心上沿距地平面是 0.914m
地面材料	丙烯酸涂料或体育草坪或 PU 胶
户外围网	高度不低于 4m

经典商业案例

01·迪卡侬

开创运动用品超市的新概念

图6-1 迪卡侬

法国迪卡侬公司（Décathlon）是一家在全球生产和销售体育用品的法国企业，开创了运动用品超市的新概念。迪卡侬集团既是运动用品的设计师和生产商，更是极具规模的全系列运动品连锁商店。

一、极具规模的全系列运动品连锁商店

　　法国迪卡侬公司（Décathlon）是一家在全球生产和销售体育用品的法国企业，总部设在法国北部，公司于 1976 年由米歇尔·雷勒克（Michel Leclercq）先生（现任集团董事长）在法国设立，同时开创了运动用品超市的新概念。迪卡侬集团既是运动用品的设计师和生产商，更是极具规模的全系列运动品连锁商店。集团在法国拥有第二大的产品开发和设计中心，2003 年迪卡侬进入中国，截至 2013 年 2 月已拥有遍布全国 25 座城市近 60 家商场。

　　迪卡侬是运动用品的生产商，从 1986 年开始尝试体育运动用品的生产，其生产网络发展到全球五大洲十八个国家，公司按照质量、价格和供货能力等标准严格选择其生产合作伙伴。迪卡侬全球所有的 331 家运动用品连锁店中出售的货品，一半以上是迪卡侬自身的品牌产品。迪卡侬是大型的运动品专业连锁商店，迪卡侬公司的经营理念：将各类运动用品汇聚一堂，以相对最低的价格提供技术性能优良的产品，为更多的人提供运动的可能，享受到运动的乐趣。典型迪卡侬商场的面积一般在 4000 ~ 12000m^2，商场提供良好的售后服务，同时利用内部或周围的场地为客户和周围的居民提供运动锻炼的机会。

迪卡侬基本信息　　　　　　　　　　　　　　表 6-4

商家名称	迪卡侬运动专业超市
LOGO	**DECATHLON** 迪卡侬
创始人	米歇尔·雷勒克（Michel Leclercq）
创立时间	1976 年
所属国家	法国
主营商品	体育运动用品超市
主要网点	自 1992 年在上海、天津、青岛、广州、深圳、厦门、台湾先后设立了生产分公司
拓展区域	长春、浙江、上海、北京、南京、无锡、广州、深圳、青岛、大连、杭州、成都、苏州、天津、西安、宁波等
店铺总数	60 家
开店方式	独立经营
首选物业	购物中心、商业街、超市
物业使用	租赁、购买、合作
需求面积	4000 ～ 20000m²
合同期限	10 ～ 20 年

二、选址标准

迪卡侬选址标准　　　　　　　　　　　　　　表 6-5

项目	要求
交通条件	拥有免费的快速公路或主干道路网络（临街一线位，良好可视性），位于人们外出度假的必经之路上
	拥有良好的公共交通网络抵达商场（公交站、地铁等）
地块位置	临近主干道，拥有较佳的可视性
	拥有较庞大的中高消费能力住宅社区
	有较浓的商业氛围，临近大型卖场尤佳
	周边可建设小型运动场尤佳
其他	拥有大型停车场，停车场交通便捷畅通并拥有一定的绿化

三、建筑及配套要求

迪卡侬基本建筑及配套要求　　　　　表 6-6

项目	要求
用地面积	标准店 10000 ～ 20000m²
经营面积	4000m²、8000m²、12000m²，目前开发重点为 4000m²
主体建筑	标准店组成——商场、停车场、运动场
物业形状	单层单体建筑（标准店模式，购地自建或租赁物业），商业建筑首层物业（租赁）
建筑层高	6.5m 或梁底净高 5.5m
柱网间距	10m
楼板荷载	600kg/m²
给排水	生活用水日用水量 8t
供配电负荷	两路供电 2×250kVA
空调配置	提供空调系统，确保室内温度：夏季 25 ～ 28℃，冬季 19 ～ 23℃
交通及停车	停车位 1 个 /20m²（经营面积），卸货区确保配送车辆进出的卸货通道通畅
其他	物业、场地装修，招牌设置及其他细节要求参考迪卡侬具体标准

迪卡侬集团拥有法国第二大的产品研发中心，设计工程师每年进行 3500 余种运动产品的开发；千余名员工致力于公司全球生产网络的管理。目前迪卡侬已经拥有了 10 个自有品牌，分别代表着不同的专业运动领域。

迪卡侬 10 个自有品牌　　　　　表 6-7

品牌	运动
DECATHLON CYCLE	轮轴运动（自行车、溜冰、滑板等）
QUECHUA	山地运动（登山、远足、滑雪等）
TRIBORD	水上运动（游泳、潜水、冲浪等）
KIPSTA	团体运动（足球、篮球、排球等）
GEOLOGIC	自然运动（钓鱼、狩猎、骑马等）
DOMYOS	健身运动（竞走、健身、体操等）
INESIS	球类运动（网球、乒乓、高尔夫等）
KALENJI	跑步运动（径赛、越野、慢走等）
FOUGANZA	马术运动
APTONIA/GEONAUTE	健康产品、运动护具、旅行配套产品

经典商业案例

02 ▪ Sport100

一站式大型零售概念店

Sport100（运动 100）是一家融合运动休闲、时尚购物为一体的多品牌一站式大型零售概念店，为全国最大的专业运动、休闲用品连锁店之一。

图6-2　Sport 100

一、运动休闲的专家

　　Sport100（运动 100）成立于 1997 年，是一家融合运动休闲、时尚购物为一体的多品牌一站式大型零售概念店，为全国最大的专业运动、休闲用品连锁店之一。Sport100 的目标是成为运动休闲的专家，为时尚健康的顾客提供最多的品牌和商品品类选择。Sport100 店内汇集了国内外逾 120 家知名运动休闲品牌。目前，Sport100 的店铺扩张至 60 家，覆盖全国约 20 多个城市。其店铺数量和偌大的面积（平均 2500m²），在同行业中具有领先的地位。著名发展商如百联集团、凯德置地、中国华润、香港地铁、世茂集团、万达集团以及大型超级市场如沃尔玛和家乐福等，均为 Sport100 的友好合作伙伴。

运动 100 基本信息　　　　　　　　　　　　　　　　表 6-8

商家名称	运动 100
LOGO	
创立时间	1997 年
所属国家	中国
主营商品	国内外数百家知名运动及休闲品牌
业态	百货：服装／服饰、精品百货、休闲运动
目标人群	都市时尚年轻一族
拓展区域	全国省会城市、直辖市及运动品消费市场较强的城市、江苏省／浙江省二三线城市
店铺总数	60 家
开店方式	直营
首选物业	购物中心、商业街、超市
物业使用	租赁
需求面积	800 ～ 3500m²
合同期限	10 ～ 15 年

二、选址标准

Sport100（运动 100）选址标准　　　　　　　　　表 6-9

项目	要求
城市选择	全国省会城市、直辖市及运动品消费市场较强的城市、江苏省／浙江省二三线城市
城市商圈	城市主要商业街、步行街、购物中心、百货公司以及成熟的特大型社区商业等，1.5km 半径范围内常住人口数量在 20 万人左右

三、建筑及配套要求

Sport100（运动 100）建筑及配套要求

表 6-10

项目	要求
物业条件	物业产权未销售
	除购物中心、百货公司统一规划外，以一楼临街商铺为主
楼层要求	需求面积：800 ～ 3500m²
	建筑层高（风管下沿到地面）>3.5m（不吊顶）
	柱网间距 >8m
	墙面：天花喷黑色涂料、地面罩平、墙面刷白
设施配置	空调风管安装到位，消防喷淋到位
	用电量 100 ～ 150W/m²
	自动扶梯到位（视具体情况而定）
	提供普照、宽带和电话

03 · 名店运动城

行业中的领军先锋

Sport City 是行业中的领军先锋，是中国经营运动品行业中规模最大、品牌最全、装潢最时尚的运动服装、服饰及用品的购物场所。

图6-3　名店运动城

一、改变以往传统的消费模式

Sport City（名店运动城）是选购运动服装、服饰、器械的最佳场所，坐落于中关村广场购物中心的 Sport City，是香港金瑶集团继在上海、重庆、沈阳、抚顺兴业后的第九家专业运动主题店。金瑶集团由卢润森先生、胡晓明先生及叶伟坤先生等联手创立，以香港为基地，业务遍及东南亚各国及中国内地。

早在 1989 年，身为香港执业律师并兼任有百年历史的香港南华会主席的卢润森先生，本着"超越自我"的宗旨，率领集团开拓中国市场。下属的名店运动城（Sport city）自 1996 年开业至今已十余年，公司规模也在日益扩大，最初从上海开始开设分店发展到目前业务遍及重庆、天津、沈阳、抚顺、北京（筹备阶段）各地。

Sport city & La vita 将崭新的经营理念及现代化的管理模式，展现于国人面前，改变了以往传统的消费模式，成为一家有经营效益又不失推广社会效应的成功企业。

Sport City 已经被广大消费者所喜爱，并一直是行业中的领军先锋，虽然还很年轻，但却是中国经营运动品行业中规模最大、品牌最全、装潢最时尚的运动服装、服饰及用品的购物场所。

名店运动城基本信息　　　　　　　　　　　　表 6-11

商家名称	名店运动城
LOGO	
创始人	卢润森先生、胡晓明先生及叶伟坤先生等
创立时间	1996 年
品牌形象	大众化
主营商品	运动用品
业态	百货：精品百货；百货折扣
主要网点	上海、重庆、天津、沈阳、抚顺、北京等全国一二线城市
目标人群	都市时尚年轻一族
拓展区域	全国，重点是全国一线城市
开店方式	独立经营
首选物业	购物中心、商业街
物业使用	租赁、合作
需求面积	200 ～ 500m²
合同期限	1 ～ 5 年

二、选址标准

名店运动城选址标准　　　　　　　　　　　　表 6-12

项目	要求
城市选择	全国一线省会城市，经济发达重点城市
商圈地段	市级购物中心，百货商场内

三、建筑要求

名店运动城基本建筑要求 表 6-13

项目	要求
可视性	物业商业可视面较强
需求面积	800m² 以上
建筑层高	3.5m 以上（未吊顶）
柱网间距	开阔
配套设备	水、电、消防要求均符合

经典商业案例

04 ▪ 锐力体育

国内最大的体育用品公司之一

上海锐力体育用品有限公司是国内最大的体育用品公司之一，并致
力于成为中国最大、最强的国际化零售运动用品连锁机构之一。

图6-4　锐力体育

一、连锁运动品专卖店

上海锐力体育用品有限公司是国内最大的体育用品公司之一，始建于 1994 年 11 月，经过多年的艰苦努力，公司在全国同行业中崭露头角，目前已成了一家拥有 80 多家直属连锁店，员工人数达 400 人的知名企业。公司于 1996 年进入上海市场后，取得了较快的发展，并于 2000 年 7 月正式成立上海锐力体育用品有限公司，下设温州分公司和杭州、宁波、台州办事处。

目前，锐力在全国有几家全资子公司，拥有 1000 多家连锁专卖店，从业人员超过 6000 人，每年销售额以 50% 以上的速度增长，并致力于成为中国最大、最强的国际化零售运动用品连锁机构之一。

锐力体育基本信息　　　　　　　　　　　　　　表 6-14

商家名称	锐力体育
LOGO	
创立时间	1994 年
主营商品	体育用品
业态	服装 / 服饰：休闲运动
主要网点	上海、北京、杭州、宁波、温州、南京、福建等
目标人群	20 ～ 40 岁热爱休闲与运动生活的都市白领和追求青春活力的中等阶层
拓展区域	以上海地区为重点，全国范围布点
店铺总数	80 多家直属连锁店，1000 多家连锁专卖店
开店方式	独立经营、加盟经营、其他
首选物业	综合体、购物中心、商业街
物业使用	租赁
需求面积	500m² 以下
合同期限	5 ～ 10 年

二、选址标准

锐力体育选址标准　　　　　　　　　　　　　　表 6-15

项目	要求
商圈地段	二线城市商业中心或者周边人群密集的区域
地块位置	商业综合体或商业步行街

三、建筑要求

锐力体育基本建筑要求　　　　　　　　　　　　表 6-16

项目	要求
需求面积	60 ～ 10000m²
建筑层高	2.8m 左右
广告位	有店招位置

链接 品牌优势

　　锐力体育用品连锁拥有一流的经营管理人才，敏捷的市场洞察力，完善的售后服务体系。曾先后获得过多项荣誉，1994 年、1995 年被耐克公司评为"最佳销售奖"；1996 年被耐克公司评为"最佳销售奖和最佳陈列奖"；1999 年被耐克公司评为"最佳综合管理奖"；2000 年被耐克公司评为"最佳陈列奖"；2002 年被上海虹口区政府评为"上海虹口区最佳私营企业"；2002 年被上海私营企业协会评为"上海市先进企业"；2003 年被阿迪达斯公司评为"最佳产品推广奖"；2004 年被耐克公司评为"最佳批发商"；2005 年被耐克公司评为"装备最佳销售奖"；2005 年被耐克公司评为"最佳团队奖"；2006 年港汇广场店被耐克公司评为"全国最佳店铺奖"；2007 年梅隆镇店荣获阿迪达斯公司评选的"MSP 亚太区第一名"等。

经典商业案例

05 ▪ 傲运汇

"运动休闲广场" 全新经营理念

"傲运汇"以"运动休闲广场"这种全新的经营理念打入上海市场,在短短几年时间内迅速扩大,并以全新的经营理念以及科学的管理模式在业内得到一致肯定,本着"完善自我、超越自我"的宗旨,公司致力于发展体育运动事业,引领时尚。

一、贯彻"运动、健康、时尚"的经营概念

"傲运汇"于 1998 年以"运动休闲广场"这种全新的经营理念打入上海市场,并在短短几年时间内迅速扩大并将店铺覆盖至江、浙、皖三省,并以全新的经营理念以及科学的管理模式在业内得到一致肯定。本着"完善自我、超越自我"的宗旨,公司致力于发展体育运动事业,引领时尚,并决心将"运动、健康、时尚"这一概念贯彻到底,努力创造出更新的经营方式和购物模式,使"傲运汇"深入中国每个人的心中。

二、选址标准

傲运汇选址标准

表 6-17

项目	要求
地块位置	郊区或者社区的商业中心和大卖场，不考虑市中心
交通条件	交通便利

三、建筑要求

傲运汇运动休闲广场基本建筑要求

表 6-18

项目	要求
需求面积	1500～2000m^2
建筑层高	净高大于等于 3m
柱网间距	柱间距开阔
广告位	有明显的店招位置

四、租期

至少 5 年。

经典商业案例

06 · 申格体育

坚持服务现代生活的经营理念

图6-5 申格体育

申格体育是一家经营国际国内顶级体育运动休闲品牌商品的现代化
商业企业。公司成立以来，十几年来一直坚持服务现代生活的经营
理念，不断地拓展哈尔滨市及黑龙江省的体育商品消费市场。

一、提供优质的体育商品

申格体育是一家经营国际国内顶级体育运动休闲品牌商品的现代化商业企业。公司 1999 年成立，十几年来一直坚持服务现代生活的经营理念，不断地拓展哈尔滨及黑龙江省的体育商品消费市场。申格体育一直为国际国内著名运动品牌服务，为体育爱好者提供了优质的商品和轻松、舒适的购物环境。

截至 2012 年 12 月，申格体育已从成立之初的体育用品专卖店，发展到拥有员工 3000 余人、总营业面积达 100000m² 以上、旗下共百余家自营连锁店面的经营国际、国内顶级运动、休闲品牌的大型连锁商业企业。如今的申格体育，终端网络覆盖哈尔滨市各大商业区、休闲文化中心，并延伸至省内各二级城市以及国内的主要城市。

锐力体育基本信息　　　　　　　　　　　　　　　　　　表 6-19

商家名称	申格体育
LOGO	申格体育 SEGO SPORTS
创立时间	1999 年
主营商品	经营国际、国内顶级运动、休闲品牌
业态	服装 / 服饰：休闲运动
主要网点	黑龙江、天津、大连、上海、南宁等地
目标人群	大众群体
拓展区域	以省会城市为重点，全国范围寻址开店
店铺总数	100 多家
开店方式	独立经营、加盟经营
首选物业	百货、购物中心、商业街、社区商业
物业使用	租赁、合作
需求面积	300 ～ 1000m²
合同期限	5 ～ 10 年

二、选址标准

申格体育选址标准　　　　　　　　　　　　　　　　　　表 6-20

项目		要求
城市选择		全国一线省会城市，经济发达重点城市
地块位置		市级购物中心，重点繁华商业街一楼
其他	门店位置	醒目、可见度强
	店面通道	无障碍并且属于主要通道，客流量大，交通动线组织合理有效
	店面广告	广告符合企业广告标准，能够吸引顾客眼球
	店面橱窗	店面应当有适当的橱窗位置，增强店面展示力度

三、建筑要求

申格体育基本建筑要求

表 6-21

项目	要求
需求面积	800m² 以上
建筑层高	3.5m 以上（未吊顶）
柱网间距	开阔
配套设施	水、电、消防要求均符合

专卖店

第七类

选址是专卖店经营的一个重要环节，与专卖店的发展息息相关。随着专卖店店址重要性的日益凸显，如何进行专卖店选址日益成为一个值得经营者深思的话题。那么，专卖店选址的依据又有哪些呢？

一、经营目标

每个专卖商店都应有自己的经营目标，如实现利润或销售额是多少。每个专卖商店为实现自己的经营目标，必须找准顾客。顾客群分布与地理位置关系密切。中心商业区常能提供流动性很大、支出较多、层次较高的顾客；非中心商业区提供较为稳定、层次中等的顾客；住宅商业区提供普通上班族类型的顾客。

一般来说，中心商业区会创造高销售额和高利润。但也不完全如此，有的位于中心商业区的商店销售额很大，由于场地租金过于昂贵，经营成本太大，最后仅获微利。在考虑经营目标时，不仅要考虑单位面积销售额和高利润，还要考虑每个人实现的销售额。日本专卖商店成功的最低标准为每年每坪（3.3075m^2）销售额在 80 万日元（约 5.6 万人民币）以上，每个人的销售额要超出 250 万日元（约 17 万多人民币）以上；一般的应努力实现中级标准，即每坪的销售额达到 120 万日元（约 8.4 万人民币），每个人的销售额要超过 500 万日元（约 35 万人民币）。

二、店型

专卖店店型决定在地点的选择。流行服装店、化妆品店、香水店等最好选择在中心商业区或服装街上；食品店、水果店最好位于住宅商业区；首饰店、珠宝店、工艺品店最好设在商店等级较高的商业区。另外，物以类聚，相同或相似的专卖店可以聚集于同一个商业区，形成招徕顾客的规模优势，切忌互相排斥的专卖店相连。

三、发展前途

专卖商店的地点选择要考虑地区发展。某些地区由于交通不便，将会走向萧条和冷落，新建专卖商店应避开这类地区，不要被眼前和繁荣所迷惑。相反，一些新开发的，整体布局与筹建带有现代化特征的商业区，虽然暂处于起步阶段，但前途无量。早些将专卖商店挤进这一地区，未来发展自是可期。

经典商业案例

01 · 佰草集

现代中草药中高档个人护理品

佰草集是上海家化公司的一个品牌，是中国第一套具有完整意义的
现代中草药中高档个人护理品。

图7-1　佰草集

　　佰草集是上海家化公司 1998 年推向市场的一个具有全新概念的品牌，是中国第一套具有完整意义的现代中草药中高档个人护理品，它以中草药添加剂为特色，秉承了中国美容经典的精髓，糅合中草药精华与现代生物科技的最新成果。

佰草集基本信息　　　　　　　　　　　　表 7-1

商家名称	佰草集
LOGO	佰草集 HERBORIST
创立时间	1998 年
所属国家	中国
主营商品	中草药护理产品
业态	化妆品：护肤
主要网点	佰草集 (herborist) 的专卖店和专柜已基本遍布所有省市自治区及港、澳、台地区
目标人群	年龄在 18～35 岁的年轻女性
拓展区域	佰草集 (herborist) 计划继续在全国各省市发展经营网络；上海地区百货公司、沿街店铺增设 50 家
店铺总数	115 家
开店方式	独立经营
首选物业	商业综合体、购物中心、商业街、写字楼底商及配套商业
物业使用	租赁、合作
需求面积	50～100m^2
合同期限	1～5 年

一、选址标准

佰草集选址标准　　　　　　　　　　　　表 7-2

项目	要求
商圈地段	商业活动频繁（如商业街、步行街等）或商业活动历史悠久的街区
	MALL、商场、超市、购物中心、宾馆、大酒店、展览馆出入口或临街旺铺
	人口密度高、人口数量多的大型居住区
	大型写字楼、商住区
	同行聚集的街道区域

二、建筑要求

佰草集建筑要求

表 7-3

项目		要求
专卖店	面积	使用面积不少于 30m²
	门面宽	不少于 4m
	位置	商业区附近有服饰品牌专卖店
商场专柜	面积	中岛不少于 30m²，边厅不少于 40m²

 链接 品牌优势

　　自上市之日起，佰草集就以其独特的定位及销售方式，在国内化妆品市场上独树一帜，并逐步建立了清新、自然、健康的品牌形象。佰草集深信"美必须发自根源，方能美得完全"，并一步步地执着地实践着中国文化中对"自然、平衡"的美的追求。

经典商业案例

02 · 鸥美药妆

进口药妆连锁零售权威

图7-2　鸥美药妆

鸥美药妆（OMEY）寓意是来自欧美的药妆专业产品，是较早将药妆店概念引入中国的进口药妆连锁零售权威。

　　鸥美药妆（OMEY）寓意来自欧美的药妆专业产品，鸥美药妆（OMEY）是较早将药妆店概念引入中国的进口药妆连锁零售权威。汇聚十多个进口专业的独家药妆品牌，近百家覆盖全国的连锁店铺，超过300个单品涵盖护肤、彩妆、男士、母婴等多个品类，300多名训练有素的专业美容顾问，由国内外知名皮肤科医生组成专业顾问团队，为不同年龄、有不同肌肤改善需求的中国女性提供全方位的皮肤问题解决方案。

鸥美药妆基本信息　　　　　　　　　　　　　表 7-4

商家名称	鸥美药妆（OMEY）
LOGO	➕OMEY 鸥美药妆
主营商品	药妆专业产品
业态	化妆品
主要网点	北京、上海、南京、苏州、昆山、常熟、合肥、杭州、成都、大连、哈尔滨
目标人群	广大女性消费者
店铺总数	115 家
开店方式	独立经营
首选物业	商业综合体、购物中心、商业街
物业使用	租赁
需求面积	150 ～ 300m²
合同期限	1 ～ 5 年

一、选址标准

鸥美药妆选址标准　　　　　　　　　　　　　表 7-5

项目	要求
商圈地段	繁华的区域型、社区型的商业街市
交通条件	临交通主动线，可视性佳（50m 以外易见），无进店障碍
人口情况	流动人口量 4000 ～ 8000 人次 / 天

二、建筑要求

鸥美药妆建筑要求　　　　　　　　　　　　　表 7-6

项目	要求
需求面积	150 ～ 300m²
楼层选择	地上一层，布局方正为佳
建筑层高	净高不低于 3.2m

03 · 丝芙兰（SEPHORA）

全球化妆品零售权威

图7-3　丝芙兰

SEPHORA，全球化妆品零售权威，创立于法国里摩日。SEPHORA开创了"开放式的自由选购"经营模式。它不仅是一个销售场所，更是一个供顾客参观、漫游和探索美丽的自由乐园。

一、开创全新的化妆品销售模式

　　SEPHORA，全球化妆品零售权威，1969年创立于法国里摩日，1997年加入全球第一奢侈品牌公司LVMH。2005年4月，SEPHORA在上海开启了她们在中国的第一家店。截至2011年，SEPHORA在全球29个国家拥有1665家店铺。

　　SEPHORA的创始人为多米尼克·曼多诺（Dominique Mandonnaud）先生，1969年他在法国的里摩日开设了自己的第一家化妆品商店。当时，美容用品只在百货公司的专柜内销售，没有开放式的自由选购。而在曼多诺先生的设计下，他的化妆品专卖店不仅是一个销售场所，更是一个供顾客参观、漫游和探索美丽的自由乐园。这种销售模式大受顾客青睐。取得了巨大的成功之后，曼多诺先生于1979年连续开设了十几家新的连锁店，更于1988年首次落户法国首都巴黎。

丝芙兰基本信息 表 7-7

商家名称	丝芙兰（SEPHORA）
LOGO	SEPHORA 丝芙兰
主营商品	从护肤、美容到香水
业态	化妆品：护肤
主要网点	上海、北京、天津、重庆、东三省、江浙、西南、珠江三角洲等 20 个城市
目标人群	25 ～ 45 岁中高端消费水平的时尚女性
店铺总数	1665 多家
首选物业	商业综合体，购物中心，商业街
开店方式	直营、加盟
物业使用	租赁
需求面积	100m²
合同期限	5 ～ 10 年

二、选址标准

丝芙兰（SEPHORA）选址标准 表 7-8

项目	要求
商圈地段	商业活动频繁的闹市区：要求人流量大，专卖店和营业额能达到一定的额度
	同行聚居区（成熟专业商业街、区）：竞争虽然激烈，但由于同行聚居，顾客可以有更多的机会进行比较和选择，因而很能招揽顾客
	聚居的公共场所附近：由于人口集中，消费的需要量集中且大，可保证专卖店的稳定收入
	面对客流量最大和能见度高的街道：专卖店处在客流量最多的街道上，受客流量和通行度影响最大，可使多数人就近买到所需物品
	交通便利的地区：在上、下车人数最多的车站或在几个主要车站附近，使顾客步行不到 15min 到达连锁专卖店

品牌概念

　　1994年，专卖店以 SEPHORA（丝芙兰）的名字命名，她是圣经典故中摩西妻子的名字，一位集美丽、智慧、勇敢和慷慨于一身的年轻女性，象征着高雅、快乐和自由。这与时尚和富有创意专卖店的经营理念极为吻合。

　　SEPHORA（丝芙兰）的美丽概念使男女顾客们终于可以随心所欲地接触到全部商品。在各种香水与各种色彩之间，他们能够尽情地进行比较、感受、试用……商店里的销售员不仅接待顾客，更是产品和美容方面的专家，他们倾听顾客的心声并为之提供专业的美容咨询服务和帮助。

04 · 铭大爱涛

工艺礼品连锁经营企业

图7-4　铭大爱涛

上海铭大爱涛创意设计有限公司是由上海铭大实业发展有限公司与江苏爱涛艺术精品有限公司共同设立的，是上海规模最大的文化创意企业，也是国内最具专业化、标准化、国际化特质的工艺礼品连锁经营企业。

一、上海规模最大的文化创意企业

上海铭大爱涛创意设计有限公司是由上海铭大实业发展有限公司与江苏爱涛艺术精品有限公司共同设立的，是上海规模最大的文化创意企业，也是国内最具专业化、标准化、国际化特质的工艺礼品连锁经营企业，产品涉及创意家居、家饰工艺精品以及商务政务礼品等。

铭大爱涛以江苏爱涛为依托，秉承"创意设计、制定标准、构建渠道、塑造品牌"的经营理念，建立以传统手工艺为载体，融入时尚审美元素和现代科技手段的专业化产品体系，通过打造标准化的工艺品连锁经营平台，满足人们个性化、高品位的时尚需求，实现"铭记真情，仁义至爱"的企业宗旨。作为上海创意产业协会的副会长单位，铭大爱涛立足上海，开拓全国乃至全球市场。目前，在上海已有5家精品直营店，营业面积近2000m²。徐家汇、南京西路、淮海路等重要商圈以及北京、天津、广州、深圳、重庆、沈阳、南京等一线城市的布点工作也正紧张地进行中。

铭大爱涛基本信息　　　　表 7-9

商家名称	铭大爱涛
LOGO	montart
主营商品	工艺制品
业态	家饰
主要网点	上海
目标人群	具有一定消费能力的人
首选物业	商业街、社区底商及配套商业、专业市场
开店方式	直营、加盟
物业使用	租赁
需求面积	$70 \sim 150m^2$
合同期限	3 年

二、选址标准

铭大爱涛选址标准　　　　表 7-10

项目	要求
商圈地段	成熟商圈附近，聚集对艺术敏感度较高的有效客户群体
消费群体	可辐射消费群体人均月收入在 7000 元以上；受教育文化程度较高

三、建筑要求

铭大爱涛建筑要求　　　　表 7-11

项目	要求
需求面积	独立门店面积在 $80m^2$ 以上，店中店形式可以根据情况而定
建筑层高	层高 2.8m 左右

品牌优势

　　铭大爱涛秉承"工艺美化生活"之理念,遵循"创意设计、制定标准、构建渠道、塑造品牌"之思路,携"设计＋渠道＋定制"之模式,涉及工艺品设计及制作、环境艺术设计及艺术品配套、工艺品连锁销售等诸领域,力求传承、丰富、创新工艺品经营思路,开拓工艺品行业的一片新天地。

05 · 千色店

国内第一家专业从事女性时尚精品的连锁机构

图7-5 千色店

千色店是国内第一家专业从事女性时尚精品的连锁机构。公司针对都市女性尤其是职业、独立女性，从各方面乃至生活的小小细节开始，引导追求时尚的女性进入一种全新的生活方式。

一、以都市女性为目标客户

千色店是国内第一家专业从事女性时尚精品的连锁机构。自1995年公司成立以来，针对于都市女性尤其是职业、独立女性，通过全面整合公司的各种经营优势，从各方面乃至生活的小小细节开始，引导追求时尚的女性进入一种全新的生活方式。经过多年发展，千色店所经营的中外品牌已达2万多种，会员人数超过30万。

千色店基本信息 　　　　　　　　　　　　　　表 7-12

商家名称	千色店
LOGO	COLORS 1000 千色店
主营商品	国际及国内知名品牌已达五百多种，香氛、护肤、彩妆、日用、手袋、饰品、内衣、化妆工具等八大优质品类共汇集了两万余种产品
业态	专业店：日化
主要网点	覆盖深圳、广州、东莞、珠海、中山、佛山、惠州、成都、重庆等多个大中城市
目标人群	时尚都市女性
首选物业	商业综合体、购物中心、商业街
开店方式	直营
物业使用	租赁
需求面积	100～500m²
合同期限	3～5 年

二、选址标准

千色店选址标准 　　　　　　　　　　　　　　表 7-13

项目	要求
商圈地段	大型购物中心、中高档商业街为主，店面可视性较强
消费群体	具有一定的消费能力

三、建筑要求

千色店基本建筑要求 　　　　　　　　　　　　表 7-14

项目	要求
需求面积	使用面积在 150m² 以上
建筑层高	2.8m 以上

发展战略

　　未来千色店门店阵营发展，将以传统强势地区——华南地区为基础；以华东地区为最新发展重点；在不断完善现有势力版图的同时，加快在西南地区扩张的步伐；3 年内覆盖范围延伸到北京、天津、青岛等华北重要城市。在未来的门店拓展规划中，将采用两条腿走路方针：街边店的拓展重在树立品牌形象，扩大品牌影响力；与大型 shoppingmall 合作的店中店，强强联合，达到快速、稳健扩张的目的。预计扩张至 500 家。

06 ▪ C & A

打造各式创意生活品牌

西雅衣家（C&A）隶属于荷兰 BRENNINKMEIJER 家族的百年老店，是目前注册在瑞士的一家国际化企业集团。在全球服饰连锁店的排名中，西雅衣家（C&A）位居美国 GAP、瑞典 H&M 之后名列第三。

图7-6　C & A

一、为不同的生活理念精心打造

　　C&A 旗下各个独具魅力的创新品牌涵盖了时装领域的方方面面，专为不同的生活理念精心打造——从学生、年轻专业人士到儿童，从最前卫的流行风格到都市里的优雅装扮，C&A 提供无尽的风格选择，紧贴全球潮流趋势，满足不断改变的生活需求。

　　西雅衣家（C&A）这个隶属于荷兰 BRENNINKMEIJER 家族的百年老店（创始于 1841 年）是目前注册在瑞士的一家国际化企业集团。至 2007 年年底，C&A 在欧洲和拉美的 20 个国家里从事服饰产品的批发零售业务，旗下的 1400 多家 C&A 服饰连锁店遍布在欧美各主要城市的主商业街上，是欧美国家服装零售的知名品牌，并将持续扩张。在欧洲，C&A 专卖店每天都吸引着 200 万消费者前来光顾。在全球服饰连锁店的排名中，西雅衣家（C&A）位居美国 GAP、瑞典 H&M 之后，名列第三。

　　从 2007 年进入中国市场至今 4 年时间，C&A 共计开出了 27 家店，而接下来的 4 年中，更是计划要开到 150 家，远远超过之前 4 年的速度。拥有 170 年历史的 C&A 也想成为中国的快时尚市场领头羊。截止到 2012 年 12 月 31 日上午，总门店数 48 家。

C&A 基本信息　　　　　　　　　　　　　　　　　　表 7-15

商家名称	C&A
LOGO	**C&A**
主营商品	经营时装、鞋类、皮具、箱包、饰品等
业态	服饰品牌店
主要网点	北京、上海、无锡、苏州、常熟、郑州、沈阳、大连、天津等
目标人群	追求时尚的广大消费者
开店计划	C&A 计划在 2015 年底将中国区零售店总数拓展至 150 家
店铺总数	48 家（中国）
首选物业	商业综合体、购物中心、商业街
开店方式	直营、加盟
物业使用	租赁、合作
需求面积	50 ~ 300m²
合同期限	5 ~ 10 年

二、选址标准

C&A 选址标准　　　　　　　　　　　　　　　　　　表 7-16

项目	要求
城市选择	经济较为发达的一二线城市
商圈地段	城市核心商圈内大型购物中心和著名商业步行街沿街商铺
店面要求	店面可视性较强，位于购物中心或者商业步行街较好位置店铺

三、建筑及配套要求

C&A 建筑及配套要求　　　　　　　　　　　　　　　　表 7-17

项目	要求
需求面积	1000 ~ 4000m²
建筑层高	3m 以上
水电配置	符合要求的水电配置
消防配置	符合消防设施要求
广告位	沿街有明显的店招位置

图7-7　ONLY店铺

经典商业案例

07 · ONLY时装

时尚大都市女性的选择

ONLY 是来自丹麦的时尚品牌。它倡导时尚感强的欧洲设计，致力于让大胆而独立的都市女性通过服饰表现自我，让自信的女性们坚持自己的想法，勇于打破常规，做最真实的自己。

一、倡导时尚感强的欧洲设计

ONLY 是来自丹麦的时尚品牌，1996 年来到中国，目前在中国有 1200 多家店铺，顾客在中国每一个的大中城市里，随处都能感受到 ONLY 的时尚气息和生活方式。ONLY 倡导时尚感强的欧洲设计，致力于让大胆而独立的都市女性通过服饰表现自我，让自信的女性们坚持自己的想法，勇于打破常规，做最真实的自己。ONLY 为顾客提供四个个性鲜明的产品线：不论是颠覆着装教条的 TRUE 系列、恬淡乐观的 LOVE 系列、高质前卫的 EDGE 系列，或是提倡有机生活方式的 ORGANIC 系列，充分满足时尚女性不同阶段和分场合的个性时尚需求。

Bestseller 集团是欧洲著名的国际时装公司。集团成立于 1975 年，总部设在丹麦的 Brande。Bestseller 拥有 ONLY（女装）、VERO MODA（女装）、JACK&JONES（男装）和 EXIT（童装）四个知名品牌。集团成立以来，已经在全球 18 个国家拥有 650 间形象专卖店和超过 6000 间加盟店，主要市场包括挪威、丹麦、瑞典、德国、芬兰、荷兰、西班牙等 11 个欧洲市场。

ONLY 基本信息   表 7-18

商家名称	ONLY
LOGO	**ONLY.**
主营商品	女性时装
业态	服饰：女装
主要网点	ONLY 在北京、上海等一二线城市均设有多家专卖店
目标人群	都市女性消费者
拓展区域	长三角地区重点百货公司和商业繁华区域
店铺总数	1200 多家
首选物业	商业综合体、购物中心、商业街
开店方式	直营、加盟
物业使用	租赁、合作
需求面积	150 ～ 300m²
合同期限	2 年，免租期 3 ～ 6 个月不等

二、选址标准

ONLY 选址标准   表 7-19

项目	要求
商圈地段	城市核心商圈区域商业街、高档社区商业街、客流密集的繁华商业区域
地块位置	时尚男女青年聚集消费区域、百货商场内时尚青年女装区域，相邻品牌门当户对，目标客层接近
店面要求	受视面较大的店铺

三、建筑要求

ONLY 时装基本建筑要求   表 7-20

项目	要求
需求面积	实用面积 50m² 以上
建筑面宽	5m 左右

品牌优势

　　ONLY 是来自欧洲时尚最前沿的设计，是时尚大都市女性的选择，在国内统一拥有大量忠诚的 FANS。ONLY 服装风格是与众不同的、富有激情并充满生机。当季最流行的音乐和国际潮流都是 ONLY 的设计灵感。这种独特的风格体现在贴身合体的造型，特别合身的裁剪体现了着装人的个性，让时尚女性的风采尽现。

08▪美特斯▪邦威

中国休闲服饰行业的龙头企业

美特斯▪邦威集团公司主要研发、生产、销售美特斯▪邦威品牌休闲系列服饰。"美特斯▪邦威"是集团自主创立的本土休闲服品牌，已成为国内休闲服饰的领导品牌之一。

图7-8　美特斯▪邦威

一、自主创立的本土休闲服品牌

美特斯▪邦威集团公司始建于 1995 年，主要研发、生产、销售美特斯▪邦威品牌休闲系列服饰。"美特斯▪邦威"是集团自主创立的本土休闲服品牌。1995 年 4 月 22 日，第一家"美特斯▪邦威"专卖店开设于浙江省温州市，目前已拥有直营门店和特许加盟经营店近 4700 家。2011 年公司全系统销售额突破 100 亿元，已成为国内休闲服饰的领导品牌之一。

美特斯·邦威基本信息 表 7-21

商家名称	美特斯·邦威
LOGO	**Meters/bonwe** 美特斯·邦威
创立时间	1995 年
主营商品	休闲服饰
业态	服饰
主要网点	全国各地
目标人群	18～25 岁的年轻、活力的消费者
拓展区域	上海、温州、北京、杭州、重庆、成都、广州、沈阳、西安、天津、济南、昆明、福州、哈尔滨、宁波、南昌、中山 17 家分公司
开店计划	计划在人口数量 100 万以上的城市新增店铺 68 家，其中直营店 31 家、加盟店 37 家
店铺总数	直营门店和特许加盟经营店近 4700 家
开店方式	独立经营、合作经营
首选物业	购物中心、商业街、百货、超市
物业使用	租赁
需求面积	40～500m²
合同期限	1～5 年

二、选址标准

美特斯·邦威选址标准 表 7-22

项目	要求
城市选择	全国范围人口数量在 100 万以上的城市
商圈地段	核心商业中心和商业步行街
店面要求	沿街一楼或一楼 + 二楼的沿街店面

三、建筑及配套要求

美特斯·邦威建筑及配套要求

表 7-23

项目	要求
需求面积	60m² 以上
建筑层高	2.8m 以上
广告位	有明显的广告店招位置
消防配置	通过国家消防要求

经典商业案例

09 ▪ 杰克琼斯

领导世界潮流的时尚男装品牌之一

图7-9　杰克琼斯

杰克琼斯（Jack&Jones）是来自丹麦 BESTSELLER 集团旗下的时尚男装品牌。杰克琼斯（Jack&Jones）以其国际化的品牌理念与北欧简洁纯粹的设计风格结合，赢得市场的广泛青睐。品牌汇集了欧洲时尚元素，成为领导世界潮流的时尚男装品牌之一。

一、品牌汇集欧洲时尚元素

　　杰克琼斯（Jack&Jones）是来自丹麦 BESTSELLER 集团旗下的时尚男装品牌。1991 年第一家杰克琼斯（Jack&Jones）品牌形象店在挪威特隆赫姆开业，此后陆续在全球开设了 341 家直营店和 1720 家代理店。目前已在北京、上海等各大中城市开设了近 200 家专卖店。

　　杰克琼斯（Jack&Jones）以其国际化的品牌理念与北欧简洁纯粹的设计风格相结合，赢得市场的广泛青睐。品牌汇集了欧洲时尚元素，成为领导世界潮流的时尚男装品牌之一。

Jack&Jones 基本信息　　　　　　　　　表 7-24

商家名称	杰克琼斯（Jack&Jones）
LOGO	**JACK ▬ JONES**
创立时间	1991 年
主营商品	时尚前卫男装
业态	服饰：男装
目标人群	18 ～ 35 岁的时尚男性
拓展区域	计划在全国各大中城市继续扩展市场
开店计划	上海地区增设 30 ～ 50 家销售点
店铺总数	200 多家
开店方式	代理、加盟
首选物业	购物中心、商业街、百货、超市
物业使用	租赁
需求面积	100 ～ 200m²
合同期限	5 ～ 10 年

二、选址标准

杰克琼斯选址标准　　　　　　　　　表 7-25

项目	要求
商圈地段	城市核心商圈区域商业街、高档社区商业街、客流密集的繁华商业区域
地块位置	时尚男女青年聚集消费区域、百货商场内时尚青年女装区域，相邻品牌门当户对，目标客层接近
店铺要求	受视面较大的店铺

三、建筑要求

杰克琼斯基本建筑要求　　　　　　　　　表 7-26

项目	要求
需求面积	实用面积 50m² 以上
店面宽	店面宽 5m 左右

10▪布森哲服饰

以人为本、货品为主导、品牌化管理

杭州银辉服饰有限公司是一家品牌服饰专业零售运营商，公司一贯秉承"优质的货品、真诚的服务、实惠的价格"的经营宗旨，坚持走店铺连锁之路，开创了"以人为本、货品为主导、品牌化管理"的全新服饰零售模式。

一、"非专卖品牌"的佼佼者

杭州银辉服饰有限公司创立的"布森哲"服饰品牌已获得了众多消费者的认可。该品牌供应商大多为市场上"非专卖品牌"的佼佼者，其顾客定位为 18～25 岁的学生、城市工薪阶层和外来务工人员。目前，店铺集中分布在江、浙、沪等区域，面积一般在 60～200m²，现有店铺 20 家左右，其业绩在各自所属区域同类产品中处于领导性地位。

杭州银辉服饰有限公司是一家品牌服饰专业零售运营商，总部坐落在美丽的西子湖畔，公司一贯秉承"优质的货品、真诚的服务、实惠的价格"的经营宗旨，坚持走店铺连锁之路，开创了"以人为本、货品为主导、品牌化管理"的全新服饰零售模式。

布森哲基本信息　　　　　　　　　　　　　　表 7-27

商家名称	布森哲
LOGO	**BYSKIN布森哲**
创立时间	1999 年
主营商品	T 恤、牛仔裤、休闲裤、衬衫、外套、毛衫
业态	服饰
目标人群	以 15 岁至 35 岁为核心年龄层，针对生活简洁快捷方便而又不失追求时尚的群体
主要网点	浙江省为主
拓展区域	计划以江浙沪为核心，逐步拓展新兴市场
店铺总数	20 多家
开店方式	出租、转让及加盟合作、优质店铺可以考虑联营
首选物业	商业街
物业使用	租赁
需求面积	60 ~ 200m²

二、选址标准

布森哲服饰选址标准　　　　　　　　　　　　表 7-28

项目	要求
商圈地段	一线城市和二线沿海发达城市的城乡结合地段主要商圈，其他城市主要商业中心商圈
地块位置	日客流量 5 万以上的大型 SHOPPING MALL 的商店街或主通道
	日客流量 1 万以上的大型超市招商区

三、建筑要求

布森哲服饰建筑要求　　　　　　　　　　　　表 7-29

项目	要求
需求面积	实用面积在 60 ~ 200m²
门面宽度	6m 以上
建筑净高	2.8m 以上
其他	没有柱子为佳
租金	相当于当地市场平均水平

链接 品牌优势

第一，服务真诚。"十天内任退任换"、"免费维护与修改"、"团购送货上门"；

第二，价格实惠。保持 30% 的货品毛利率，通过量化生产和不断探索，在确保质量不变的前提下逐步降低货品成本，以达到降低售价的目的，给顾客更多的实惠。同一产品，其售价比一般零售商低 20% ～ 50%；

第三，高效团队。拥有一支年纪轻、素质好、经验多、效率高的优秀团队，并不断吸引优秀人才的加入来发展壮大。

经典商业案例

11·红蜻蜓服饰

多元投资的大型现代化企业

图7-10　红蜻蜓

红蜻蜓集团是一家集专业制鞋、皮具、服饰等多元投资的、大型的现代化企业。

红蜻蜓集团创始于 1995 年，是一家集专业制鞋、皮具、服饰等于一身的多元投资的、大型的现代化企业。

一、发展战略

红蜻蜓服饰集成店在全国各大城市发展到 500 多家，区域集中在南方及沿海城市，2009 年后开始向内陆及西部城市推进。

二、选址标准

红蜻蜓服饰选址标准 表 7-30

项目	要求
商圈地段	商圈选择较为宽泛，成熟购物中心、繁华商业街、繁华社区商业中心
辐射区域	人流量较大，辐射区域较强的商业物业
需求面积	视情况而定
店面形式	多以单店或者店中店的形式
合作期限	5 年以上

经典商业案例

12 ▪ 华硕服装

专业化的服务和高品质的生产工艺管理

上海华硕时装有限公司是专业的品牌管理公司。华硕服装致力成为中国牛仔大众化领域的第一品牌。

一、塑造大众牛仔品牌

上海华硕时装有限公司是专业的品牌管理公司。经过 5 年的发展，"F1JEANS" 牛仔系列目前已在全国各大城市开设专卖店、专柜近百家。

鉴于目前中国市场并无一个真正意义上的大众牛仔品牌，华硕服装计划在未来的 10 年内投入大量的资金进行品牌形象的包装。华硕服装希望能通过 10 年的努力，成为中国牛仔大众化领域的第一品牌。

公司总部设在上海，在广州、重庆、长沙、北京等地均设有分公司，在西安、武汉、沈阳等也设有分公司，下属有大型的牛仔工厂，拥有国内外优秀的设计团队，把握国际国内流行趋势，为国内外知名服饰品牌定向开发设计牛仔系列。公司在各区域自行开设近百家店铺，并取得优秀的业绩，专业化的服务和高品质的生产工艺管理赢得了众多客户的美赞和信任。

二、选址与建筑要求

华硕服装选址及建筑要求　　　　　　　　　　　表 7-31

项目	要求
商圈地段	以城市成熟商圈为首选
需求面积	50m² 以上
建筑层高	层高 2.8m 为宜

三、品牌优势

专业的品牌管理公司。拥有中档时尚大众化的牛仔品牌：F1JEANS，设计风格强调自然，简约，性格。以男女牛仔系列为重点，每季设计注重时尚与实用的搭配。

13 · 三上皮具

拥有近百家连锁店的知名品牌

图7-11　三上皮具

三上皮具自创立以来，在短短 7 年的时间里，已发展成为在全国拥有近百家连锁店的知名品牌，产品远销日本、东南亚一带。

一、经营各种手工真皮制品

　　三上皮具自创立以来，在短短 7 年的时间里，已发展成为在全国拥有近百家连锁店的知名品牌，产品远销日本、东南亚一带，其特有的产品特质和精细的手工工艺以及限版定量发行的营销策略，使每一件三上手工皮具都成为了独特的珍品和艺术品，深受大众喜爱。

　　三上皮具主要经营各种手工真皮制品，包括各种皮包、皮鞋、皮夹、皮带等。产品定位于中高档价位。公司拥有专业的设计团队，每月都有几十种新品上市，其制作材料均选用意大利进口上等牛皮，包括抛光皮、白蜡牛皮、疯马牛皮、印花牛皮等。皮包大都由一整张牛皮精制而成，包括有单挎包、斜挎包、手提包、双肩包、公文包等不同种类。产品结构简单、风格鲜明，每道工序都由技术高超的专业技师以最原始的手工打磨方式加工制作完成，部分产品还配有皮毛、宝石等装饰物，做工考究，风格古朴、粗犷、个性鲜明。

二、品牌优势

三上皮具具有深厚的文化底蕴，丰富的行业经验，经典系列、乡愁系列、红叶系列等系列皮具为企业引来了众多的忠实消费者。

三、选址标准

三上皮具选址标准 表7-32

项目	要求
商圈地段	一线城市繁华商圈区域或高档住宅密集区域内
地块位置	购物中心和商业步行街内
	高档住宅密集区域内
	城市主干道临街店铺

四、建筑要求

三上皮具建筑要求 表7-33

项目	要求
需求面积	30m² 以上
建筑层高	2.8m 以上
广告位	有店招广告位置

五、拓展计划

以上海地区为重点辐射长三角地区开店。

14 · RIMOWA箱包

"德国制造" 的又一传奇

RIMOWA 高级旅行箱品牌是德国为数不多的旅行箱生产商之一，也是行业内仅有的承袭百年传统的生产商之一，也是"德国制造"的又一传奇。

图7-12 RIMOWA箱包

Rimowa 基本信息   表 7-34

商家名称	Rimowa（日墨瓦）
LOGO	RIMOWA
创立时间	1898 年
主营商品	专业摄影箱、工业用箱及定制箱
业态	皮具；箱包
目标人群	年轻追求时尚潮流的中高收入消费者
主要网点	世界各大城市
开店方式	直营、代理
首选物业	商业综合体、购物中心、商业街、写字楼底商及配套商业
物业使用	租赁
需求面积	50 ～ 500m²
合同期限	5 年

一、承袭百年传统的生产商

1898 年，第一个 Rimowa 包在 Paul Morszeck 箱包工厂走下生产线。那时，没人认为 Paul Morszeck 有关完美箱包的设计理念会一直流行到 21 世纪。然而，高质量的产品和近乎完美的做工已成为公司创立者手中的王牌，保持了品牌长久的生命力。每一件 Rimowa 的产品都是其最初设计理念的体现：成为世界上具有吸引力的"旅行伴侣"。

RIMOWA 高级旅行箱品牌是德国为数不多的旅行箱生产商之一，也是行业内仅有的承袭百年传统的生产商之一，产品采用了坚固、耐用、轻巧著称的铝镁合金及高科技聚碳酸酯两种材料制作而成，集优质素材、卓越科技、独特设计及超凡手艺于一身，成为"德国制造"的又一传奇。

二、品牌优势

历久弥新的设计理念：设计是一种赋予物体某种形式的艺术。Rimowa 认为，评判一个设计的标准，简言之，就是长久的生命力。好的设计是以长远的目标、平衡的比例和个性化的口味为基础，超越一切转瞬即逝的潮流。从长远来看，这也确保了 Rimowa 产品所蕴含的美学价值与它的功能价值能够长久地得到保留。

绝对安全：为了让购买者可以安心使用，Rimowa 已经相应地调整了箱包锁，特别安装了运输安全管理部门（TSA）最新研制的箱包锁。为防损坏，带连锁的控制握柄被嵌入了箱体内。而自动开启系统只能通过输入个人密码来打开。

三、选址标准

Rimowa 选址标准 表 7-35

项目	要求
商圈地段	高档商圈内，有效高端客群聚集
店面要求	以店中店的形式为主，倾向进驻高档百货商场和购物中心
租金	以扣点形式为主

链接 **企业经营**

尽管已经打入无数国家的市场，甚至在一些国家中 Rimowa 品牌已在其奢侈品领域内确立了主导地位，但是 Rimowa 向新市场拓展的目标仍然坚定：成为世界上所有对旅行有特殊要求的人在箱包选择方面的首选。在中国，Rimowa 已进入北京、上海、杭州、沈阳、哈尔滨、深圳、广州、天津、苏州、长沙、武汉、郑州、大连、重庆、成都和南宁。目前，Rimowa 在首尔、慕尼黑和中国香港、台湾地区的旗舰店正在打造一个年轻的世界品牌。

经典商业案例

15·斯维卡眼镜

优质产品的保障和诚信服务

上海斯维卡眼镜有限公司创建上海，优质产品的保障和诚信服务的
体现使斯维卡获得了很大的成功和发展，店铺遍布全国。

图7-13　斯维卡眼睛

上海斯维卡眼镜有限公司创建于 1993 年，总部设在上海，优质产品的保障和诚信服务的体现使
斯维卡获得了很大的成功和发展。迄今，斯维卡已在上海、杭州、南京、成都、济南、绍兴、北京、
齐齐哈尔、苏州等地开设了 30 余家连锁店。

一、品牌优势

斯维卡眼镜一贯重视质量管理，并已率先获得 ISO9001:2000 质量管理体系的认证。在全国眼镜
质量抽查中多次获得国家技术监督总局的表彰，已先后被授予"物价质量信得过单位"、"质量放心
单位"、"规范服务达标单位"、"购物放心店"等殊荣，并成为中国眼镜协会会员以及上海市眼镜行
业协会理事单位。

二、选址及建筑要求

斯维卡眼镜选址及建筑要求

表 7-36

项目	要求
商圈地段	城市次重点购物中心、商业街、社区商业中心
地块位置	学校、中高档成熟社区附近
店面要求	受视面较大的店面
建筑面积	30m² 以上

三、拓展计划

以上海为重点拓展目标区域，并逐步向长三角地区辐射。

16·红蜻蜓皮鞋

中国民企 500 强

红蜻蜓集团位于"中国十大最具活力城市"之一的浙江温州,是一家集专业制鞋、皮具、服饰等多元投资的、大型的现代化企业。

图7-14 红蜻蜓

红蜻蜓集团位于"中国十大最具活力城市"之一的浙江温州,创始于 1995 年,是一家集专业制鞋、皮具、服饰等多元投资的、大型的现代化企业。集团目前拥有浙江红蜻蜓股份、红蜻蜓儿童用品、上海捷路体育用品、广州惠利玛商业、上海恒森企业、广州火辣辣鞋业等十余家全资子公司,经营范围包括鞋类、运动品、服装、皮具等,拥有上海、重庆、广州、永嘉、温州五大鞋类生产基地,年产皮鞋一千多万双;主品牌及子品牌销售终端覆盖全国各经济重点城市(含县城)。

红蜻蜓皮鞋基本信息

表 7-37

商家名称	红蜻蜓皮鞋
LOGO	RED DRAGONFLY 红蜻蜓
创始人	钱金波
创立时间	1995 年
主营商品	专业制鞋、皮具、服饰
业态	鞋、皮具、箱包、女鞋、女靴、男鞋
目标人群	追求时尚又注重品位的各个年龄层的广大都市人群
主要网点	全国各经济重点城市
拓展区域	红蜻蜓 (RED DRAGONFLY) 逐步建立全国性的销售网络，主要拓展区域集中在南方及沿海城市
店铺总数	4000 多家
开店方式	代理、加盟
首选物业	商业综合体、购物中心、商业街
物业使用	租赁
需求面积	20 ～ 100m^2
合同期限	5 年

一、品牌优势

　　红蜻蜓的男鞋以功能为主要特征，产品以运动皮鞋、缓步减震鞋、功能鞋、专业鞋等为代表；女鞋以时尚为主要风格，高端的设计师在色彩搭配、原材料选择、款式设计上都非常考究。同时，搭配以红蜻蜓品牌风格的红蜻蜓女装、红蜻蜓皮具、红蜻蜓配饰系列，深受消费者的欢迎。

二、选址标准

红蜻蜓皮鞋选址标准

表 7-38

项目	要求
商圈地段	商业活动频繁的闹市区：要求人流量大，专卖店和营业额能达到一定的额度
	同行聚居区（成熟专业商业街、区）：竞争虽然激烈，但由于同行聚居，顾客可以有更多的机会进行比较和选择，因而很能招揽顾客
	聚居的公共场所附近：由于人口集中，消费的需要量集中且大，可保证专卖店的稳定收入
	面对客流量最大和能见度高的街道：专卖店处在客流量最多的街道上，受客流量和通行度影响最大，可使多数人就近买到所需物品
	交通便利的地区：在上、下车人数最多的车站或在几个主要车站附近，使顾客在步行不到15min 的路程内到达连锁专卖店
商圈物业	人流量较大，辐射区域较强的商业物业
店铺形式	多以单店或者店中店为主

三、建筑要求

红蜻蜓皮鞋建筑要求

表 7-39

项目		要求
需求面积	专卖店	不少于 30m²
	商场专柜	中岛不少于 20m²，边厅不少于 30m²
门面宽度		不少于 4m

链接　企业荣誉

目前，红蜻蜓集团已成为国家中型企业、中国民企 500 强、全国行业十强、浙江省重点民企、浙江省"五个一批"企业，并连续多年被评为行业纳税大户。

红蜻蜓相继获得"国家免检产品"、"中国名牌产品"、"中国真皮鞋王"、"驰名商标"，连续多年被评为"最受消费者满意品牌"、"全国用户满意产品"、"中国最具价值品牌"、"中国最具影响力行业品牌"、"浙江省质量奖"等多项荣誉。

经典商业案例

17▪热风

具有 100 家连锁店的知名零售品牌

图7-15　热风

"热风"始创于上海，是一个正在成长的以经营时装鞋为主，兼营户外运动专用鞋、时装、休闲装，各种包类、户外旅游用品等多种时尚装备的公司。

一、以经营时装鞋为主

"热风"于 1996 年始创于时尚之都——上海，是一个正在成长的以经营时装鞋为主，兼营户外运动专用鞋、时装、休闲装、各种包类、户外旅游用品等多种时尚装备的公司。

"热风"的品牌优势已被众多媒体认知，从 1997 年香港杂志作为"大陆购物好去处"加以报道以来，先后被"东方卫视"、"上海 CHANNEL YOUNG"、"浙江卫视"等以及《瑞丽》、《ELLE》、《时尚》、《今日风采》、《大都市》、《都市丽人》、《上海服饰》、《周末画报》、《上海一周》等多家电视台、时尚杂志和报刊报道，使得"热风"品牌被更多的城市消费者所认知。

如今，"热风"已在上海、北京、深圳、南京、杭州、武汉、成都、广州、大连、重庆、苏州、青岛、昆明、扬州、常熟、沈阳、南昌等地开设连锁网络，已成为一个具有 100 家连锁店的知名零售品牌，产品已远销全国 30 多个省市自治区。

热风基本信息		表 7-40
商家名称	热风	
LOGO		
创立时间	1996 年	
主营商品	鞋品、服装、包、配饰及部分时尚生活用品	
业态	服装、服饰、鞋、皮具、箱包	
目标人群	18～35 岁男女，追求时尚、热爱生活、注重个人风格、讲究品质、同时看重性价比的核心消费群	
主要网点	上海、北京、深圳、广州、南京、成都、重庆等	
拓展区域	在全国大中型城市开拓市场	
店铺总数	近 400 多家	
开店方式	直营、加盟	
首选物业	商业综合体、购物中心、商业街	
物业使用	租赁	
需求面积	150～400m²	
合同期限	3 年以上	

二、选址标准

热风选址标准		表 7-41
项目	要求	
地块位置	人流量较大的交通枢纽地段	
店面要求	受视面较广的店面	
店铺形式	店铺形式或柜台形式	

三、建筑要求

热风建筑要求   表7-42

项目	要求
需求面积	30m² 以上
门面宽	不少于 4m
楼层选择	入住一、二楼

链接 品牌优势

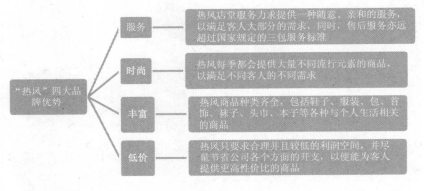

图7-16 "热风"四大品牌优势

18 ▪ 百世修

集研发、设计、生产、销售
为一体的现代企业

百世修是知名专业枕头的品牌商，逐渐发展为一家集研发、设计、
生产、销售为一体的现代企业。公司本着"追求共赢、诚信务实"
的经营理念，确立了国内行业市场上的旗帜地位。

一、国内行业市场上的旗帜

百世修是知名专业枕头的品牌商，公司坚持独立研发、品牌原创、自主生产的思想，以自有生态茶园和茶产品专业生产基地为实体，融汇 5000 年传统中医理疗理论与现代科技的精华，逐渐发展为一家集研发、设计、生产、销售为一体的现代企业。领先的制造技术、专业的设计人才、权威的专家支持、精益的深入研究，百世修在提升工艺的同时，始终坚持推行标准质量管理和品牌战略体系。公司本着"追求共赢、诚信务实"的经营理念，确立了国内行业市场上的旗帜地位。

目前，公司以"百世修"为枕类品牌正在积极拓展全国连锁加盟机构。

二、建筑要求

百世修建筑要求   表 7-43

项目	要求
重点拓展	高档住宅、重点商圈、高档商务办公区域等人流聚集点
需求面积	单店面积 30～200m²
建筑层高	2.8m

三、拓展计划

重点拓展地区为上海市区。

链接 品牌优势

百世修不仅为您评估睡眠环境、睡眠时间、睡眠习惯和寝具等综合睡眠要素，还为您提供量身定做的健康枕头服务，实实在在强化客户的睡眠质量。百世修传承博大精深的中医养生睡眠文化，依据我们每一个人的身体特征（身高、肩宽、颈弧和头围等数据）来定位只适合自己的枕头款式，并在枕头的内芯选材上，依据各人不同的睡眠习惯将枕头内芯分为两个部分，基础填充物采用全天然的木棉、蚕丝、蒲绒、荞麦壳或中空棉等，而另外的理疗系统则是全天然的中草药，比如薰衣草、野菊花、茶叶等多达数十种。

经典商业案例

19 ▪ 都都文具

全国第一家导入连锁经营的文具企业

深圳市都都文具有限公司经过十多年风雨历程，现已发展成为全国最大的文化办公用品连锁零售企业。并在全国范围内创两项第一：一是全国第一家开展特许加盟的文具企业；二是全国第一家获得ISO9001认证的文具连锁零售企业。

深圳市都都文具有限公司创建于 1992 年，经过 10 多年的风雨历程，现已发展成为全国最大的文化办公用品连锁零售企业。企业经营品种在万种以上，小到笔芯、橡皮，大到现代高科技办公设备一应俱全。都都文具有限公司相继在北京、上海、广州建立了分公司，其业务已延伸至沈阳、石家庄、乌鲁木齐等十个大中城市，在全国开设连锁店已超过 60 家，建立了覆盖全国的营销网络系统。

都都在全国范围内创两项第一：一是全国第一家开展特许加盟的文具企业，现连锁加盟业务正全面高速向全国市场迈进；二是全国第一家获得 ISO9001 认证的文具连锁零售企业。

选址及建筑要求

都都文具选址及建筑要求 表 7-44

项目	要求
商圈选择	商务集聚地、学校周边
需求面积	50m^2 以上
建筑层高	2.8m 左右

经典商业案例

20 ▪ 法藤

以"调节身心的平衡最重要"
为宗旨

图7-17 法藤

法藤株式会社成立于日本京都，主要经营各类健康生活产品。公司以"调节身心的平衡最重要"为宗旨，强调健康是讲求平衡而不是速度。

　　法藤株式会社于1983年在日本京都成立，主要经营各类健康生活产品。公司以"调节身心的平衡最重要"为宗旨，强调健康是讲求平衡而不是速度。经过30年的发展，目前专卖店在全世界超过160家，遍布东京、伦敦、洛杉矶、首尔及北京、上海和我国台北、香港地区等。

　　法藤中国大陆的第一家专卖店于2005年在腾飞广场盛大开幕，至今在北京、上海、广州、深圳、大连等城市也相继开设了专卖店。除此之外，在北京、广州、香港先后设立了办事处。与此同时，天津、大连、沈阳、吉林、长春、哈尔滨、南京、武汉、重庆、厦门、深圳等主要城市都开设了销售网点，在全国的店铺数量已经达到近80家。

法藤基本信息　　　　　　　　　　　　表 7-45

商家名称	法藤
LOGO	
创立时间	1983 年
主营商品	钛保健饰品系列、水溶钛系列、钛休闲服饰系列、钛美容美发系列、钛日常护理系列 6 大类
业态	运动保护用品
目标人群	运动爱好者、颈椎病患者、睡眠不佳者、容易疲劳者等广泛人群
主要网点	全国一二线城市
拓展区域	上海地区为中心，在长三角地区重点百货公司和商业中心增设分点
店铺总数	3000 多家
开店方式	代理、加盟
首选物业	购物中心
物业使用	租赁
需求面积	80 ～ 200m²
合同期限	2 ～ 3 年

一、品牌优势

　　法藤产品是将原本不溶于水的钛成功地与水相结合，并经过独创的 PHILD 加工技术将水溶钛溶于原料后制成的健康产品。法藤长期致力于保持身心平衡、提供健康帮助，法藤已成为 2007 上海金山沙滩排球循环赛、2009 网球大师杯指定赞助商。法藤产品将时尚和健康完美地融合在一起，正受到越来越多的关注。

二、选址标准

法藤健康产品选址标准　　　　　　　　表 7-46

项目	要求
商圈地段	人流量较大的区域，时尚青年聚集区域
	一二线重点城市的定位时尚百货的百货公司
	以时尚消费定位的商业街沿街店铺
店铺要求	最好与一线运动品牌临近的铺位
需求面积	30m² 左右

经典商业案例

21▪花更好

专业鲜花礼品速递服务企业

花更好（连锁）花店公司是经政府部门批准成立的专业鲜花礼品速递服务企业；目前拥有鲜花预订、鲜花速递服务业务已遍及内地和港澳台地区多个城市。

一、打造白领会员专署服务的大型门户网

花更好（连锁）花店公司是经政府部门批准成立的专业鲜花礼品速递服务企业；目前拥有的鲜花预订、鲜花速递服务业务已遍及内地和港澳台地区 3320 多个城市。

花更好鲜花速递服务公司是经政府部门批准成立的专业鲜花礼品速递电子商务企业；精彩纷呈的附加优质产品服务；全国免费电话为您提供方便的免费电话订购，完善的售后贴心服务支持承诺让您订购更放心。

二、选址标准

花更好选址标准 表 7-47

项目	要求
交通条件	交通便利人流大，如商业中心、高档别墅、公寓、写字楼附近等
地块位置	城市中心区域里的中心医院
需求面积	20m^2 以上

 企业特色

"花更好鲜花（连锁）速递网"最大的特色是坚持走"网络门户展示与实体经营"的电子商务模式，既有网上电子商务展示平台，又有实际经营的连锁实体花店，为顺应在现代商业发展的潮流，结合自身发展的必然趋势，作为投资经营、特许经营、连锁加盟经营实体花店的多种形式相结合，为网上花店的经营做了有益的探索，有自己鲜明特色的 B2C 专业鲜花门户网和专业鲜花供应商。所有的产品均由专业花艺设计师精心挑选、设计及包装，时刻务求超越顾客的期望。

经典商业案例
22 · 美车饰

以传播车居时尚文化为使命

美车饰以传播车居时尚文化为使命，以"美车饰汽车百货"为平台，为用户提供汽车落地后一站式服务，全方位满足汽车用户的各种需求。如今，美车饰已成为中国汽车服务业具有重要影响的主导性企业。

图7-18　美车饰

　　上海美车饰汽车百货有限公司创于 1998 年的美车饰汽车百货，始终致力于汽车售后消费服务市场的拓展，以符合中国消费者消费特征的汽车消费类商品的结构整合及统一采购为基础，专业技术及服务价值体现为核心，现代商业的综合管理规范模式为依据，立足中国最具有发展潜力的经济中心城市——上海。现已成为拥有商铺总面积达 50000m²，商品规模超过 15000 款，服务项目近 500 项的大型连锁零售服务企业。从 2010 年下半年开始，已发展美车饰加盟 2 家，霍尼韦尔加盟在全国省级总代理 20 家，经销店 150 多家；锐美膜加盟省级总代理 60 家。

　　美车饰以传播车居时尚文化为使命，以"美车饰汽车百货"为平台，为用户提供汽车落地后一站式服务，全方位满足汽车用户的各种需求。同时，公司因其独特的经营思想和深入人心的市场形象赢得 PANASONIC、JVC、GASTROL、BRIDGESTONE 等国际知名品牌供应商的强力支持。如今，美车饰已成为中国汽车服务业具有重要影响的主导性企业。

美车饰基本信息　　　　　表 7-48

商家名称	美车饰
LOGO	
创立时间	1998 年
主营商品	汽车维护和保养、汽车百货
业态	汽配及汽车美容店
目标人群	有车一族
主要网点	上海
拓展区域	全国一线城市
开店方式	直营、加盟
首选物业	社区底商及配套商业、专业市场
物业使用	购买
需求面积	500 ~ 900m²
合同期限	5 年以上

一、选址标准

美车饰选址标准　　　　　表 7-49

项目	要求
城市商圈	一二线城市的主、次商圈边缘，中高档社区商圈的中心地区，其他专业商圈的头尾
	三四线城市的主商圈头尾
地块位置	十字路口为最佳，前面有停车场
交通条件	周边交通道路不少于四车道
需求面积	不少于 500m²

二、建筑及配套要求

美车饰基本建筑及配套要求

表 7-50

项目	要求
经营面积	1200 ～ 1800m²；最小面积 800 ～ 900m²
楼层选择	一层为佳，一、二层组合亦可；一楼面积最少不小于 500m²
建筑层高	商场部净高不低于 3.2m；施工部净高不低于 4.2m；如施工部无法全部满足，在确保换油区三个车位净高不低于 4.5m 的前提下，其他区域可适当降低高度（其他区域净高不低于 3.6m）；一楼不能有台阶
柱网间距	柱心距离 7 ～ 7.5m 最佳，汽车可以直接开进卖场
楼板荷载	确保屋面结构承载 >100kg/m²；确保结构强度可满足室内机组、风管、吊顶、室外机组、维护的要求
水电配置	150kVA； 给水 2 英寸进水管，标准水压
排污设施	必须接入到指定位置，一般设置在商场和施工的中间区域
其他	排水、消防须标准配置；需安装洗车机，洗车机占地面积 9.6m×4m，北方城市需要 13m×5.5m，地下设置循环水装置（我方自建）确保地下无电缆管线通过给水管路铺设（我方自建）确保给水管接入为 2 英寸

经典商业案例

23·茜施尔

图7-19　茜施尔

功能内衣的领先者

深圳市茜施尔服装有限公司是一家专门从事品牌女性功能性内衣的研制、开发、生产及营销的现代化企业。

一、拥有近千家特许连锁加盟店

深圳市茜施尔服装有限公司成立于 1999 年，目前是一家专门从事品牌女性功能性内衣的研制、开发、生产及营销的现代化企业，十多年来快速、持续、稳定的发展已拥有员工近千人。成立初期，公司以时尚的设计、适中的价格定位迅速占领市场，在中国和欧洲的法国、西班牙等成员国进行了商标注册，以专业的内衣顾问服务、领先的科技、优质的产品及显著的销售业绩成为功能内衣的领先者。

茜施尔建立了强大、完整的自有营销体系，茜施尔以"供应链控制最大化，供应链运行快速化"为战略目标，将产品生产、销售网络控制与品牌经营合为一体，并充分运用信息技术缩短供应链的运行周期，缩短产品与市场的时空距离，使生产、销售保持均衡，产品供给与市场需求达成良性循环，为茜施尔品牌在中国市场的稳健发展提供了强大的支持，在全国成立近 1000 家特许连锁加盟店。

茜施尔基本信息		表 7-51
商家名称	茜施尔	
LOGO		
创立时间	1999 年	
主营商品	品牌女性功能性内衣	
业态	女装：内衣	
目标人群	18 ～ 35 岁的时尚女性	
主要网点	茜施尔在全国成立近 500 家特许专卖店	
拓展区域	茜施尔未来拓国内外各个城市	
店铺总数	1000 多家	
开店方式	加盟	
首选物业	商业综合体、购物中心、商业街	
物业使用	租赁	
需求面积	25 ～ 100m^2	
合同期限	1 年	

二、选址标准

茜施尔选址标准		表 7-52
项目	要求	
城市选择	地级城市或经济条件比较发达的县级以上城市	
商圈地段	核心商圈内	
	高档社区商业区内	
地块位置	当地最繁华的商业街道临街店铺	
客流量	人流量较大的区域	

三、建筑及配套要求

茜施尔建筑及配套要求

表 7-53

项目	要求
需求面积	店铺独立使用面积 30 ～ 100m² 商场专柜面积，中岛不少于 25m²
门面宽度	不低于 4m
其他	具备品牌经营和专卖店经营的管理能力
	要求有一定的固定和流动资金
	必须安装 POS 收银系统
	良好的社会关系合资信度

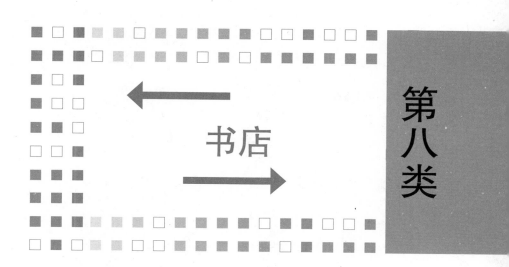

第八类

书店

目前体量较大的实体书店逐渐转型为面积中等、装修雅致装饰别有风味的特色书店。书店对场地面积、位置地段的依赖在减小，对自身的特色要求越来越多。一般书店首选物业为商业综合体、商业街、写字楼底商及配套商业，使用租赁物业。

第八类　书店

一、商圈要求

书店基本商圈要求

表 8-1

项目	要求
商圈地段	城市的商业中心、繁华路段、集中居民区； 附近有文化娱乐场所、商业写字楼及成熟的住宅社区、大学区、商业区等地方
交通条件	交通便利
人口情况	城市人口 40 万以上，人口密度大，人流量大

二、建筑及配套要求

书店基本建筑及配套要求

表 8-2

技术指标	要求
需求面积	$30 \sim 3000m^2$（视需求而定）
楼层选择	$1 \sim 5$ 层（亦可酌情考虑）
建筑层高	$\geqslant 4m$
开间要求	$4 \sim 8m$
柱网间距	$10m \times 10m$
给排水供水	符合国家标准
供配电	一般商业标准
停车场	需有停车场
装修标准	简单装修
环境要求	在高雅路段，具有清净、优雅的环境
店面要求	临街而设、可见度高

经典商业案例

01 ▪ 江苏大众书局

首家启用自动化物流的民营书业

江苏大众书局图书连锁有限公司是鸿国文化产业集团旗下的书城（店）连锁机构，主要从事全国范围内连锁书城（店）的投资管理与经营业务。是全国民营书业中第一家启用自动化物流的图书企业。

"文化百货"经营模式

江苏大众书局图书连锁有限公司是鸿国文化产业集团旗下的书城（店）连锁机构，主要从事全国范围内连锁书城（店）的投资管理与经营业务。公司现拥有 1 万 m² 的现代化物流基地，该基地引进了国际一流的大型自动化物流流水线，是全国民营书业中第一家启用自动化物流的图书企业。2005 年，大众书局获国家新闻出版总署授予的全国性连锁经营许可权。

大众书局依托鸿国集团多年从事百货业经营的成功经验及先进的零售管理、营销理念，独创了全新的以图书经营为主体、其他相关文化业态为辅、专业服务于文化消费市场、并以独特的卖场文化和服务理念为支撑的"文化百货"经营模式。目前已在南京、上海、扬州、连云港、常州、徐州、无锡、镇江、淮安等地建立 10 余家有一定规模的连锁书城（店）。

大众书局基本信息 表 8-3

商家名称	江苏大众书局
行业地位	全国民营书业中第一家启用自动化物流的图书企业
主营商品	全国范围内连锁书城（店）的投资管理与经营
业态	专业店
开店方式	直营
主要网点	江苏、上海、香港、澳门
目标人群	学生、在职人员、教师等
拓展区域	南京、上海、扬州、连云港、常州、徐州、无锡、镇江、淮安等 主要考虑华东地区的拓展，在生活精品购物中心 Lifestyle center; 市区商业中心 / 中央商务区 Downtown/CBD 里开店
店铺总数	20 余家
开店方式	连锁书城（店）
首选物业	购物中心、商业街
客单消费	10 ～ 300 元
首选物业	商业综合体、购物中心、商业街
物业使用	租赁、合作
需求面积	500 ～ 3000m^2
合同期限	5 ～ 10 年

第九类

餐饮店

一、大型正餐

中式正餐指面积较大、实行餐饮分区的大型中式餐饮店、大酒楼等。

中式正餐建筑及配套要求

表 9-1

项目	要求
商圈地段	商业中心区
立店障碍	开设餐厅须经消防、环保、食品卫生、治安等行政管理部门会审后，方可颁照经营，周边邻居有异议而无法排除的也能成为立店障碍。餐厅必须离开污染源 10m 以上，较大餐厅，消防部门会提出设置疏散通道要求
需求面积	800 ～ 3000m²，超大型的可超过 5000m²，单层面积不小于 2000m²
楼层选择	1 ～ 3 层
物业结构	框架结构
楼层净高	>3.5m
柱网间距	超过 8m×8m 柱网
开间要求	≥ 8m
楼板荷载	用餐区≥ 350kg/m²，厨房区≥ 450kg/m²
垂直交通	首层主入口附近设置垂直客梯或餐厅专用客梯
洗手间	有独立卫生间配备
停车位	80 个 /km² 左右，需要部分地面停车
供配电	提供电容量 1000kVA 变电设备，三相五线 380V/220V、50Hz，电缆接入店方红线内配电柜指定位置并安装店方独立计量表
给排水	提供管径为 100mm 的独立进水管及水表（1 寸的进水管，接入各户最小 6 分管），提供给店方管径为 200mm 排水管一根，并与足够容量的隔油池连接
排污设施	提供给店方 150mm 排污管一根，就近接入足够容量的排污化粪池，下水管道（排污道要经过环保测评认可）

中式正餐基本选址及建筑要求

续表

项目	要求
排油排烟	提供合适的空间供店方单独使用，有总体油烟气排放通道，由各经营户接入总管道以放置排油烟，风井（净截面积 1500mm²）排风量 70000m³/h
空调配置	总冷负荷概算按照顶层 350W/m²，其余楼层 250W/m² 标准设计，宜采用热泵系统，可变风量及水量空气调节末端。新风量标准为 30 m³/(h•人)。换气次数 6 次 /h
燃气配置	提供给店方 180 m³/h 燃气计量表具预留（管道煤气容量是天然气 2.5 倍）
通信网络	直拨电话四部，用作电话传真及电脑终端站，用于市内及长途电话线，另加电信专用 POS 机线路一条
消防配置	消防喷淋改造，按店方施工图设计施工； 消防报警改造，按店方施工图设计施工，在店方经理室设独立报警控制柜与业主总控制柜连接； 不少于 2 个消防疏散通道，且满足消防要求
广告位	为其预留至少 2 处大型店招位置，配备充足的室外照明电源接入

01 ▪ 俏江南

中国最具发展潜力的国际餐饮服务管理公司之一

俏江南是国内领先的中式正餐连锁经营企业，也是中国最具发展潜力的国际餐饮服务管理公司之一。

图9-1 俏江南

一、引领中华美食文化走向国际市场

俏江南创始于 2000 年，自成立以来，俏江南遵循着创新、发展、品位与健康的企业核心精神，不断追求品牌的创新和突破，从国贸第一家餐厅到北京、上海、天津、成都、深圳、苏州、青岛、沈阳、南京、合肥等 50 多家店，从服务商业精英、政界要员到 2008 北京奥运会场、2010 上海世博会……历经十多年的健康成长，俏江南已经成为中国最具发展潜力的国际餐饮服务管理公司之一，并引领着中华美食文化走向国际市场。

俏江南以"时尚、经典、品位、尊宠"为经营理念，致力于打造一个世界级的中餐品牌，成为全球餐饮业的管理标杆。截至 2012 年 9 月底，俏江南餐厅已遍布中国 15 个省份、18 个城市，拥有近 70 家餐厅，成为国内领先的中式正餐连锁经营企业。

俏江南基本信息   表 9-2

商家名称	俏江南
LOGO	
创始人	张兰
创立时间	2000 年
所属国家	中国
行业地位	中国最具发展潜力的国际餐饮服务管理公司之一
品牌形象	时尚、经典、品位、尊宠
业态	餐饮：中餐、特色餐饮
主要网点	北京、上海、天津、成都、深圳、苏州、青岛、沈阳、合肥等
目标人群	广大时尚白领
拓展区域	将往消费能力旺盛的二线城市扩张，通过拿地自建和购买现有商铺两种方式设立新店
开店计划	3～5 年将开店 300～500 家
店铺总数	近 70 家
客单消费	100～300 元
开店方式	直营、加盟、特许经营
首选物业	购物中心
物业使用	租赁、购买、合作
需求面积	1000～3000m^2
合同期限	5～10 年

二、选址标准

　　开设餐厅须经消防、环保、食品卫生、治安等行政管理部门会审后，方可颁照经营，周边邻居有异议而无法排除的也能成为立店障碍。餐厅必须离开污染源 10m 以上，对较大餐厅，消防部门会提出设置疏散通道要求。商铺门前有封闭交通隔离栏、高于 1.8m 的绿化以及直对大门的电线立杆均为选址所忌。

第九类　餐饮店

俏江南基本选址标准

表 9-3

项目	要求
商圈地段	一般选址在商务区域或繁华街市附近或其他有知名度的街市
交通条件	交通便利
城市人口	100 万以上

三、建筑要求

俏江南基本建筑要求

表 9-4

项目	要求
建筑形态	单体建筑
需求面积	2000 ～ 5000m² 均可
建筑层高	不低于 4.2m
楼板荷载	350kg／m²
楼宇要求	独立楼或在大厦里（必须有独立的客人出入口及货运出入口，首层设接待区），有电梯（直梯、滚梯、观光梯）、货梯及食梯

经典商业案例

02 ▪ 苏浙汇

创新上海菜的名牌餐厅

"苏浙汇"是创新上海菜的名牌餐厅，以持之以恒地创新作为主要经营特色，以出类拔萃的菜肴、始终优质的服务、体验型的用餐环境服务于中国主要城市和海内外的客户。

图9-2　苏浙江

金萌集团旗下上海金萌苏浙汇餐饮有限公司于1999年6月在上海注册成立。1999年10月28日第一家"苏浙汇"品牌中餐厅在上海徐汇区开张。发展至今，"苏浙汇"于上海、北京、香港、澳门、苏州、杭州等地区开设二十余家分店，"苏浙汇"作为创新上海菜的名牌餐厅，持之将恒地将创新作为经营的主要特色，以出类拔萃的菜肴、始终优质的服务、体验型的用餐环境服务于中国主要城市和海内外的客户。"苏浙汇"时尚、优雅、浪漫、亲切的用餐文化将是"创新上海菜"的代名词，将"源自上海菜的全新演绎"经营理念发扬光大。

苏浙汇基本信息   表 9-5

商家名称	苏浙汇
LOGO	
创立时间	1999 年
所属国家	中国
品牌形象	上海菜的代表
业态	中餐：特色餐饮
主要网点	苏浙汇目前北京、上海、香港、澳门、苏州和杭州均有门店
目标人群	中高端消费群
拓展区域	全国一二线城市
店铺总数	20 多家
开店方式	直营
首选物业	商业综合体、购物中心、商业街
物业使用	租赁、购买
需求面积	2000 ～ 20000m²
合同期限	10 ～ 20 年

一、选址标准

苏浙汇餐厅选址标准   表 9-6

项目	要求
城市选择	长三角经济发达的一线重点城市的核心商圈，综合体、购物中心、商业街商铺
商圈地段	城市重点交通枢纽区域
	人口集中密集区域

二、建筑要求

苏浙汇餐厅建筑要求

表 9-7

项目	要求
需求面积	1500m² 以上
建筑层高	净高 2.8m 以上
停车位	具有充足的停车位
其他	符合中式明火餐饮的物业要求

经典商业案例

03▪小南国

中国最大的餐饮服务集团之一

图9-3　小南国

小南国是中国最大的餐饮服务集团之一，集团成功涉足从吃到住、到美容等生活时尚的各个层面，真正成为生活时尚服务业内的一个全国知名品牌。但中餐连锁仍是小南国集团的核心产业。

从6张小桌起家，发展到如今全球拥有10000名员工和10万 m² 店铺面积的规模，这背后呈现着小南国人坚韧不拔的精神、准确的市场定位和品牌意识。他们凭借卓越的经营理念和科学有效的管理，在日趋激烈的餐饮业竞争中，脱颖而出，发展成为中国最大的餐饮服务集团之一，中餐连锁是小南国集团的核心产业。

截至2012年8月，小南国业已在中国10多个省市拥有和经营逾65间分属不同中餐品牌的餐厅。同时，集团还涉足 SPA 连锁、日式烧烤连锁、日式拉面连锁、港式甜品连锁及酒店管理等多种业态。成功涉足从吃到住、到美容等生活时尚的各个层面，真正成为生活时尚服务业内的一个全国知名品牌。其中小南国中餐 (Shanghai Xiao Nan Guo) 是以经营沪、粤式菜肴为主的中高档中餐厅，作为海派美食代表的小南国精品菜肴，不但保留继承了海内外食客所推崇的浓郁香酥、腴润适口的上海本帮菜特点，更在此基础上大胆革新，融合了各菜系的优点，发展出自己独特浓郁、细腻、精致、典雅的新上海菜风格。

小南国温泉 SPA 的问世则成功标志着小南国集团开始从餐饮行业逐步深入到更贴近消费者的生活时尚层面，让消费者在工作之余缓解压力、放飞心情。

小南国基本信息 表9-8

商家名称	小南国
LOGO	
创立时间	1987 年
所属国家	中国
业态	中餐
主要网点	长三角、环渤海、东北、珠三角主要城市
目标人群	高端商务人群
拓展区域	上海、江苏、浙江、北京、深圳
店铺总数	65 家
开店方式	直营
首选物业	商业综合体、购物中心、商业街、写字楼底商及配套商业
物业使用	租赁、合作
需求面积	1500 ~ 2000m^2
合同期限	10 ~ 20 年

一、选址标准

小南国餐饮选址标准 表9-9

项目	要求
商圈地段	经济发达的国内一二线重点城市的核心商圈、核心高档商务办公区域
交通条件	具有便利的交通、充足的停车位、顺畅的进出动线以及良好的展示度

二、建筑及配套要求

小南国餐饮建筑及配套要求　　　　表 9-10

项目	要求
需求面积	1500 ~ 2000m² 的独栋楼、甲级商务楼、高端商场、五星级酒店等
接待大厅	具有独立的接待大厅
广告位	提供广告展示位
配套	具备中式餐饮物业水电煤气、上下水要求
停车位	充足的停车位
租期	至少 10 年以上

三、拓展计划

小南国餐饮拓展计划　　　　表 9-11

项目	要求
经营定位	不仅为广大消费者提供中式餐饮，还涉足 SPA 连锁、日式烧烤连锁、日式拉面连锁、港式甜品连锁及酒店管理等多种业态
拓展城市	全国一线重点城市，长三角为核心选址开店

经典商业案例

04 ▪ 鹭鹭酒家

融合了欧洲古典华美的贵族风格

图9-4　鹭鹭酒家

以海派上海菜为特色的"鹭鹭酒家"是上海市诚信企业。公司恪守"宾客至上，诚信第一"的经营理念，以合理的价格、真诚的服务接待每一位新老宾客。

上海鹭鹭餐饮管理有限公司创立于1985年，截至2011年，"鹭鹭酒家"已发展为拥有11家分店（上海7家、北京3家、香港1家）的集团性公司，并且仍在不断拓展中。

多年来，以海派上海菜为特色的"鹭鹭酒家"在国内外的宾客中得到很好的赞誉。公司一贯恪守"宾客至上，诚信第一"的经营理念，以合理的价格、真诚的服务接待每一位新老宾客。公司还从香港等地引进资深管理人才，加强企业的管理。目前公司有完整的企业制度和服务标准，下属各分店都能以优雅的环境迎客，以优良的服务待客，以优质的菜肴取信于客，软、硬件的提升为公司的稳步发展打下了良好的基础。

近几年中，"鹭鹭酒家"连续获得上海市诚信企业称号。目前，公司的营业面积已经达到16000m^2，可供餐位3500个。

鹭鹭酒家基本信息　　　　　　　　　　　　　　　表 9-12

商家名称	鹭鹭酒家
LOGO	
创立时间	1985 年
业态	中餐
主要网点	北京、上海、香港
目标人群	商务人士、个人消费
拓展区域	国内各大一二线城市
店铺总数	11 家
开店方式	直营
首选物业	商业综合体、购物中心、商业街、写字楼底商及配套商业
物业使用	租赁
需求面积	800 ～ 3000m²
合同期限	8 年以上

一、品牌优势

鹭鹭酒家是商务宴请、朋友和家庭聚会的理想场所。店面设计别具匠心，在传统中国文化中融合了欧洲古典华美的贵族风格。

二、选址及物业建筑要求

鹭鹭餐饮基本选址及建筑要求　　　　　　　　　　表 9-13

项目	要求
商圈地段	繁华商务办公区域，繁华商业中心
需求面积	3000m² 以上
建筑层高	2.8m 以上
其他配套	水电煤气符合中餐的物业要求

经典商业案例

05 · 金钱豹

图9-5　金钱豹

全台湾最大的餐饮娱乐集团

金钱豹国际事业集团在台湾及祖国内地经营餐饮事业，集团一贯秉承优质体贴服务顾客，并将各类型之餐饮方式结合在一起，已成为全台湾娱乐事业之领头羊，并成为台湾餐饮及休闲娱乐业界的先行者，全台湾最大的餐饮娱乐集团。

　　金钱豹国际事业集团在台湾及大陆经营餐饮事业已有27年，集团一贯秉承优质、体贴的服务，赢得顾客赞誉无数，并将各类型之餐饮方式结合在一起，已成为全台湾娱乐事业领头羊，并成为台湾餐饮及休闲娱乐业界的先行者、全台湾最大的餐饮娱乐集团。

金钱豹基本信息　　　　　　　　　表 9-14

商家名称	金钱豹国际美食会所
LOGO	
所属地区	中国台湾
业态	餐饮：特色餐饮
主要网点	北京、天津、沈阳、上海、河南、湖北、江苏、深圳
目标人群	追求时尚的高收入客群
拓展区域	全国一线重点城市
店铺总数	18 家
开店方式	直营、加盟
首选物业	商业综合体、购物中心、商业街
物业使用	租赁、合作
需求面积	120 ～ 500m²
合同期限	5 ～ 10 年

一、选址标准

金钱豹国际美食会所选址标准　　　　　　表 9-15

项目	要求
商圈地段	人口不少于 5 万人的居住区域或社区型、区域型、都市型商圈
交通条件	有便捷的直达店内的通道
门店要求	物业商业可视度较高，长期户外广告支持

二、建筑要求

金钱豹国际美食会所建筑要求

表 9-16

项目	要求
需求面积	120 ~ 500m^2
物业结构	框架式建筑
建筑层高	5 ~ 6m
楼板荷载	350kg/m^2
停车场	餐厅门前须有相应的停车场
供电	用电负荷在 1000kW 左右（含 200kW 排油烟设备）
配套	符合餐饮物业的上下水、环保、消防的要求
租期	8 ~ 10 年

三、合作条件

金钱豹餐饮合作条件

表 9-17

项目		要求
营业面积		同一楼层 5000m^2 以上
租金方式		包含物业管理费：前五年不变，五年后以每五年为一个递增期
二选一	我方支付	1.5 元 /(m^2• 天)；每 5 年 3% 递增
	业绩捆绑	3% ~ 6% 营业额提成
装修补贴		2500 元 /m^2（前期是已经完成机电、空调、消防、环保等所有隐蔽工程条件）
免租期		不少于 12 个月（含装修期）

经典商业案例

06·张生记

图9-6 张生记

超大型纯餐饮酒店

张生记是荣获"杭州市餐饮业名店"、"中华餐饮名店"和"国际餐饮名店"殊荣的一家新式超大型纯餐饮酒店，是经营规模首屈一指的杭帮菜系酒店。

张生记是荣获"杭州市餐饮业名店"、"中华餐饮名店"和"国际餐饮名店"殊荣的一家新式超大型纯餐饮酒店，创办于 1988 年，酒店精心研制各式菜肴赢得业内人士和广大顾客的一致好评，被中国杭州 2000 年西湖博览会举办的中国美食节组委会公布为"新杭州名菜"。杭州"张生记"酒店除杭州两家大酒楼外，又在上海、南京、北京和苏州开设多家分店，总营业场地超 48000m^2，在杭帮菜系酒店中，其经营规模可谓首屈一指。

张生记基本信息　　　　　　　　　　表 9-18

商家名称	张生记
LOGO	
创立时间	1988 年
业态	餐饮：中餐
主要网点	上海浦西、上海浦东、南京、北京和香港
目标人群	白领，商务宴请
拓展区域	以杭州为中心、长三角重点城市为核心，全国一线城市选址开店
店铺总数	18 家以上
开店方式	直营
首选物业	商业综合体、购物中心、商业街、写字楼底商及配套商业
物业使用	租赁、合作
需求面积	5000 ~ 10000m²
合同期限	10 年

一、选址标准

张生记选址标准　　　　　　　　　　表 9-19

项目	要求
城市选择	以杭州为中心、长三角重点城市为核心，全国一线城市选址开店
商圈地段	一二线城市，省会城市的核心商圈的主要区域，消费力较强城市的核心商圈
	交通便利的区域
店面要求	主干道的一楼为佳，店面具有较好的展示面，有足够的户外广告位置

二、建筑及配套要求

张生记建筑及配套要求

表 9-20

项目	要求
需求面积	1500m² 以上
停车位	有充足的停车位
其他配套	水电煤气等符合明火餐饮的物业要求
	物业符合国家环保和消防要求

二、中型餐厅

选址及建筑配套要求

中型餐厅选址及建筑配套要求

表 9-21

项目	要求
商圈地段	商务型的普通餐厅以商务酬宾为主要对象，一般选址在商务区域或繁华街市附近或有其他知名度的街市；大众型普通餐厅一般选址在社区型或便利型商业街区
立店障碍	开设餐厅须经消防、环保、食品卫生、治安等行政管理部门会审后，方可颁照经营，周边邻居有异议而无法排除的也能成为立店障碍。餐厅必须离开污染源 10m 以上，对较大餐厅，消防部门会提出设置疏散通道要求。商铺门前有封闭交通隔离栏、高于 1.8m 的绿化，以及直对大门的电线立杆均为选址所忌
建筑面积	800 ~ 1000m²，单层面积 350 ~ 500m²
楼层选择	1 层或 1 ~ 3 层
物业结构	一般要求框架结构
楼层净高	≥ 4.5m
柱网间距	≥ 4m
开间要求	≥ 8m
楼板荷载	厨房区承载力 ≥ 450kg/m²，其他区域 ≥ 250kg/m²
垂直交通	步梯 ≥ 1.5m
洗手间	有独立卫生间配备
停车位	≥ 10 个
供配水电	电力不少于 20kW/100m²；有充足的水供应，管径 50mm
给排水	提供管径为 100mm 的独立进水管及水表（1 寸的进水管，接入各户最小 6 分管），提供给店方管径为 200mm 排水管一根，并与足够容量的隔油池连接
排污设施	排油井、隔油池及排油烟井道等设施

中型餐厅选址及建筑配套要求

续表

项目	要求
排油排烟	密闭性要求较高
空调配置	制冷量厨房 ≥ 450kA/(m²•h)，用餐区 ≥ 350kA/(m²•h)
燃气配置	≥ 34m³/h
通信配置	两条电话线路、有线电视
消防配置	有消火栓、喷淋头、烟感、消防逃生通道等
店招位置	为其预留至少 1 处大型店招位置，配备充足的室外照明电源接入

三、连锁快餐

　　连锁快餐业是一种工业化程度比较高的餐饮服务业态，设有中央厨房，其商品销售流程与其他连锁商业有所不同，管理经营难度高于其他连锁业态和传统餐饮业，连锁快餐与其他连锁业态、传统餐饮的差异如下：

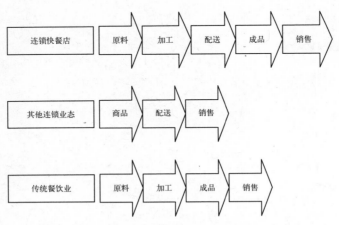

图9-7　连锁快餐与其他连锁业态、传统餐饮的差异

1. 选址及建筑配套要求

连锁快餐选址及建筑配套要求

表 9-22

项目	要求
商圈地段	客流繁忙之处，如繁华商业街市、车站、空港码头以及消费水平中等以上的区域型商业街市或特别繁华的社区型街市
立店障碍	连锁快餐业也属餐饮业，需消防、环保、食品、卫生、治安等行政管理部门会审，离污染源 10m 之内不得立店，2002 年起我国部分省市按《大气污染防治法》规定：禁止在居住区或居住建筑内立店
需求面积	200 ~ 500m²
楼层选择	地下商场或 1 ~ 3 楼均可，忌分布数个楼面
物业结构	框架结构
楼层净高	≥ 4.5m
柱网间距	≥ 3.5m
开间要求	≥ 8m
楼板荷载	用餐区 ≥ 250kg/m²，厨房区 ≥ 450kg/m²
垂直交通	可以根据要求设计步梯
洗手间	最好有独立的洗手间
停车位	≥ 10 个
建筑要求	配套设施：电力不少于 20kW/100m²，有油烟气排放通道，有污水排放、生化处理装置
供配水电	有充足的自来水供应；提供电容量 150 ~ 300 kVA 变电设备（如配备燃气设备），三相五线 380V/220V、50Hz。根据用电容量提供匹配的空气开关于业主总电柜，并安装店方独立计量电表
给排水	提供管径大于 50mm 的独立进水管及水表，提供餐厅每月 400 ~ 800t 用水量餐饮业平价指标。提供给店方管径大于 100mm 排水管一根，并与足够容量的隔油池连接
排污设施	提供给店方管径 150mm 排污管一根，就近接入足够容量的排污化粪池
排油排烟	提供合适的空间供店方单独使用，以放置排油烟风井（净空不低于 700mm²）

连锁快餐选址及建筑配套要求

续表

项目	要求
空调配置	提供物业合适场地给店方放置室外机组（包括空调机、制冷机组、排烟设备等），并提供室外机正常运转所需的散热、回风空间，预留冷凝水管
燃气配置	提供给店方 15m³/h 燃气计量表具预留
通信配置	直拨电话二部，用作电话传真及电脑终端站，用于市内及长途电话线。另配通讯专用 POS 机数据终端线路一条
消防配置	消防喷淋：提供租赁范围内喷淋设施的免费接入及预留接口；消防报警：提供租赁范围内报警设施的免费接口及预留在业主总控制柜连接回路；提供适当数量消防栓，供店方使用
店招位置	为品牌提供一定的店招位置，及室外照明电源

2. 西式餐饮基本开店要求

西式餐饮的选址要求与传统的餐饮店区别不大，但也有几个必须注意的地方，如必须地处商务氛围非常浓厚的区域，周边写字楼、酒店多。

西式餐饮基本开店要求

表 9-23

项目	要求
商圈地段	西式餐厅在选址上比较偏向于商业区和CBD区域。成熟商业区和大型CBD的商业气氛很好，人流量也有保证，而周边有居住区或大型公交枢纽的区域则更好。区域中人的数量、消费能力以及他们的消费习惯，临街的展示面比较好的位置，是常规考虑的因素。西式快餐一般会选择在客流稠密之处，如繁华的商业街、写字楼聚集的商务区、交通枢纽以及消费水平中高档的社区
立店障碍	西式快餐和其他餐饮一样，需消防、环保、食品、卫生、治安等行政管理部门会审，离污染源10m 之内不得立店，相邻居民、企业或其他单位提出立店异议而无法排除，也会形成立店障碍。30m 范围内有住宅楼的店面也无法开店
建筑要求	西式快餐一般需要店铺是框架结构，层高不低于 3.5m；同时由于设置中央厨房的需要，面积一般不能小于 200m²；相应的电力配置不少于 20kW/100m²；有充足的自来水供应及污水排放、生化处理装置，有油烟气排放通道,位置在地下室或一、二、三楼均可，但一般最好不要跨层分布
租金、租期	大众化西式快餐店可承受的租金在 2～4 元 /(m²·天)，如果周边区域消费力非常充裕的也可到 8 元 /(m²·天)；而一些档次更高的消费型西式快餐店的租金可以达到 6～20 元 /(m²·天)。由于西式快餐店的装修费用较高及客单价不高等因素，其租期一般来说不少于 5 年

图9-8　肯德基

经典商业案例

07·肯德基、麦当劳

美国的著名连锁快餐厅

图9-9　麦当劳

肯德基、麦当劳都是来自美国的著名连锁快餐厅，主要出售炸鸡、汉堡、薯条、汽水等西式快餐食品。

肯德基基本信息　　　　　　　　　　　　　　　　　　　　　表 9-24

商家名称	肯德基（KFC）
LOGO	
创始人	哈兰·山德士
创立时间	1952 年
所属国家	美国
业态	餐饮：快餐
主要网点	中国内地除西藏以外的所有省、市、自治区
目标人群	大众群体
店铺总数	全球 34000 余家，国内 3000 余家
开店方式	加盟、特许加盟
首选物业	商业综合体、购物中心、商业街、写字楼底商及配套商业
物业使用	租赁、合作
需求面积	300 ~ 800m²
合同期限	10 年

麦当劳基本信息　　　　　　　　　　　　　　　　　　　　　表 9-25

商家名称	麦当劳（Mcdonald's）
LOGO	
创始人	麦当劳兄弟和 Ray Kroc
创立时间	1954 年

续表

所属国家	美国
业态	餐饮：快餐
主要网点	除甘肃、青海、新疆、宁夏以外的其余 26 各省市、自治区及直辖市
目标人群	大众群体
店铺总数	1400 余家
开店方式	直营、特许加盟
首选物业	商业综合体、购物中心、商业街、写字楼底商及配套商业
物业使用	租赁、合作
需求面积	200 ~ 600m²
合同期限	10 ~ 20 年

一、选址标准

肯德基、麦当劳选址标准　　　　　　　　　　　　　表 9-26

项目	要求
商圈地段	城市一类商圈的繁华地段
消费水平	有一定的消费支持

二、建筑及配套要求

肯德基、麦当劳建筑及配套要求　　　　　　　　　　表 9-27

项目	要求
需求面积	使用面积 350m²
楼层选择	首层
门面长度	12m
建筑层高	楼板到梁底不得低于 3m
楼板荷载	乙方厨房区楼板负荷为 450kg/m²，餐厅区活荷载为 250kg/m²

续表

项目	要求
通信配置	甲方提供两条电话线路
水电供配	甲方提供 25t 水 / 天,供水管径为 2.5/3.0 英寸,水压不小于 2.5kg/cm²,并具有相应的用水指标;甲方提供空调及 200kW 的用电量,并提供一条 185 铜芯电缆于甲方配电室引至乙方指定位置,乙方自设配电盘,并独立安装电表
给排水	甲方提供相应的排水管线位置,排水管径不小于 6 英寸
隔油池	在餐厅附近区域应提供适宜位置,供餐厅制作隔油池,该位置将不引发争议或影响相邻关系
化粪池	甲方提供与化粪池相连的管道至乙方租赁区域;排烟:提供室外相应的排放油烟管道位置,该位置将不引发争议或相邻关系。排烟管道的截面积为 500mm×700mm
招牌	在门脸上方提供招牌安装位置
空调	甲方提供冷暖空调应保证使用时间自早 8:00 至晚 11:00,其制冷量厨房应不小于 450 卡 /(m²•h),用餐区应不小于 350 卡 /(m²•h)
餐厅温度	冬天应不低于 15℃,夏天不高于 25℃,春秋季应在 20 ～ 25℃,如 KFC 自设甲方提供室外机位置
设备总重	冷库、排油烟机、汽水机、制冰机的室外机全部放置楼顶,设备总重 3t,下设槽钢可将设备均匀摆放,使楼顶均匀受力
卸货车位	甲方提供临时卸货车位
外部装修	乙方按照肯德基统一标准对餐厅内部及外部进行装修
消防系统	乙方自设消防系统并与甲方连通

链接　团队精神

　　肯德基崇尚团队精神及每一位员工的热忱参与,并致力于为员工提供完善的培训、福利保障和发展计划,使每位员工的潜力得到最充分的发挥,正是由于这个原因,越来越多优秀的年轻伙伴慕名来到肯德基。作为世界上最大和最成功的连锁快餐企业之一,肯德基成功的秘诀之一是:永远向充满朝气、勇于挑战自己的年轻人敞开大门,并注重对员工的培训,鼓励员工和肯德基共同成长。

　　肯德基的成功,源自于全球将近九十万员工的齐心努力。在世界各地,肯德基永远将顾客的需求摆在第一位,使顾客在享受各种高品质餐饮的同时,也能感受到最亲切的一流服务和用餐环境。

经典商业案例

08 ▪ 东方既白

图9-10　东方既白

百胜餐饮的第一个中式快餐品牌

"东方既白"是全球最大的餐饮集团百胜在中国推出的第五大餐饮品牌。
主营中式快餐。

　　"东方既白"是全球最大的餐饮集团百胜继肯德基、必胜客欢乐餐厅、必胜客宅急送、塔可钟墨西哥风情餐厅之后，在中国推出的第五大餐饮品牌，于2004年5月正式在上海徐家汇美罗城与消费者见面。目前已在北京、上海、广州等城市开设了20多家连锁餐厅。

东方既白基本信息　　　　　　　　　　　　　　　表 9-28

商家名称	东方既白
LOGO	東方既白
创立时间	2004 年
业态	餐饮　快餐
主要网点	上海、北京、广州、厦门
目标人群	上班一族、个人消费
拓展区域	国内各大一二三线城市
店铺总数	20 多家
开店方式	直营
首选物业	商业综合体、购物中心、商业街、写字楼底商及配套商业
物业使用	租赁
需求面积	200 ~ 500m²
合同期限	5 年以上

一、品牌优势

优势一：美味

东方既白立志打造高品质的中华美食，丰富的口味包罗了大江南北的不同特色。

优势二：快捷

东方既白"即买即售"的快速售卖方式，可以在 90s 内完成整个购买过程。

优势三：舒适

东方既白时尚、现代、整洁的装潢设备，给不同的消费者带来舒适的中式快餐的就餐体验。

二、选址标准

东方既白选址标准　　　　　　　　　　　　　　　表 9-29

项目	要求
商圈地段	繁华商业街、大型购物中心、高档住宅区、商务办公等成熟商圈附近，以及人流量较大的成熟地铁商业中心区域

三、建筑要求

东方既白建筑要求

表 9-30

项目	要求
需求面积	$200 \sim 350m^2$
供配水电	水电煤气物业具备餐饮功能
其他	有隔油池位置和废水的排放措施

经典商业案例

09·德克士

中国快餐界三巨头之一

德克士连锁快餐店，起源于美国南部的德克萨斯州。它最有名的就是脆皮炸鸡，是中国快餐界其中最有名的三巨头之一。

图9-11 德克士

　　德克士连锁快餐店，起源于美国南部的德克萨斯州，1994年出现在中国成都。1996年，顶新集团将德克士收购，并投入5000万美元健全经营体系，完善管理系统，重新建立了CIS系统，使其成为顶新集团继"康师傅"之后的兄弟品牌。虽然都是炸鸡，但是由于德克士炸鸡采用开口锅炸制，因此鸡块具有金黄酥脆、鲜美多汁的特点，并以此与肯德基炸鸡形成鲜明差别。德克士最有名的就是脆皮炸鸡，在中国快餐界其中最有名的三巨头：除了麦当劳、肯德基，还有就是德克士。

一、基本概况

德克士快餐店基本信息   表 9-31

商家名称	德克士
LOGO	
所属国家	美国
业态	快餐
主要网点	除海南以外的 30 个省、市、自治区
目标人群	都市时尚年轻人
开店计划	力争 2030 年店面数量达到 10000 家
店铺总数	1500 多家
客单消费	20 ～ 100 元
开店方式	加盟、特许加盟
物业使用	租赁
首选物业	商业综合体、购物中心、商业街
经营方式	直营
需求面积	50 ～ 500m^2
合同期限	5 ～ 8 年

二、选址标准

德克士快餐选址标准   表 9-32

项目	要求
城市及商圈	不限，以商圈考察而定

三、建筑及配套要求

德克士快餐建筑及配套要求   表 9-33

项目	要求
需求面积	200 ～ 600m^2
楼层选择	首层或二层
建筑层高	净高至少 5m
楼板荷载	350kg／m^2
给排水／排油／排污／烟道	按当地政府规定的要求设置
供配电负荷	350kW
硬件设施	合法的建筑项目

经典商业案例

10 ▪ 美仕唐纳滋

图9-12　美仕唐纳滋

日本甜甜圈第一品牌

自创立至今，美仕唐纳滋已在日本拥有相当高的品牌地位，是日本快餐行业的三大品牌之一，更曾创造出年销售额突破千亿日元的奇迹。

美仕唐纳滋 Mister Donut 最初由美国人哈利·威诺克于 1955 年在波士顿创立。1971 年，日本著名的株式会社乐清（DUSKIN）公司将该品牌从美国带到亚洲，经过 40 年的不懈努力，美仕唐纳滋在日本、泰国、韩国以及中国（目前仅台湾和上海）等地已拥有 2000 多家连锁店铺，已经成为日本甜甜圈当仁不让的第一品牌。

自创立至今，美仕唐纳滋已在日本拥有相当高的品牌地位，是日本快餐行业的三大品牌之一，更曾创造出年销售额突破千亿日元的奇迹，被诸多知名媒体相继报道。

一、品牌优势

第一，对产品口味不断创新，突破一成不变的传统，为消费者提供各种不同种类的甜甜圈；
第二，集结日本美仕唐纳滋 35 年技术水准的专业设备，确保产品品质。

二、建筑要求

1. 沿街店面

美仕唐纳滋沿街店面建筑要求　　　　表 9-34

项目	要求
地块位置	临靠大型商圈或高档成熟社区的一楼店面
门面宽度	不低于 7m
需求面积	100 ～ 150m^2
其他配套	水电齐全，无需煤气，排烟管道不小于 400 ～ 500mm^2
租赁期	不少于 5 年

2. 购物中心内店铺

美仕唐纳滋购物中心内店铺建筑要求　　　　表 9-35

项目	要求
商圈选择	临靠大型商圈或高档成熟社区，一楼或 B1 楼
需求面积	50 ～ 80m^2
其他配套	水电齐全，无需煤气，排烟管道不小于 400 ～ 500mm^2
租赁期	不少于 5 年

链接　企业发展

　　1999年，美仕唐纳滋来到上海，成立了美仕唐纳滋（上海）食品有限公司，并于2000年5月在上海最繁华的商业中心——淮海路、襄阳路上开出第一家店铺，正式进入中国市场。在系统、规范的经营模式和资深领导的带动下，企业正在中国市场内迅速而持续有效地发展着，并逐步积累一套适合中国市场的发展模式。现在，美仕唐纳滋在上海已经开设了5家店铺，并在不断地发展壮大中。

经典商业案例

11 ▪ 永和大王

进入快速变革和发展的时期

图9-13　永和大王

永和大王餐饮有限公司,外资企业,隶属于菲律宾快餐巨头快乐蜂集团,是快乐蜂旗下一个重要品牌。永和大王致力于成为中国快餐行业第一品牌。

　　永和大王餐饮有限公司,企业性质为外资企业,隶属于菲律宾快餐巨头快乐蜂集团,是快乐蜂旗下一个重要品牌。目前,快乐蜂集团拥有快乐蜂、超群、格林威治、德意法兰西、永和大王、春水堂、宏状元等诸多餐饮品牌,在全球超过1500家餐厅,年营业额近50亿人民币,是菲律宾首家上市的餐饮企业,并连续六年获评菲律宾最佳企业。

　　1995年12月12日,上海市长宁区水城路,诞生了永和大王的第一家餐厅,也将"24小时不间断经营"这一崭新的经营理念带到了大陆,它改变了许许多多消费者的消费习惯。自此,上海、北京、广州等大城市如雨后春笋般地开出各类24小时不间断经营的餐厅。

　　十多年来,永和大王在全国十多个城市开设了近200家餐厅,员工总数超过5000名。随着全新管理团队的建立,永和大王进入到了一个快速变革和发展的时期。永和大王的远景是成为中国快餐行业第一品牌,重点发展北京、上海等16个省市地区,门店数量也拓展为500家。

永和大王基本信息　　　　　　　　　表 9-36

商家名称	永和大王
LOGO	
创立时间	1995 年
业态	餐饮：快餐
主要网点	上海、北京、广州等大城市
目标人群	大众客群
拓展区域	重点发展北京、上海等 16 个省市地区
店铺总数	500 家
开店方式	直营、加盟、连锁经营
首选物业	商业综合体、购物中心、商业街、写字楼底商及配套商业
物业使用	租赁、合作
需求面积	250 ～ 300m²
合同期限	5 ～ 10 年

一、选址标准

永和大王选址标准　　　　　　　　　表 9-37

项目	要求
店面要求	能对外独立开门，具有良好的可接近性、能见度

二、建筑要求

永和大王基本建筑要求　　　　　　　　　表 9-38

项目	要求
需求面积	100 ～ 500m²
楼层选择	首层
门面宽度	12m
店面深度	18m
层高要求	3m 以上

三、配套要求

永和大王配套要求　　　　　　　　　表 9-39

项目	要求
红线墙	根据合同租赁范围进行相应的墙体隔断，租赁范围内应为独立空间
上水	需提供一不小于 DG25mm 管径的上水管到租赁范围内
排水配置	需提供一不小于 125mm 管径的排水管到租赁范围内，并应有可安放不小于 1m³ 的隔油池的位置
供电配置	需提供供电电容不小于 150kV/380V 的电力，提供独立计量表具，并需将供电电缆排放到租赁范围内
消防配置	需提供租赁范围内消防设施的免费连接和相应的设施安放容量
排风配置	需提供一不小于 1500m³/H 的排风独立管

经典商业案例

12·集集小镇

建立中式快餐的连锁王国

集集小镇品牌以台湾风味为基础，致力于建立中式快餐的连锁王国。

图9-14　集集小镇

一、致力于建立中式快餐的连锁王国

集集小镇品牌的前身是以台湾风味为基础的，自1996年发展至今，在消费者心中树立了鲜明的品牌形象。

2003年，公司整合原有系统重新注册了"集集小镇"商标，创立全新的CI企业识别系统，以更快、更专业的形象面对消费大众。目前，在国内已拥有80多家门店，范围覆盖上海、江苏、浙江、福建、广西、山东、安徽等地。集集小镇致力于建立中式快餐的连锁王国，为了这一目标的实现，从未停止努力的步伐，下一步更将计划成立集养殖、加工、冷冻、物流等功能为一体的食品公司，以保证稳定的货品来源。

集集小镇基本信息 表 9-40

商家名称	集集小镇
LOGO	
创立时间	1996 年
业态	餐饮：特色餐饮
主要网点	山东、江苏、浙江、福建、安徽、广西、上海等
目标人群	大众客群
拓展区域	全国各大一二级城市
店铺总数	80 多家
开店方式	直营、加盟
首选物业	商业综合体、购物中心、商业街、写字楼底商及配套商业
物业使用	租赁
需求面积	100m²
合同期限	5 年以上

二、选址标准

集集小镇选址标准 表 9-41

项目	要求
商圈地段	上海及长三角城市核心商业中心及商住密集区域

三、建筑要求

集集小镇建筑要求 表 9-42

项目	要求
需求面积	上海 150m²，外省市 250m²
楼层选择	以一楼沿街独立商铺为主，门面宽 8m 以上，并提供明显店招位置
配套设施	具备餐饮配套设施

品牌优势

集集小镇品牌优势有以下两点：

优势一：成立产品研发中心，针对上百种产品深入研发，严格品质监控及卫生控管并不断研发新品项；

优势二：具有台湾特色的高品质、服务、卫生用餐环境，全门市24h全年无休。

13 ▪ 新亚大包

致力引进及发展多品牌的餐饮业务

图9-15　新亚大包

上海新亚大家乐餐饮有限公司是由上海锦江国际酒店发展股份有限公司与香港大家乐集团在原"新亚大包"品牌基础上，共同组建成立的中式快餐企业。"新亚大包"是目前上海地区最大的中式快餐连锁企业。

一、中式快餐连锁企业

上海新亚大家乐餐饮有限公司成立于 2003 年，是由上海锦江国际酒店发展股份有限公司与香港大家乐集团在原"新亚大包"品牌基础上，共同组建成立的中式快餐企业。"新亚大包"是目前上海地区最大的中式快餐连锁企业，已开设分店 59 家，营业面积 25000 余平方米，员工人数 1400 余人。

"新亚大包"拥有完善的物流体系与品牌推广计划。上海新亚大家乐餐饮有限公司将在发展"新亚大包"品牌前提下，致力引进及发展多品牌的餐饮业务，提供物超所值的优质服务。

新亚大包基本信息　　　　　　　　　　　　　　　　表 9-43

商家名称	新亚大包
LOGO	
创立时间	2003 年
业态	餐饮：中餐
主要网点	上海
目标人群	大众客群
拓展区域	一线城市
店铺总数	70 多家
开店方式	直营、加盟
首选物业	商业综合体、商业街
物业使用	租赁
需求面积	$100 \sim 400m^2$
合同期限	$3 \sim 5$ 年

二、选址标准

新亚大包选址标准　　　　　　　　　　　　　　　　表 9-44

项目	要求
商圈地段	繁华商圈区域，住宅密集区域，商务办公密集区域
地块位置	人流主通道上
店面要求	店面可视性较强

三、建筑要求

新亚大包基本建筑要求

表 9-45

项目	要求
需求面积	80m² 以上
建筑净高	2.8m 以上
其他配套	水电煤气物业具备餐饮功能，有隔油池位置和废水的排放措施

14·味千拉面

国内时尚休闲餐饮的典范

图9-16　味千拉面

味千拉面是一家港商独资企业，专业从事面食品的开发、生产、销售及餐饮连锁店的经营。目前成为国内时尚休闲餐饮的典范。

　　味千拉面成立于 1995 年，是一家港商独资企业，专业从事面食品的开发、生产、销售及餐饮连锁店的经营。公司拥有国外先进的自动化生产设备；产品大部分销往国外。

　　日本总部"味千拉面"创始于 1968 年，而"味千拉面"的品牌则源于日本九州熊本，已经拥有六十多年的历史，自进入中国内地以来，迅速打开市场，成为国内时尚休闲餐饮的典范。目前，在中国经营比较成功的购物中心内基本上都有其一席之地。截至 2012 年 9 月，味千拉面在全国已有667 家专门店。

味千拉面基本信息 　　　　　　　　　　　　表 9-46

商家名称	味千拉面
LOGO	
创立时间	1995 年
业态	餐饮：中餐
主要网点	香港、深圳、广州、上海、福州、大连、杭州、南京等
目标人群	广大消费群体
店铺总数	650 多家
开店方式	直营
首选物业	商业综合体、商业街
物业使用	租赁
需求面积	150 ～ 300m²
合同期限	10 年

一、品牌优势

进入中国市场后，味千拉面已经获得了多项荣誉称号：

2004 年度中国餐饮百强企业；

2004 上海首届餐饮文化博览会金奖；

2005 年度全国餐饮连锁企业第五名；

2006 年度中国快餐十佳品牌；

最值得华人企业 500 强投资的 100 家中国企业。

二、选址标准

味干拉面选址标准 表 9-47

项目	要求
商圈地段	商业中心，商务区，住宅区，交通枢纽，如繁华商业街区、购物中心、车站、空港码头以及消费水平中等以上的区域型商圈或特别繁华的社区型商圈；邻近性人流量多的繁忙商业区、主要购物商场、住宅区、旅游景点及办公大楼
地块位置	面馆宜选择交通支道，行人不少于每分钟通过 10 人次的区域
	位于人流主通道上，顾客容易到达
店面要求	店招及引导指示广告清晰易见，店铺展示面通透明亮

三、建筑及配套要求

味干拉面建筑及配套要求 表 9-48

项目	要求
建筑结构	框架结构
需求面积	最小 150m^2，一般面积 250m^2，最大面积 400m^2
楼层要求	整层在一楼为佳，也可以是一楼 + 负一楼或一楼 + 二楼的搭配
建筑层高	不低于 4.5m
楼板荷载	不小于 350kg/m^2，厨房区楼板负荷为 450kg/m^2，餐厅区活荷载为 300kg/m^2
电力	物业具备餐饮功能，提供 100 ～ 200kW（380V）电力
管道配置	提供满足餐厅油烟排放所需要的排烟管道，管径不小于 1.5 寸的供水管
排污配置	管径不小于 6 寸的排污管及排粪管各一
消防配置	物业须已通过消防验收
物业	具备餐饮营业的基本设施，提供空调主机摆放位置

15 ▪ 真功夫

以全新模式运行的中式快餐连锁企业

图9-17　真功夫

真功夫是全国直营店数最多、规模最大的中式快餐连锁企业,是中国快餐五强企业中唯一的中国本土快餐品牌。

一、中国本土快餐品牌

真功夫全球华人餐饮连锁,创立于1994年,是一家以全新模式运行的中式快餐连锁企业,它首次建立起中式快餐业现代化后勤生产、烹制设备及餐厅员工操作的三大标准化,迅速发展成为中式快餐业的领导品牌之一。

真功夫是知名的中式快餐品牌,主打美味、营养的原盅蒸汤、蒸饭,其前身是蔡达标与潘宇海1994年创立于广东东莞的"168"蒸品店,1997年改名为"双种子",2004年改名为"真功夫"。真功夫传承中华饮食五千年文化并加以创新,把中华饮食传统的30多种烹饪方法凝聚在一个技法上:蒸以岭南饮食的原盅蒸品为特色,发扬中华饮食"营养"优势,塑造"营养"为品牌核心价值。2008年真功夫米饭销量突破5000万份,2011年中,宣布第400店正式开业,这也是中式快餐行业首次出现单个品牌的直营店数突破400家。真功夫是全国直营店数最多、规模最大的中式快餐连锁企业,是中国快餐五强企业中唯一的中国本土快餐品牌。

真功夫基本信息　　　　　　　　表 9-49

商家名称	真功夫	
LOGO		
创立时间	1994 年	
业态	餐饮、中餐、快餐	
主要网点	华南，华东，华北	
目标人群	广大消费者	
店铺总数	400 多家	
开店方式	直营	
首选物业	商业综合体、购物中心、商业街、写字楼底商及配套商业	
物业使用	租赁	
需求面积	200 ~ 500m²	
合同期限	10 年	

二、选址标准

真功夫快餐选址标准　　　　　　　表 9-50

项目	要求
城市选择	一二线城市
商圈地段	商务区、住宅区、大卖场
	二线城市的商务区、住宅区、大卖场

三、建筑及配套要求

真功夫快餐建筑及配套要求　　　　　　　　　　表 9-51

项目	要求
需求面积	$250 \sim 300m^2$
楼层选择	一楼或一、二楼结构
楼板荷载	$350kg/m^2$ 以上
供配水	提供不小于 1 寸水管
排油	提供 4m×1.5m×1.2m 专用隔油池位置
排污	提供公用化粪池
烟道	提供独立的专用烟管，口径面积为 700 mm×800mm
供配电负荷	120kW（如果没有管道媒体需提供 250kW）
硬件设施	通过消防、环保、规划验收，需提供制冷设备外机摆放位
物业形状	有独立门面，临街展示面好，内部结构简单
内装修	毛坯
其他	有合法的具有商业功能的房产证

四、合作条件

真功夫合作条件　　　　　　　　　　　　　　表 9-52

项目	要求
内部结构	简单
店面要求	独立、临街展示好

 品牌优势

　　凭借其自主发明的"电脑程控蒸汽设备"，真功夫一举攻克整个中式快餐业的"标准化"难题；此外，还制定了中国餐饮业内第一套完备的营运手册，使各级管理、各项服务、各道工序都实现了标准化，探索出了中式快餐发展的新路。

经典商业案例

16 · 蓝与白

建立了功能齐全的运营中心

蓝与白餐饮连锁企业是著名新东阳集团的下属子企业，是广州和上海家喻户晓的品牌。

图9-18　蓝与白

　　蓝与白餐饮连锁企业成立于1998年，是著名新东阳集团的下属子企业，秉着"顾客至上，品质第一"的经营理念，依靠其全新的商业模式、先进的经营理念、丰富的餐饮管理经验迅速在福建、上海、广东等地成功登陆，并且在广州和上海更是在短短的三年内开设了30多家餐厅，成为该地区家喻户晓的品牌。

　　截至2006年，公司在全国20多个省市已开设了100多家餐厅。公司建立了蓝与白全新的CIS系统和经营管理系统，并在华南（广州）、华东（上海）、西南（重庆）建立了功能齐全的运营中心，拥有教育训练基地、研发基地、中央厨房、配送中心及管理中心。

蓝与白基本信息 表 9-53

商家名称	蓝与白
LOGO	bW. 蓝与白.
创立时间	1998 年
业态	餐饮：快餐
主要网点	全国各大城市
目标人群	广大消费者
店铺总数	50 多家
开店方式	直营、加盟
首选物业	商业街、社区底商及配套商业
物业使用	租赁
需求面积	50 ～ 200m^2
合同期限	3 年

一、选址标准

蓝与白选址标准 表 9-54

项目	要求
商圈地段	地处一二线城市中高档住宅区内的商业步行街
	商务办公区域、商业中心、住宅区域、人流量聚集的地铁商业区域
建筑面积	26000m^2 左右
社区要求	住宅销售均价约为 13000 元 /m^2
	小区拥有住户 3500 户以上
辐射范围	可辐射消费存量为 6000 户消费者
其他	符合餐饮物业的一般要求

二、建筑要求

蓝与白基本建筑要求　　　　　　　　　　　表 9-55

项目	要求
需求面积	$300 \sim 500m^2$
楼层选择	物业建筑为两层临街店铺
水电配置	要求有 1 寸的进水管，符合市定水压； 要求三相五线，1 路 380V、80kW 的电路
煤气	要求 $60m^3$
排烟排油	有符合环保要求的排烟管道位置； 有隔油池位置和废水的排放措施
招牌位置	提供明显招牌的位置，同时可根据需要进行重新设计

三、合作条件

蓝与白基本合作条件　　　　　　　　　　　表 9-56

项目	要求
产权	店面要有独立的产权证明或是具有等同效应的相关文件证明
租金	租金面议，免租期 1.5 月，付款方式押 2 付 1
租期	租房期限：承租 5 年或以上
租金	租金均价为 4.5 元 /（$m^2 \cdot$ 天）
营业时间	24 小时营业

经典商业案例

17 ▪ 吉野家

百年历史的著名日本牛肉饭专门店

图9-19　吉野家

吉野家是一家享有百年历史的著名日本牛肉饭专门店。日本吉野山地区的牛肉饭最为著名，于是牛肉饭成为当地的特产美味，经过百多年积极发展，吉野家分店遍及世界各地如北京、上海、香港、新加坡、美国加州及马来西亚等地区。

　　吉野家是一家享有百年历史的著名日本牛肉饭专门店，始创于1899年，在日本筑地鱼市场开设第一间分店。"吉野家"的名字来源于地名，日本吉野山地区的牛肉饭最为著名，于是牛肉饭成为当地的特产美味。经过百多年积极发展，吉野家分店遍及世界各地如北京、上海、香港、新加坡、美国加州及马来西亚等地区；时至今天，吉野家已在全球拥有超过1100间分店，为各地顾客提供日式美味食品及优质服务。

　　吉野家主要经营各式美味日式盖浇饭，包括煎鸡饭，牛肉饭，东坡饭，咖喱鸡肉饭等。进入中国后，吉野家售价和在日本时基本一致，人均消费15～30元。在2009年，吉野家通过日本NHK电视台表述了未来将扩大海外业务尤其是在华业务，提出2014年前在中国开店1000家的战略计划。

吉野家基本信息 表 9-57

商家名称	吉野家
LOGO	
创立时间	1899 年
所属国家	日本
业态	快餐
主要网点	北京、天津、廊坊、石家庄、内蒙古、沈阳、大连等地
目标人群	青少年、上班族
店铺总数	超过 1100 间分店（全球）
客单消费	15 ～ 30 元
开店方式	直营、代理
首选物业	商业综合体、购物中心、商业街、写字楼底商及配套商业
物业使用	租赁、合作
需求面积	150 ～ 200m²
合同期限	8 ～ 10 年

建筑及配套要求

吉野家建筑及配套要求 表 9-58

项目	要求
需求面积	180 ～ 300m²
楼层选择	首层或二层（看商圈而定）
建筑层高	净高至少 5m
楼板荷载	300kg／m²，局部需要 350kg／m²
给排水／排油／排污／烟道	按当地政府规定的要求设置
供配电	负荷 190kW
硬件设施	合法的建筑项目

公司使命

　　吉野家一直以良心品质为本，所有食品均采用精选上等材料烹制而成，而且即叫即制，务求给予顾客最新鲜、最高品质的食品。为了能令顾客无论何时何地都能品尝到唯一的味美，吉野家一直始终如一地追求贯注"良心"的"真正品质"，为顾客提供快速的服务、舒适的环境以及品质优良、价格合理的美食。

经典商业案例

18·泰泰餐厅

上海特色餐饮

图9-20 泰泰餐厅

一、基本信息

泰泰餐厅基本信息　　　　　　　　　　表 9-59

商家名称	泰泰餐厅
LOGO	
业态	特色餐饮
主要网点	上海
目标人群	广大消费者
客单消费	10 ～ 100 元
开店方式	直营
首选物业	商业综合体，购物中心，商业街，写字楼底商及配套商业，社区底商及配套商业
物业使用	租赁
需求面积	60 ～ 120m²
合同期限	5 ～ 10 年

二、选址标准

泰泰餐厅选址标准　　　　　　　　　　表 9-60

项目	要求
商圈地段	品牌企业往往开设在繁华的区域型、社区型的商业街市上
立店障碍	要重视同种业态的相互竞争，立店须经食品卫生监督部门会审核准，方可经营

315

三、建筑要求

泰泰餐厅基本建筑要求　　　　表 9-61

项目	要求
需求面积	500m^2 以下
物业结构	框架式结构
建筑层高	不低于 2.8m
门面宽度	6m 以上
橱窗	开阔，离开污染源 10m 以上

四、合作条件

泰泰餐厅基本合作条件　　　　表 9-62

项目	要求
租金承受	10 元 /（m^2·天）以下租金

四、特色餐饮

特色餐饮包括火锅、烧烤、料理等。

特色餐饮选址及建筑配套要求

表 9-63

项目	要求
商圈地段	大城市及发展潜力较好的中小城市 商业区、商住区、写字楼区、交通枢纽或旅游商圈
立店障碍	需消防、环保、食品、卫生、治安等行政管理部门会审，离污染源 10m 之内不得立店，相邻居民、企业或其他单位提出立店异议而无法排除，也会形成立店障碍。2002年起我国部分省市按《大气污染防治法》规定：禁止在居住区或居住建筑内立店
需求面积	50 ～ 500m²
经营楼层选择	地下商场或 1 ～ 3 楼均可
物业结构	对建筑结构形式无特殊要求，视投资者创意、设想而异
楼层净高	≥ 4.5m
柱网间距	4.5m
开间要求	≥ 8m
楼板荷载	≥ 350kg/m²
垂直交通	可有可无
洗手间	有室内独立洗手间配备
停车位	50 个左右 /km²，需要部分地面停车
供配水电	提供上下水；配电要求 1000m² 约 300kVA
给排水	给排水接驳到位
排污设施	排油井、隔油池及排油烟井道等设施
排油排烟	提供烟管 500mm×700mm 的排烟管接驳口，有约 6m² 可供放置两台排油烟机位置
空调配置	制冷量厨房≥ 450 卡 /（m²·h），用餐区≥ 350 卡 /（m²·h）
燃气配置	≥ 34 m³/h

第九类　餐饮店

特色餐饮选址及建筑配套要求

续表

项目	要求
通信配置	一般要求有 2 条线路容量，网络宽带接口
消防配置	提供大楼的消防栓、烟感、喷淋、报警等消防系
店招位置	在门脸上方提供招牌安装位置

1. 火锅店

火锅店近十年来风靡全国，其原因是交通便利，人口流动管理放宽，各地饮食文化相融，饮食习惯互相影响。

火锅店基本开店要求

表 9-64

项目	要求
商圈地段	以大众消费为主的餐饮业态形式，选址于人口不少于 5 万人的居住区域或社区型、区域型、都市型商圈
立店障碍	与餐厅相同
建筑要求	框架式建筑，厨房可小于餐厅营业面积的三分之一，其余同餐厅。楼上商铺亦可
面积要求	$120 \sim 500m^2$
租金承受	视商圈、路段、位置而定，一般情况下不高于 4 元 $/(m^2 \cdot$ 天)
租期	2 年以上

2. 面馆

面馆开店基本要求

表 9-65

项目	要求
地块位置	面馆是中式普通快餐的经营形态，原料加工半工厂化，制面、和面、切面等工序在工厂里完成。面馆以切面半成品加工成商品，大大缩短了生产时间，满足人们速食的要求。面馆宜选择交通支道、行人不少于每分钟通过 10 人次的区域

面馆开店基本要求

续表

项目	要求
立店障碍	与餐厅相同
面积要求	80 ~ 200m²
建筑要求	同餐厅
租金承受	2 ~ 5 元 /（m²·天）
租期	2 年以上

3. 大时代美食广场

大时代美食广场租赁面积大约为 1600m²，基本配套要求如下。

大时代美食广场基本配套要求

表 9-66

项目	要求
空调系统	总冷量不低于 145Rt（含 AHU/FCU）
厨房排风	38m³/s，分 2 个独立系统（含油烟净化器）
厨房补风	26m³/s，分 2 个独立系统
供电系统	600kW（不含任何动力）
给水系统	供水管径不少于 Φ65×2
排水系统	提供隔油池总容积 5m³，排水点按我司各厨房分布预留排水管
天然气	提供高峰容量 160m³/h，按厨房设备编排提供报警
消防系统	按大时代平面布局，按消防规范布置
弱电系统	提供消防紧急广播切换信号
电话系统	提供 10 条直线电话，接驳配线架
其他	业主负责提供所有系统，并接驳至租方租赁区域边缘

经典商业案例

19 · 全聚德

中华著名老字号

图9-21　全聚德

全聚德，中华著名老字号，创建于 1864 年（清朝同治三年），历经几代的创业拼搏获得了长足发展。"全聚德"是我国第一例服务类中国驰名商标。是品牌价值近 110 亿元的餐饮集团。

全聚德，中华著名老字号，创建于 1864 年（清朝同治三年），历经几代的创业拼搏获得了长足发展。1999 年 1 月，"全聚德"被国家工商总局认定为"驰名商标"，是我国第一例服务类中国驰名商标。十几年来，以独具特色的饮食文化塑造品牌形象，积极开拓海内外市场，加快连锁经营的拓展步伐。现已形成拥有 70 余家全聚德品牌成员企业，年销售烤鸭 500 余万只，接待宾客 500 多万人次，品牌价值近 110 亿元的餐饮集团。

全聚德基本信息　　　　　　　　　　　表 9-67

商家名称	全聚德
LOGO	
创立人	杨全仁
创立时间	1864 年
所属国家	中国
行业地位	我国第一例服务类中国驰名商
业态	特色餐饮，中华著名老字号餐饮品
主要网点	国内
目标人群	各国元首、政府官员、社会各界人士及国内外游客
店铺总数	70 余家
客单消费	200 ～ 500 元
开店方式	直营、加盟
首选物业	商业综合体、购物中心、商业街
物业使用	租赁、合作
需求面积	1000 ～ 2000m²
合同期限	5 ～ 10 年

一、选址标准

全聚德选址标准　　　　　　　　　　　表 9-68

项目	要求
商圈地段	商务区域或繁华街市附近或其他有知名度的街市
人口数量	城市人口 100 万以上

二、建筑要求

全聚德基本建筑要求　　　　　　　　表 9-69

项目	要求
需求面积	1000 ～ 2000m²
建筑层高	4.5m 以上
楼板荷载	350kg／m²
其他	必须离开污染源 10m 以上

 品牌传播

　　为强化品牌传播，1998年全聚德与北京电视台合作，买断了《合家欢》月末节目段，命名为《合家欢全聚时刻特别节目》，使观众在娱乐中潜移默化地接受了企业形象和品牌的宣传。1998年中央电视台、北京电视台、人民日报市场报、北京日报、中国商报、经济日报、中国经营报、名牌时报等近30家新闻单位对全聚德集团进行多角度的宣传报道有近300次，取得了较好的社会影响。为弘扬民族饮食文化和音乐，1998年全聚德与中央民族乐团合作，利用中秋之夜，在和平门店四楼大厅举办了"全聚德之夜赏月会"，音乐家们演奏了春节赴维也纳演出的大部分曲目，受到广大顾客的好评。1999年又隆重推出"全聚德烤鸭文化节"，全聚德品牌证明度进一步提升。

经典商业案例

20·外婆家

"西湖杯"厨艺大比拼专业组比赛金奖

图9-22　外婆家

浙江外婆家餐饮连锁企业以浙江外婆家餐饮有限公司为龙头，与杭州大铁锅世家餐饮有限公司、杭州速堡餐饮有限公司等企业联合组成，在浙江省已有较高的知名度。

　　浙江外婆家餐饮连锁企业以浙江外婆家餐饮有限公司为龙头，与杭州大铁锅世家餐饮有限公司、杭州速堡餐饮有限公司等企业联合组成，现拥有杭州马塍路外婆家酒店、文新路兰桂外婆家酒店、江滨花园外婆家酒店、杭州日报外婆家酒店、复兴路喜盈盈外婆家酒店（大铁锅世家）、中田大厦外婆家无主题餐厅、中田大厦外婆家"速堡"餐厅、世贸中心外婆家"速堡"餐厅和华为3COM外婆家"速堡"餐厅，员工600余人，经营总面积达12000m^2，餐位近2800个，每日前来就餐的人数近10000人次，公司经营业绩不断攀升，在浙江省已有较高的知名度。

　　在2003年"西湖杯"厨艺大比拼专业组比赛中，外婆家摘得唯一一个金奖。中国西部国际博览会期间，杭州市组织东坡宴大赛获创新奖。

外婆家基本信息　　　　　　　　　　　　　　　表 9-70

商家名称	外婆家
LOGO	外婆家® THE GRANDMA'S
业态	餐饮：中餐
主要网点	江苏、浙江、上海、北京
目标人群	广大消费者
拓展区域	进一步拓展国内市场，其中包括上海
店铺总数	30 余家
客单消费	200 ～ 500 元
开店方式	直营
首选物业	商业综合体、购物中心、商业街、写字楼底商及配套商业
物业使用	租赁
需求面积	300 ～ 600m²
合同期限	10 年

一、建筑要求

外婆家基本建筑要求　　　　　　　　　　　　　表 9-71

项目	要求
需求面积	800 ～ 1000m²
单层面积	350 ～ 500m²
楼层选择	1 层或 1 ～ 2 层
结构层高	≥ 3m
开间	≥ 8m
柱网间距	≥ 4m
楼板荷载	厨房区承载力 ≥ 450kg/m²，其他区域 ≥ 250kg/m²

二、配套要求

外婆家配套要求　　　　　　　　　　　　　　　　　　　表 9-72

项目	要求
物业交付装修标准	简单装修，毛坯
空调要求	制冷量厨房≥ 450 卡／（m²•h），用餐区≥ 350 卡／（m²•h）
垂直交通	≥ 1.5m
水电配置	管径 50mm；150kW
燃气管道	≥ 34m³/h
新风量	根据餐厅的排气次数，一般按 8:10 的比例进行补风
洗手间	有独立卫生间配备
通信要求	两条电话线路、有线电视
排烟散热	密闭性要求较高
隔油池	有中央隔油池
排污配置	排油井、隔油池及排油烟井道等设施
消防配置	消火栓、喷淋头、烟感等
停车位数量	≥ 10 个

经典商业案例

21·望湘园

上海规模最大的连锁湘菜餐饮企业

图9-23　望湘园

望湘园餐饮管理有限公司是一家专门经营中端精品湘菜的餐饮企业。望湘园依托自身的品牌优势、资金优势、管理优势，已成为目前上海规模最大的连锁湘菜餐饮企业，也是一家按照拟上市公司规则运作的正规企业。

　　望湘园餐饮管理有限公司成立于2002年6月，是一家专门经营中端精品湘菜的餐饮企业。公司秉承以"食"为尊的理念，在制作精品湘菜方面有独到的见解，为满足广大顾客多样化的需求不懈努力。

　　望湘园依托自身的品牌优势、资金优势、管理优势，已成为目前上海规模最大的连锁湘菜餐饮企业，也是一家按照拟上市公司规则运作的正规企业。公司目前在上海、北京拥有35家门店，发展计划除了持续增加门店数量，还将继续跨区域连锁经营方针，进军全国市场。截至2012年底分店总数达51家。

望湘园基本信息   表 9-73

商家名称	望湘园
LOGO	
创立时间	2002 年
品牌形象	崇尚优雅生活提倡健康饮食
主营商品	中高档餐饮
主要网点	上海地区
目标人群	大众群体
拓展区域	全国
店铺总数	51 家
开店方式	直营
首选物业	写字楼底商及配套商业、社区底商及配套商业
物业使用	租赁
需求面积	100m^2
合同期限	5 ～ 10 年

一、选址标准

望湘园基本选址标准   表 9-74

项目	要求
城市商圈	上海、杭州、南京、苏州、无锡各繁华商圈或成熟社区商场、Shopping Mall
交通条件	交通便利，城市主干道，地铁、多条公交线路可直达，次支干道或单行道项目不宜
地块位置	竞争虽然激烈，但由于同行聚居，顾客可以有更多的机会进行比较和选择，因而很能招揽顾客
	由于人口集中，消费的需要量集中且大
	处在客流量最多的街道上，受客流量和通行度影响最大，可使多数人就近买到所需物品

二、建筑要求

望湘园基本建筑要求 表 9-75

项目	要求
物业结构	框架结构
柱网间距	大于 8m×8m
建筑层高	梁下层高不低于 4m；设备层标高不低于 3.5m
店内动线	商铺位置动线、展示佳，小面宽大进深不宜

 行业地位

　　望湘园依托自身的品牌优势、资金优势、管理优势，借助湘菜这一中华传统菜系的深厚文化底蕴，已成为目前上海规模最大的连锁湘菜餐饮企业，也是一家按照拟上市公司规则运作的正规企业。公司目前在上海、北京拥有35家门店，发展计划除了持续增加门店数量，还将继续跨区域连锁经营方针，进军全国市场。公司秉承"科学管理"的经营理念，坚持"做科学管理的典范，做精良品质的典范，树长盛不衰的品牌"的企业价值观，"产品就是人品，品质就是品牌"是我们实施名牌战略的关键所在。

经典商业案例

22 ▪ 辛香汇

改良过的川菜

图9-24　辛香汇

辛香汇属于改良过的川菜。自始创以来，凭借纯正的辛香滋味、一丝不苟的传统烹饪技法、一切以客人需求为中心的服务理念、简约时尚的环境，丝丝入扣地诠释着川菜文化的丰富内涵。

辛香汇，原名厚味香辣馆，性价比较高，辣味适中，属于改良过的川菜。每天人气很旺，排队人很多。辛香汇自 2004 年始创以来，凭借纯正的辛香滋味、一丝不苟的传统烹饪技法、一切以客人需求为中心的服务理念、简约时尚的环境，丝丝入扣地诠释着川菜文化的丰富内涵。

辛香汇基本信息　　　　　　　　　　　　　　　　表 9-76

商家名称	辛香汇
LOGO	
创立时间	2004 年
行业地位	中高档餐饮品牌
业态	餐饮、特色餐饮
主要网点	上海
目标人群	时尚青年、情侣、商务人士、个人消费
拓展区域	上海及其周边区域
店铺总数	上海有 10 家店铺
客单消费	20 ～ 100 元
开店方式	直营
首选物业	商业综合体，商业街，写字楼底商及配套商业，社区底商及配套商业
物业使用	租赁
需求面积	500 ～ 1000m²
合同期限	5 ～ 10 年

一、选址标准

辛香汇基本选址标准　　　　　　　　　　　　　表 9-77

项目	要求
商圈地段	商务区域或繁华街市附近或其他有知名度的街市，人流量大的街道，知名商厦

二、建筑要求

辛香汇基本建筑要求 表9-78

项目	要求
排污配置	具备污水排放的生化处理装置以及有限排放通道
停车场	餐厅门前须有相应的停车场

三、合作条件

辛香汇基本合作条件 表9-79

项目	要求
租金	承受低层为1.5元/（m²·天）以上，楼上餐厅租金略低，视地段、商圈确定租价

经典商业案例

23·麻辣诱惑

中国最具发展潜力、值得信赖的餐饮服务管理集团

图9-25 麻辣诱惑

麻辣诱惑集团创始于北京，旗下品牌包括麻辣诱惑品牌餐厅、麻辣诱惑食品和麻辣诱惑滚烫秀火锅三大高端品牌，是中国最具发展潜力、值得信赖的餐饮服务管理集团。

麻辣诱惑集团由2002年创始于北京，旗下品牌包括麻辣诱惑品牌餐厅、麻辣诱惑食品和麻辣诱惑滚烫秀火锅三大高端品牌，是中国最具发展潜力、值得信赖的餐饮服务管理集团。截至2012年在营业门店有二十二家，北京已经有14家直营店，上海7家直营店，2012年6月天津第二家直营餐饮店——大悦城店开业；同月在南京开设一家直营店，后续将会遍布全国。

麻辣诱惑基本信息　　　　　　　　　　　表 9-80

商家名称	麻辣诱惑
LOGO	麻辣诱惑 spice spirit
创立时间	2002 年
业态	特色餐饮
主要网点	北京、上海、天津、南京
目标人群	以家庭、群体消费为主；时尚白领女性顾客
拓展区域	以北京、上海为中心，进一步开拓国内市场
店铺总数	22 家
客单消费	100 ～ 500 元
开店方式	直营
首选物业	商业综合体，购物中心，商业街
物业使用	租赁
需求面积	500 ～ 1000m²
合同期限	10 年以上

一、选址标准

麻辣诱惑选址标准　　　　　　　　　　　表 9-81

项目	要求
地块位置	社区型或便利型商业街市，商铺门前无封闭交通隔栏、高于 1.8m 的绿化以及直对大门的电线立杆

二、建筑要求

麻辣诱惑建筑要求

表 9-82

项目	要求
楼板荷载	不小于 450kg/m^2
供电	三相五线 (380V/220V、50Hz、160kW) 的供电量
供水	表径为 DN50 的市政供水；下水管径 DN160
停车场	餐厅门前须有相应的停车场
排污	具备污水排放的生化处理装置以及有限排放通道

链接　管理团队

　　人是企业发展的关键，公司尤其注重管理团队的建设和员工的发展。麻辣诱惑已经建立起一支由运营管理、质量控制、市场策划、人力资源、后勤保障等多方面专业人士组成的管理队伍，并通过大量的技能培训和思想教育，提高员工的整体素质和凝聚力，使员工和企业的发展协调统一。

　　另外，通过绩效考核制度，不断激励员工，使之奋进。如对年度工作显著的员工实施国内和国外旅游的奖励等。通过形式多样的内培外训，不断提升员工的工作技能。

　　公司的发展目标是成为一家世界优秀的餐饮公司，为此公司决策层制定了长远的发展战略，并设定了三个阶段性的目标：

　　第一阶段，争取在2008年成为北京一流的餐饮企业；

　　第二阶段，争取在2015年左右达到全国一流的餐饮企业；

　　第三阶段，争取在2030年左右成为世界一流的餐饮企业。

经典商业案例

24 ▪ 蕉叶

泰国菜首次引进中国

广州蕉叶饮食服务有限公司于 1990 年在广州成立首间泰国风味餐厅，标志着泰国菜首次引进中国。现在俨然发展成为国内知名度极高的、最大型的泰国餐饮连锁企业。

图9-26　蕉叶

广州蕉叶饮食服务有限公司于 1990 年在广州成立首间泰国风味餐厅，标志着泰国菜首次引进中国。20 世纪 90 年代中期正式成立的 "广州蕉叶公司"，经过多年来风雨的洗礼，现在俨然发展成为国内知名度极高的、最大型的泰国餐饮连锁企业，并拥有多元化的餐饮结构，从 "广州蕉叶" 延伸出 "中国芳" 及 "尚苑" 等数个品牌餐饮。从泰国风味菜延伸到东南亚风味，京、川、沪特色的餐饮菜式，"广州蕉叶" 独树一帜，在餐饮界屡获殊荣，同时也得到政府部门和有关单位的认可和高度的评价："中华餐饮名店"、"重合同守信用" 单位、"国际美食名店"、"最具魅力及十大最受欢迎餐厅" 之首家餐厅、"绿色餐厅"、"2004 年中国商业名牌企业"、"2004 年中国服务名牌企业"、"2005 年广东省餐饮百强" 及 "2006、2007 年广州市百佳餐饮企业"。

蕉叶基本信息　　　　　　　　　　　　　　表 9-83

商家名称	蕉叶
LOGO	广州蕉叶饮食服务有限公司 www.bananaleaf.com.cn
创始人	罗定民
创立时间	1990 年
主营商品	中高档餐饮品牌
业态	特色餐饮
主要网点	广州、上海
目标人群	商务酬宾、个人及其家庭消费（中高阶层消费者）
拓展区域	国内各大一二线城市
开店计划	广州、上海地区有 7 家
客单消费	50 ～ 100 元
开店方式	直营、加盟
首选物业	商业综合体、商业街、写字楼底商及配套商业、社区底商及配套商业
物业使用	租赁
需求面积	200 ～ 500m²
合同期限	3 年以上

一、选址标准

蕉叶选址标准　　　　　　　　　　　　　　表 9-84

项目	要求
商圈地段	商务区域或繁华街市附近或其他有知名度的街市
店面要求	商铺门前无封闭交通、隔栏、高于 1.8m 的绿化

二、建筑要求

蕉叶基本建筑要求　　　　　　　　　　　　　　　　　表 9-85

项目	要求
需求面积	1500~2500m²
门面宽度	不少于 6m
建筑层高	至少 4.5m 以上
排污	具备污水排放的生化处理装置以及有限排放通道
停车位	餐厅门前须有相应的停车场

三、合作条件

蕉叶基本合作要求　　　　　　　　　　　　　　　　　表 9-86

项目	要求
租金	低层为 1.5 元 /（m²·天）以上，视地段、商圈确定租价，楼上餐厅租金略低

25·澳门街

集葡菜、东南亚菜、中菜为一体
时尚风味餐厅

图9-27　澳门街

澳门街风味餐厅引集葡菜、东南亚菜、中菜为一体，品种混杂，口味偏浓，采用中式材料西式的做法，并坚持原创，将本来就各自精彩的中西酱料互相搭配，打造出200多种融洽菜式。广州的澳门街风味餐厅秉承了澳门的风骨，率先倡导"美食无国界"的主张，给业内带来新的经营策略，掀起菜式中西结合的风潮，同时享有"刀叉与筷子并举，牛油与豆豉同煮"的盛名。

一、基本概况

澳门街基本信息 表 9-87

商家名称	澳门街
LOGO	
业态	特色餐饮
主要网点	北京、杭州、广州
目标人群	广大消费者
客单消费	50 ～ 100 元
拓展区域	杭州
开店方式	直营，加盟
首选物业	商业综合体，购物中心，商业街
物业使用	租赁，购买
需求面积	1000 ～ 2000m²
合同期限	5 ～ 10 年

二、选址标准

澳门街选址标准 表 9-88

项目	要求
地块位置	城市的商业中心、规划中大型商业地块
交通条件	交通便利
人口数量	100 万以上

经典商业案例

26 ▪ 金汉斯

中西自助餐为一体的啤酒烤肉餐厅

图9-28　金汉斯

金汉斯源于国内首创的"汉斯鲜酿啤酒 Hans Fresh Beer"，是国内以鲜酿啤酒为核心、南美烤肉和中西合璧自助餐为辅的同业市场领导品牌。融合世界啤酒文化的纯欧式环境、丰富的产品、现场乐队演奏和高品质的服务，缔造了金汉斯式的休闲餐饮文化。

金汉斯源于国内首创的"汉斯鲜酿啤酒 Hans Fresh Beer"，成立于2001年，是国内以鲜酿啤酒为核心、南美烤肉和中西合璧自助餐为辅的同业市场领导品牌。融合世界啤酒文化的纯欧式环境、丰富的产品、现场乐队演奏和高品质的服务，缔造了金汉斯式的休闲餐饮文化。

自2004年以来，金汉斯以平均每月新开一家餐厅的速度在全国拓展，至2012年4月，80多家餐厅分布在北京、天津、上海、南京、西安、重庆、长春、哈尔滨、大连、福州、无锡等30多个城市，营业总面积超过100000m²，员工超过10000人。根据企业发展战略，金汉斯将以北京、上海等地区为中心，各省会城市为基础，巩固国内市场并积极拓展国际市场，餐厅总数超过100家。

金汉斯基本信息 表 9-89

商家名称	金汉斯
LOGO	
创立时间	2001 年
业态	西餐：特色餐饮
主要网点	北京、上海、武汉、长沙、西安、重庆、哈尔滨、大连、福州等地
目标人群	大众群体
拓展区域	北京、天津、上海、南京、西安、重庆、长春、哈尔滨、大连、福州、无锡等 30 多个城市
店铺总数	超过 100 家
开店方式	直营、加盟
首选物业	商业综合体、写字楼底商及配套商业、社区底商及配套商业
物业使用	租赁
需求面积	1500 ～ 3000m²
合同期限	10 年以上
客单消费	45 ～ 100 元

选址及建筑要求

金汉斯选址及建筑要求 表 9-90

项目	要求
地块位置	物业位于省会直辖市和 1 类地级市，物业周边 1.5km 内具备成熟的大型社区、高等院校或区域商业中心
需求面积	1500 ～ 3000m²
楼层选择	可在 1 ～ 2 层，如在商业中心内，附近有直达电梯可考虑 3 ～ 4 层
建筑层高	净高不低于 3.5m，柱距合理
停车位	应具备 20 个以上免费停车位
广告位	物业正面应免费提供独立广告位，免费店招
其他配套	水电、消防、空调、排风、燃气、排污等设施要求齐全。供电 300kVA，局部承重 500kg/m² 以上，水压不低于 4kg，上水管不低于 50mm、下水不低于 150mm，燃气流量不少于 120m³/h，要有 1 次消防合格证

27 ▪ 权金城烧烤

目前全国规模最大的韩餐连锁公司之一

图9-29　权金城

权金城国际餐饮管理（北京）有限公司以正宗的韩国料理、优质的特色服务、科学的经营理念赢得广大消费者的认可，是目前全国规模最大的韩餐连锁公司之一，也是权金城企业的核心产业。

　　权金城国际餐饮管理（北京）有限公司成立于 2000 年 9 月，从最初的单店发展成为目前近 50 多家分店的大型全国连锁企业。除北京外，先后在上海、深圳、天津、太原、南京、长沙、苏州、淮北等全国大中城市设店，以正宗的韩国料理、优质的特色服务、科学的经营理念赢得广大消费者的认可，是目前全国规模最大的韩餐连锁公司之一，也是权金城企业的核心产业。

　　权金城通过科学规范管理，在优质服务的前提下留给顾客更多的优惠，并成为"中国烹饪协会"和"中国饭店协会"会员。

权金城烧烤基本信息 表 9-91

商家名称	权金城
LOGO	
创立时间	2000 年
行业地位	目前全国规模最大的韩餐连锁公司之一
业态	餐饮：特色餐饮
主要网点	北京、上海、深圳、天津、太原、南京、长沙、苏州、淮北等
目标人群	喜欢韩式烤肉的人群
店铺总数	50 多家
开店方式	直营、加盟
首选物业	商业综合体、购物中心、商业街、写字楼底商及配套商业
物业使用	租赁
需求面积	600 ～ 1000m²
合同期限	1 年，2 个月免租期

一、选址标准

权金城烧烤选址标准 表 9-92

项目	要求
地块位置	一类地段，主干道或次干道临街商铺，周边具有一定的商业氛围，拥有一定的社区人口，双向车流、人流方便到达
地段区域	江汉路、航空路、万松园路、建设大道西北湖、中南路、洪山体育馆、水果湖、街道口、广埠屯、徐东等

二、建筑要求

权金城烧烤建筑要求

表 9-93

项目	要求
需求面积	700 ~ 1000m²
物业结构	开间框架结构
楼层选择	一层或二层或街边商铺
建筑层高	梁下净高不低于 3m
停车位	拥有专属停车位
其他条件	230kW 动力电，上下水、燃气设施齐全

经典商业案例

28▪诸葛烤鱼

拥有首屈一指的市场占有率

图9-30　诸葛烤鱼

诸葛烤鱼是以烤鱼系列为主特色，功夫卤、香水鱼、精品系列为辅的菜系产品，结合重庆火锅的特色，赢得了广大消费者的信赖，拥有首屈一指的市场占有率。

诸葛烤鱼是以烤鱼系列为主特色，功夫卤、香水鱼、精品系列为辅的菜系产品，分为麻辣、清香两大系列，其采用千年历史祖传秘方配制，调料技术精湛，结合重庆火锅的特色，赢得了广大消费者的信赖，拥有首屈一指的市场占有率。

诸葛烤鱼基本信息　　　　　　　　　　　　　表 9-94

商家名称	诸葛烤鱼
LOGO	
创立时间	2004 年
业态	餐饮：特色餐饮
主要网点	重庆
目标人群	大众群体
店铺总数	400 多家
开店方式	直营、加盟
首选物业	商业综合体、购物中心、商业街、写字楼底商及配套商业
物业使用	租赁
需求面积	300 ～ 1000m²
合同期限	3 年

一、选址标准

诸葛烤鱼选址标准　　　　　　　　　　　　　表 9-95

项目	要求
商圈地段	繁华商业中心区域，高档住宅小区附近区域，交通主干道上，受视面较好，人流最较大的区域

二、建筑要求

诸葛烤鱼基本建筑要求　　　　　　　　　　　表 9-96

项目	要求
需求面积	200m² 以上
建筑净高	2.8m 以上
停车位	停车位充足

经典商业案例

29 ▪ 小肥羊火锅

中国内地首家在香港上市的
品牌餐饮企业

图9-31　小肥羊

内蒙古小肥羊餐饮连锁有限公司以经营小肥羊特色火锅及特许经营为主业，兼营小肥羊调味品及专用肉制品的研发、加工及销售业。2008年6月小肥羊在香港上市，是中国内地首家在香港上市的品牌餐饮企业（股份代号HK 0968），被誉为"中华火锅第一股"。

内蒙古小肥羊餐饮连锁有限公司1999年8月诞生于内蒙古包头市，以经营小肥羊特色火锅及特许经营为主业，兼营小肥羊调味品及专用肉制品的研发、加工及销售业。2008年6月小肥羊在香港上市，是中国内地首家在香港上市的品牌餐饮企业（股份代号HK 0968），被誉为"中华火锅第一股"。2012年2月，百胜餐饮集团以协议计划方式私有化小肥羊的交易顺利完成。小肥羊从2月2日起正式在香港联交所除牌，并成为百胜餐饮集团旗下一个新的餐饮品牌。小肥羊的餐饮店面已遍布全国，并且连锁店已经进入美国、加拿大、日本、港澳等国家和地区。截至2011年12月底，小肥羊在中国大陆拥有469家连锁餐厅。

小肥羊火锅基本信息　　　　　　　　　　　　　表 9-97

商家名称	小肥羊
LOGO	
创立时间	1999 年
所属国家	中国
进入国家	美国、加拿大、日本
主营商品	以经营小肥羊特色火锅及特许经营为主业，兼营小肥羊调味品及专用肉制品的研发、加工及销售业
业态	中餐：特色餐饮（具有浓厚的蒙古民族餐饮文化特色的火锅品牌）
主要网点	国内各大省市地区、美国、加拿大、日本、印尼、阿联酋
目标人群	大众群体
拓展区域	国内各大省市地区、美国、加拿大、墨西哥
店铺总数	469 家
客单消费	80 ～ 300 元
开店方式	直营、加盟、特许加盟
首选物业	商业综合体、购物中心、商业街、写字楼底商及配套商业
物业使用	租赁、合作
需求面积	350 ～ 1000m²
合同期限	5 ～ 8 年

一、选址标准

小肥羊火锅选址标准　　　　　　　　　　　　　表 9-98

项目	要求
商圈地段	人口不少于 5 万人的居住区域或社区型、区域型、都市型商圈

二、建筑要求

小肥羊火锅基本建筑要求　　　　　　　　　　　　　　表 9-99

项目	要求
需求面积	350 ~ 1000m^2
物业结构	框架式建筑，厨房可小于餐厅营业面积的三分之一，其余同餐厅
建筑层高	4m 以上
楼板荷载	400kg／m^2
停车位	餐厅门前须有相应的停车场

三、配套要求

小肥羊火锅配套要求　　　　　　　　　　　　　　　表 9-100

项目	要求
供电	使用面积 300m^2 左右，需要约 200kW 电量
供水	进水管大小应满足餐饮日常要求，供水水压应大于 0.3MPa(3kg/cm^2)，日供水指标至少为 35t，供水管线接至指定位置，物业预留出水口
燃气	应满足每日 60m^3 的燃气供应量
排水	A. 一般污水排放采用租赁区域内现有卫生间的排污管线接口接驳，此位置需提供现有图纸，并保证此管线的畅通或提供此位置及市政接驳管线。 B. 厨房区废水排放管线直径应大于 150mm，另需设隔油池。隔油池具体位置为室外地坪适当处（占地面积约为 3m^2）或室内指定可布置的位置。如室外不能满足条件，需提供可实施位置。如需加泵排水，还需提供泵房位置并负责提供具体的市政管线接驳位置，保证此管线畅通无阻
排烟	公共烟道可供排烟，管道尺寸需满足需求，并在该房产适当位置提供油烟机、净化器及排风设备安放（且该位置将不导致争议或影响邻里关系），（根据现场进行排管，可自行铺设）排油烟风机和油烟净化设备可如需安装，如需报批等相关手续，对方应积极配合。如无法提供公共烟道，则应允许在本房产合适位置的墙面开孔洞 (450mm×850mm) 以便安排油烟管道的布置
空调	可自行安装空调，且应无偿提供空调及设备外机的合理位置，保证空调的各种设备正常安装、运行。保证空调室外机安装位置不导致争议或影响邻里关系。（制热／冷量相应设备指标的要求可参考如下标准：南方，安装无烟宝店面至少满足 500W/m^2，不安装无烟宝店面至少满足 400W/m^2；北方，各类店面至少满足 300 ~ 350W/m^2。以上可作为空调选型时的参数依据）
新风、排风	提供新风机组、新风口及排风机组、排风口的适当位置，每个风口具体尺寸为 400mm×800mm，不少于四个

续表

项目	要求
消防	1.应保证所租赁的房产是经过消防局验收合格的，并取得了消防验收意见书。允许按功能要求调整消防系统，并协助办理消防报批及验收手续； 2.按其吊顶高度要求调整喷淋系统及报警系统； 3.可按需要更改租赁区域的消防报警系统及移动此区域的消防栓箱
招牌	可按合同附件中的招牌效果图进行外立面装修；同意在安装招牌时对外立面材料采取拆除、开洞等施工手段。并保证招牌施工时有预留的固定点，以确保招牌安装施工的正常进行
通信	配合需要进行电话、网络等通信方面的申请且不得提额外条件

经典商业案例

30 ▪ 陌生人火锅

享誉沪上的知名餐饮连锁管理公司

上海陌生人餐饮管理有限公司在传统餐饮的基础上不断创新，融入了现代的时尚理念和丰富的文化内涵。经过十年的发展，公司已成为拥有多家规模门店并享誉沪上的知名餐饮连锁管理公司。

图9-32　陌生人火锅

上海陌生人餐饮管理有限公司创始于 1997 年 8 月，在传统餐饮的基础上不断创新，融入了现代的时尚理念和丰富的文化内涵。经过十年的整合发展，公司已成为拥有多家规模门店并享誉沪上的知名餐饮连锁管理公司。

公司在公共餐饮、物业管理等方面均有良好的发展和市场影响力，拥有一流的管理团队、统一的配货中心、优雅的就餐环境、温馨的周到服务，每一个细节都渗透着情、融合着义。

陌生人火锅基本信息　　　　　　　　　　　表 9-101

商家名称	陌生人火锅餐厅
LOGO	
创立时间	1997 年
所属国家	中国
业态	中餐：特色餐饮
主要网点	上海
目标人群	大众群体
拓展区域	上海市区
店铺总数	13 家以上
客单消费	60 ~ 130 元
开店方式	直营
首选物业	商业综合体、社区底商及配套商业
物业使用	租赁
需求面积	120 ~ 1000m²
合同期限	8 年以上

选址及建筑要求

陌生人火锅选址及建筑要求　　　　　　　　　表 9-102

项目	要求
商圈地段	上海市核心商圈，住宅密集区域，大型商务办公密集区域
店面要求	受视面较好的商业物业
需求面积	120 ~ 1000m²
建筑层高	净高 2.8m 以上
其他	符合明火餐饮的物业要求

经典商业案例

31 · 丰滑火锅

王品集团旗下十大品牌之一

图9-33　丰滑火锅

丰滑火锅系王品集团旗下十大品牌之一，是一家以新鲜、现制海鲜
滑与各式酿滑为招牌菜的时尚直营连锁火锅店。

丰滑火锅系王品集团旗下十大品牌之一，是一家以新鲜、现制海鲜滑与各式酿滑为招牌菜的时尚直营连锁火锅店。自 2006 年 6 月 10 日于苏州成立第一家店以来，丰滑火锅已渐渐走进了上海年轻消费者的生活。

丰滑火锅基本信息　　　　　　　　　表 9-103

商家名称	丰滑火锅
LOGO	
创立时间	2006 年
业态	中餐：特色餐饮
主要网点	苏州、上海
目标人群	大众群体
拓展区域	全国范围内
开店方式	直营
首选物业	商业综合体、社区底商及配套商业
物业使用	租赁
需求面积	650 ～ 1000m²
合同期限	2 ～ 5 年

一、选址标准

丰滑火锅选址标准　　　　　　　　　表 9-104

项目	要求
城市选择	北京、大连、青岛、天津、沈阳、上海、南京、杭州、温州、苏州、无锡、宁波、厦门、珠海、广州、深圳、东莞
地块位置	高档办公区、商业区方便停车处

二、建筑要求

丰滑火锅基本建筑要求　　　　　　　表 9-105

项目	要求
需求面积	650 ～ 1000m²
楼层选择	楼层不限，一层或一、二连层优先
建筑层高	3.8m
排污配套	有独立的排烟、排水、排风管道
执照	可合法申请餐厅执照及环保审批

经典商业案例

32·三人行骨头火锅

新概念川菜的餐饮连锁企业

图9-34　三人行骨头王

上海三人行餐饮管理有限公司是经营骨头王火锅、新概念川菜的餐饮连锁企业，不但经营特色骨头王砂锅、四川风味火锅，还经营传统川菜和创新川菜相结合的新概念川菜。

　　上海三人行餐饮管理有限公司是经营骨头王火锅，新概念川菜的餐饮连锁企业，不但经营特色骨头王砂锅、四川风味火锅，还经营传统川菜和创新川菜相结合的新概念川菜。目前经营的"骨头王火锅"主要分布在徐汇区、长宁区、普陀区、闵行区、黄浦区，新概念川菜分布在长宁区、嘉定区、闵行区共 9 家店。

　　骨头王砂锅是上海首创以肉多骨髓多的猪后腿骨为主料，佐以四川特有的香料，具有浓重的四川风味。此外，三人行骨头王火锅结合上海本土餐饮的特点，不断研发创新符合上海本地的口感和食料。

三人行骨头火锅基本信息 表 9-106

商家名称	三人行骨头王火锅餐厅
LOGO	
业态	中餐：特色餐饮
主要网点	上海
目标人群	大众群体
拓展区域	全国范围内，上海浦西为重点拓展区域
店铺总数	10 多家
开店方式	直营、加盟
首选物业	商业综合体、购物中心、商业街、写字楼底商及配套商业
物业使用	租赁、合作
需求面积	500 ～ 1000m²
合同期限	5 年以上

选址及建筑要求

三人行骨头火锅选址及建筑要求 表 9-107

项目	要求
商圈地段	繁华商业街、购物街、美食街
地块位置	人口密集区域为首选
需求面积	300m² 以上
配套	具备水、电、煤基本设施

经典商业案例

33·789新概念火锅料理

融入了更多的怀旧与时尚的元素

图9-35　789新概念火锅料理

上海冉启餐饮有限公司旗下的 789 新概念火锅料理，采取一人一锅的创新形式，保证了口味的纯正和香浓，也给人耳目一新的体验，带给新世纪的消费者全新的新概念火锅料理。

上海冉启餐饮有限公司旗下的 789 新概念火锅料理，具备领先国内的餐饮研发、餐厅管理能力及强大的后援支持的团队，致力于开拓国内市场，为国内餐饮市场带来全新的气象。目前在上海地区已经开设了 7 家分店。

789 火锅采取一人一锅的创新形式，保证了口味的纯正和香浓，也给人耳目一新的体验，带给新世纪的消费者全新体验的新概念火锅料理。此外，789 火锅在餐饮环境与产品开发上融入了更多的怀旧与时尚的元素。

789 新概念火锅料理基本信息　　　　　　　　　　表 9-108

商家名称	789 新概念火锅料理
LOGO	
业态	中餐：特色餐饮
主要网点	上海、苏州
目标人群	时尚群体、上班一族
拓展区域	长江三角洲、华南、华北市场的一线城市
开店方式	直营
首选物业	商业综合体、购物中心、商业街、写字楼底商及配套商业
物业使用	租赁
需求面积	300～500m²
合同期限	3 年以上

选址及建筑要求

789 新概念火锅选址及建筑要求　　　　　　　　表 9-109

项目	要求
商圈地段	上海及长三角重点城市核心商业中心区域、高档办公区、高档社区商业区域
需求面积	650～1000m²
楼层选择	不限，一层或二连层优先
建筑层高	3.8m
排污	有独立的排烟、排水、排风管道
执照	可合法申请餐厅执照及环保审批

经典商业案例

34 ▪ "吴记"麻辣火锅

取四川火锅之精髓

图9-36 吴记麻辣火锅

"吴记"麻辣火锅源于四川,经十多年日积月累调理出适合台湾口味、极精致的麻辣火锅,"吴记"注重汤底,向来以香浓著称,打造了吴记特有的川味风格。

　　"吴记"麻辣火锅源于四川,是经老板十多年的日积月累调理出的适合台湾民众口味、极精致的麻辣火锅,"吴记"注重汤底,向来以香浓著称,在上海第一家吴记分店开张,并迅速站稳脚跟,到现在的另外6家分店的相继开业。

　　"吴记"麻辣火锅取四川火锅之精髓,再经过吴记从不外传的独家锅底配方和20多年的经验,打造了吴记特有的川味风格。吴记火锅装修精美,给消费者带来舒适的就餐环境。

一、选址标准

"吴记"麻辣火锅选址标准　　　　　　　　　表 9-110

项目	要求
商圈地段	主要街区主干道的商业物业，繁华商业中心，人口密集区域，人流量较大的交通枢纽区域

二、建筑要求

"吴记"麻辣火锅基本建筑要求　　　　　　　　表 9-111

项目	要求
需求面积	1000m² 以上
建筑层高	2.8m 以上
停车位	停车位充足
其他	具备餐饮基本设备

三、拓展计划

上海地区寻找合适物业开店。

经典商业案例

35▪呷哺呷哺吧台式连锁涮锅店

国内首创、规模最大的吧台式涮锅连锁企业

图9-37　呷哺呷哺

呷哺呷哺公司是国内首创、规模最大的吧台式涮锅连锁企业。以连锁经营、中式快餐、大众消费为基本方向和定位。坚持把建立安全稳定的供应链体系及中央厨房配送中心理念作为企业发展的前提和重点。

　　呷哺呷哺公司始创于1998年，是国内首创、规模最大的吧台式涮锅连锁企业。呷哺呷哺创立之初就确定了连锁经营、中式快餐、大众消费的基本方向和定位。坚持把建立安全稳定的供应链体系及中央厨房配送中心理念作为企业发展的前提和重点，以确保未来快速开店的需要。2010年，呷哺呷哺投资上亿元，购置土地自行建设了上万平方米的规模化物流中心，建立了冷链系统，为企业发展和产品质量及标准化统一奠定了坚实的基础。

　　截至2011年年底，呷哺呷哺将在北京、天津、上海、沈阳、河北等省市开设餐厅近300余家，员工近万人，每天接待顾客三十余万人。

呷哺呷哺吧台式涮锅基本信息　　　　表 9-112

商家名称	呷哺呷哺
LOGO	呷哺 呷哺
创立时间	1998 年
行业地位	国内首创、规模最大的吧台式涮锅连锁企业
业态	中餐：特色餐饮
主要网点	北京、天津、上海
目标人群	大学生、青年男女
拓展区域	北京、天津、上海等城市的黄金商圈
店铺总数	300 余家
客单消费	40 ～ 200 元
开店方式	直营
首选物业	商业综合体、购物中心、商业街、写字楼底商及配套商业
物业使用	租赁、合作
需求面积	100 ～ 500m²
合同期限	5 年

一、选址标准

呷哺呷哺吧台式连锁涮锅店基本选址标准　　　　表 9-113

项目	要求
商圈地段	以大众消费为主的餐饮业态形式，选址于人口不少于 5 万人的居住区域或社区型、区域型、都市型商圈

二、建筑要求

呷哺呷哺吧台式连锁涮锅店建筑要求　　　　表 9-114

项目	要求
需求面积	100 ～ 500m²
物业结构	框架式建筑，厨房可小于餐厅营业面积的三分之一
建筑层高	3.5m 以上
楼板荷载	350kg/m²

经典商业案例

36 · 重庆鸡公煲

引进世界最成功的特许经营理念

图9-38 重庆鸡公煲

北京口齿留香餐饮管理有限公司是一家大型餐饮管理公司，旗下拥有中餐品牌"重庆鸡公煲"。重庆鸡公煲曾被评为上海名小吃之一，该餐厅也被评为上海最火爆的餐厅之一。

北京口齿留香餐饮管理有限公司是一家大型餐饮管理公司，旗下拥有中餐品牌"重庆鸡公煲"以及多个西餐吧、咖啡厅、酒吧等品牌餐饮项目。公司全面导入特许经营体系，引进世界最成功的特许经营理念，建立了一个平民化的加盟系统。

目前，上海的"重庆鸡公煲"已经趋于饱和。与此同时，在江浙诸多城市，"重庆鸡公煲"的成功模式又不断引爆各地的餐饮市场，进而开出更多的分店。此外，在全国20多个省市，"重庆鸡公煲"也开始向更广阔的市场进行拓展。

重庆鸡公煲2003年被上海大众点评网评为前30名川菜，2004年被评为上海名小吃之一；2005年"品尝重庆鸡公煲"被香港新假期杂志列为香港人到上海必做的100件事之一，同年被评为上海最火爆的餐厅之一；2006年进军海外市场，如马来西亚、温哥华等；2007年，著名食评家蔡澜先生极力推介，在香港掀起一起麻辣风潮；2008年在新加坡火爆登场，同年香港湾仔店被香港知名食评网 OPENRICE 网评为"最优秀湾仔开饭热店"。

重庆鸡公煲基本信息　　　　　　　　　　　　　　　表 9-115

商家名称	重庆鸡公煲
LOGO	重庆鸡公煲
创立时间	2003 年
业态	中餐：特色餐饮
主要网点	全国各大城市
目标人群	大众消费者
拓展区域	以全国几大经济城市如上海、北京、广州、天津等为中心，逐步覆盖其所在的华东、华北、华南地区；海外市场开发以东南亚和北美为龙头，向世界各地衍生
店铺总数	千余家
客单消费	40 ~ 60 元
开店方式	直营、加盟
首选物业	商业综合体、商业街
物业使用	租赁
需求面积	120 ~ 300m²
合同期限	5 年以上

选址及建筑要求

重庆鸡公煲基本选址及建筑要求　　　　　　　　　表 9-116

项目	要求
商圈地段	商务办公区域、商业中心、住宅区域
需求面积	60 ~ 200m²
建筑层高	2.8m 以上
面宽	6m
配套	水、电、煤气、管道符合餐饮要求

经典商业案例

37 ▪ 禾绿回转寿司

中国最大的回转寿司连锁企业之一

禾绿回转寿司是中国餐饮业十大知名连锁品牌之一，也是中国最大的回转寿司连锁企业之一。

图9-39　禾绿回转寿司

　　禾绿回转寿司是中国餐饮业十大知名连锁品牌之一，前身是创建于 1997 年的深圳市元绿回转寿司饮食有限公司，已在全国四十多个城市拥有近 200 家直营连锁店。现在，禾绿已成为中国最大的回转寿司连锁企业之一。

　　上海禾绿饮食有限公司自 1999 年在外滩开出第一家分店之后，经历多年的摸索、创新和不断拼搏，先后获得 2005 年"上海优秀餐饮品牌企业"、"中国餐饮行业十大知名餐饮品牌"，在 2006 年上海国际餐饮博览会上荣获"日本料理项目纪念奖"以及 2007 年上海文广新闻传媒集团广告经营中心颁发的"最佳人气餐厅奖"等荣誉。

禾绿回转寿司基本信息　　　　　　　　　　表 9-117

商家名称	禾绿回转寿司
LOGO	
创立时间	1999 年
主营商品	寿司、前菜、刺身、烧炸、面、饭、酒水七大种类
业态	日餐：特色餐饮
主要网点	深圳、上海、北京、天津、广州、厦门、杭州、温州、武汉、青岛、济南、晋江、惠州、东莞、佛山、成都、重庆、长沙、贵阳、昆明、西安、哈尔滨、沈阳、珠海、苏州、南京、中山等
目标人群	喜欢日式料理的消费者
店铺总数	130 多家
客单消费	50 ~ 500 元
开店方式	直营
首选物业	商业综合体、购物中心、商业街
物业使用	租赁
需求面积	100 ~ 500m²
合同期限	10 年

一、品牌优势

　　豪华优美的环境、高质稳定的产品、快捷周到的服务，上海禾绿凭借自身的优势已经在上海赢得了众多顾客的青睐。

　　在"顾客至上，文明规范，公平公正，精益求精，开拓进取，增值创新"经营理念的指导下，禾绿正在朝着"做中国最好的回转寿司店"的发展目标前进。

二、选址及建筑要求

禾禄回转寿司基本选址及建筑要求 表 9-118

项目	要求
商圈地段	店面位于大型购物中心内或城市 CBD 商圈周围为佳
需求面积	200m^2 以上
建筑层高	不得低于 4.5m
供电	用电量保证 60 ～ 80kW

 品牌荣誉

　　禾绿是中国烹饪协会、中国连锁经营协会会员，曾获得《深圳知名品牌》、《深圳百家必吃知名食府》、《深圳餐饮企业优质服务放心榜》、《上海优秀餐饮品牌企业》、《北京市消费者购物满意信誉品牌》、《广州饮食天王之寿司天王》、《1978～2008年广东餐饮三十年杰出品牌企业》、《浙江省公众满意十佳特色餐饮》、《全国市场放心消费品牌》、《全国用户满意品牌》等荣誉称号。

五、休闲餐饮

休闲餐饮包括主题餐厅、茶坊和酒吧等，该种业态较休闲，以文化、情调、特色以及舒适和愉悦来吸引消费者。

> 休闲餐饮选址及建筑配套要求

表 9-119

项目	要求
商圈地段	其选址往往是高雅路段，具有清净、优雅的环境，消费对象具有一定的消费能力和文化修养，一般偏高档社区以及商务区
立店障碍	开设茶坊、酒吧、咖啡馆须经消防、治安、食品卫生等行政管理部门会审同意方可颁照经营，在噪声较大、邻里投诉时，环保部门也会介入加以管理。酒吧属于高档消费范围，国家课以重税，收取"消费税"，政府管理部门，包括规划、治安、消防等部门加以严格审核
需求面积	一般 50 ~ 400m²
楼层选择	1 ~ 2 楼
物业结构	布置和装饰有个性化与艺术化要求，但对建筑结构形式无特殊要求，视投资者创意、设想而异
楼层净高	≥ 2.8m
柱网间距	4.5m
开间要求	8 ~ 15m
楼板荷载	用餐区 ≥ 300kg/m²
垂直交通	电梯可有可无，步梯 1 ~ 2m 宽
洗手间	有室内独立洗手间配备
停车位	有相应的停车场
供配水电	有自来水供应。电力按每 100m²10kW 配置，如有烘焙类西点更高一点。如星巴克一般要求电力不低于 70kW/m²。如与居民相邻，最好设置隔声层
给排水	提供管径大于 32mm 的独立进水管及水表，给餐厅每月 400t 用水量餐饮业平价指标。提供给店方管径大于 50mm 排水管一根，并与足够容量的隔油池连接

休闲餐饮选址及建筑配套要求

续表

项目	要求
排污设施	提供给店方管径 150mm 排污管一根，就近接入足够容量的排污化粪池
排油排烟	提供合适的空间供店方单独使用以放置排油烟风井
空调设备	提供物业合适场地或外立面给店方放置室外机组（包括空调机、制冷机组、排烟设备等），并提供室外机正常运转所需的散热、回风空间，预留冷凝水管
燃气设备	16 ～ 70 m³，视具体情况而定
通信设备	直拨电话二部，用作电话传真及电脑终端站，用于市内及长途电话线。另配通讯专用 POS 机数据终端线路一条
消防设备	提供租赁范围内喷淋设施的免费接入及预留接口； 提供租赁范围内报警设施的免费接口及预留在业主总控制柜连接回路； 提供适当数量消防栓，供店方使用
店招位置	为品牌提供一定的店招位置及室外照明电源

1. 主题餐厅、茶坊、酒吧

主题餐饮业态是以特定喜好（文化、艺术、体育等）为主题糅合餐饮文化,形成餐饮企业独特风格、特点的一种业态，其销售对象固定且消费能力较强。文化、艺术类主题餐厅可开设在剧院、图书馆、公园、文化艺术故居;体育类主题餐厅，可开设在相关的体育场所附近。茶坊、酒吧、咖啡馆的布置和装饰有个性化与艺术化要求，但对建筑结构形式无特殊要求，视投资者创意、设想而异。

主题餐厅、茶坊、酒吧选址及建筑配套要求

表 9-120

项目	要求
商圈地段	消费者进入茶坊、酒吧、咖啡馆的动机是休闲或是非正式的轻松谈话，这与进入其他餐饮业的动机不同。 该业态是以文化、情调、特色，以及舒适和愉悦来吸引消费者的，其选址往往是高雅路段，具有清净、优雅的环境，消费对象具有一定的消费能力和文化修养
需求面积	50 ～ 400m²
建筑层高	不低于 2.8m
电力配置	按每 100m²10kW 配置

主题餐厅、茶坊、酒吧选址及建筑配套要求

续表

项目	要求
供水配置	有自来水供应
租期	2 年以上
其他	如与居民相邻，最好设置隔声层

2. 咖啡店

咖啡店指一般不配备明火厨房的咖啡店、简餐店等，厨房区域较小，配置较低。

咖啡店选址及建筑配套要求

表 9-121

项目	要求
商圈地段	商住楼、高档住宅区、饮食街、大酒店附近，人流充足
需求面积	一般在 300 ～ 500m²，不低于 250m²
建筑层高	如两层则不低于 400m²，层高 4m 以上，净高大于 3m
楼板荷载	用餐区 ≥ 300kg/m²
广告位	要有适合装修的招牌位及广告悬挂点
停车位	10 个以上
供配电	提供电容量 100 ～ 200kVA 变电设备，三相五线 380V/220V、50Hz，根据用电容量提供匹配的空气开关于业主总电柜，并安装店方独立计量电表
给排水	提供管径大于 32mm 的独立进水管及水表，给餐厅每月 400t 用水量餐饮业平价指标。提供给店方管径大于 50mm 排水管一根，并与足够容量的隔油池连接
排污设施	提供给店方管径 150mm 排污管一根，就近接入足够容量的排污化粪池
通信网络	直拨电话二部，用作电话传真及电脑终端站，用于市内及长途电话线。另配通讯专用 POS 机数据终端线路一条
空调制冷	提供物业合适场地或外立面给店方放置室外机组（包括空调机、制冷机组、排烟设备等），并提供室外机正常运转所需的散热、回风空间，预留冷凝水管
排油排烟	提供合适的空间供店方单独使用以放置排油烟风井

咖啡店选址及建筑配套要求

续表

项目	要求
消防配置	提供租赁范围内喷淋设施的免费接入及预留接口; 提供租赁范围内报警设施的免费接口及预留在业主总控制柜连接回路; 提供适当数量消防栓,供店方使用
店招预留	为品牌提供一定的店招位置及室外照明电源
租金	控制在 4.5～5.5 元／(m²·天)
租期	一般 7～9 年,至少 5 年以上

3. 西点房、面包房

西点房如克莉斯汀、可颂坊。

西点房、面包房选址及建筑要求

表 9-122

项目	要求
商圈地段	各种商圈均可开设。品牌企业往往开设在繁华区域、社区的商业街市上
立店障碍	同种业态。立店须经食品卫生监督部门会审核准,方可经营
需求面积	60～120m²
物业结构	框架式结构
建筑层高	不低于 2.8m
门面宽度	6m 以上
其他要求	橱窗开阔,离开污染源 10m 以上
租金水平	知名企业可以承受 10 元／(m²·天) 以下租金,一般企业可以承受 3～5 元／(m²·天) 的租金
租期	2 年以上

38▪避风塘

专营港式特色美味小吃

图9-40　避风塘

上海避风塘美食有限公司在上海以"避风塘"为字号，开出第一家门店，专营港式特色美味小吃、点心。

　　1998年9月15日，上海避风塘美食有限公司在上海以"避风塘"为字号，开出第一家门店，专营港式特色美味小吃、点心。由于其独特的菜式、独特的经营、独特的就餐氛围，令其生意异常火爆，排队叫号就餐之盛况成为当时一景。翌年，避风塘在一年之中连开三家门店，家家爆满，将美味和人气扩散到了申城的多个城区。之后避风塘稳步快速地发展，至2012年，避风塘已拥有直营连锁餐馆逾五十家，专业化速冻食品公司一家，从业人员近五千人。

避风塘基本信息		表 9-123
商家名称	避风塘	
LOGO		
创立时间	1998 年	
主营商品	专营港式特色美味小吃、点心	
业态	中餐：特色餐饮	
主要网点	上海各地区	
目标人群	广大消费者	
店铺总数	24 家以上	
客单消费	50 元	
开店方式	直营	
首选物业	商业综合体、购物中心、商业街	
物业使用	租赁、合作	
需求面积	350 ～ 1000m²	
合同期限	5 ～ 10 年	

选址及建筑要求

避风塘选址及建筑要求	表 9-124
项目	要求
商圈地段	市中心繁华商圈、大型 shopping mall、城市副中心商圈
需求面积	350 ～ 500m²
楼层选择	最好是一楼商铺
水电配置	具备餐饮基本的水电煤设施
消防配置	符合消防要求
广告位	有户外广告店招的位置
产权	房屋产权清晰

品牌荣誉

　　避风塘餐馆素以菜点精巧美味、服务细心周到、环境格调独特而著称，其内部则以"求精求稳、务实务勤、唯诚唯信"为准则，建有一整套品质监控、优化的管理系统，确保优质出品和诚信服务，更有多项菜点被评为"中国名菜"、"中国名点"、"中华名小吃"。众多新老客人慕名而来，对"避风塘"餐馆的美食钟爱有加。

经典商业案例

39 · 满记甜品

白领人士休闲聚会的时尚场所

满记甜品始创于香港，秉承了"手造甜品"的优良传统，坚持手造、生磨的制作工艺，用最新鲜的原料、最合理的营养搭配，倡导"健康甜品"新概念。现在，满记甜品成为都市休息餐饮品牌的又一奇葩，成为白领人士休闲聚会的时尚场所。

图9-41 满记甜品

满记甜品集团创建于1995年，在香港西贡区创办第一间香港特式"满记甜品"专门店，经过五年的独有家庭式管理及不断的研制创新，幸运地得到各食客的认同。目前，满记甜品在香港中环、西港城、旺角、官塘、铜锣湾以及尖沙咀等旺地已开设十多家连锁门店，成为市场领导者，并于2005年进驻上海，2005年无限创意餐饮管理有限公司将满记甜品带到申城。

上海满记甜品秉承了香港满记"手造甜品"的优良传统，坚持手造、生磨的制作工艺，用最新鲜的原料、最合理的营养搭配，倡导"健康甜品"新概念。现在，满记甜品成为都市休息餐饮品牌的又一奇葩，成为沪上白领人士休闲聚会的时尚场所。

近数年间，于邻接香港的深圳市已开设了共七间自家营运的满记甜品分店，并且于上海、北京、杭州、苏州、沈阳、湖南、珠海、广州等省市区及海外的印度尼西亚开办了超越六十余间的连锁式满记甜品特许专营店。

满记甜品基本信息　　　　　　　　　　表 9-125

商家名称	满记甜品
LOGO	
创立时间	1995 年
主营商品	甜品：芒果班戟、榴莲班戟、杨枝甘露、白雪黑珍珠； 中式甜品：生磨的芝麻糊、核桃露、杏仁茶
业态	中餐：特色餐饮
主要网点	香港、上海、北京、杭州、苏州、湖南、珠海、广州等省市
目标人群	追求品位，时尚新潮的年轻女性
店铺总数	60 多家
客单消费	50 ～ 100 元
开店方式	直营、特许专营
首选物业	购物中心、商业街、社区底商及配套商业
物业使用	租赁
需求面积	80 ～ 500m^2
合同期限	2 年以上

一、品牌优势

上海满记甜品秉承了香港满记"手造甜品"的优良传统，坚持手造、生磨的制作工艺。用最新鲜的原料、最合理的营养搭配，倡导"健康甜品"新概念。目前，满记甜品已成为都市休闲餐饮品牌的又一奇葩，被沪上白领人士视为休闲聚会的时尚场所。

二、选址与建筑要求

满记甜品基本选址与建筑要求　　　　　　表 9-126

项目	要求
商圈地段	一般为商业中心区域、shopping mall 或百货店内
需求面积	80 ～ 500m^2
水电配置	具备基本的水电设备

经典商业案例

40·巴贝拉

从事意式休闲餐厅经营的专业餐饮企业

巴贝拉是一家致力于从事意式休闲餐厅经营的专业餐饮企业，它是
迄今为止凯雷投资集团在美国市场以外，唯一投资的餐饮连锁品牌。
巴贝拉将意式美食和中国特色相结合，研发出多款式适合中国消费
者口味的菜肴。

图9-42 巴贝拉

巴贝拉是一家致力于从事意式休闲餐厅经营的专业餐饮企业，它是迄今为止凯雷投资集团在美
国市场以外唯一投资的餐饮连锁品牌。而上海巴贝拉意舟餐饮管理有限公司成立于 2005 年 7 月份，
同年 8 月巴贝拉即在上海中融国际广场开出了第一家店，目前在上海已经拥有 9 家直营店。

自成立以来，巴贝拉一直秉承着良好的服务理念和健康成熟的餐饮理念，提供给广大消费者最
优质的品牌保证，它拥有着专业化的管理团队、现代化的产品研发中心、标准化的产品质量监控体系，
始终坚持为顾客提供优质的服务。巴贝拉将意式美食和中国特色相结合，研发出多款适合中国消费
者口味的菜肴，主要客户群以 18 ～ 30 岁的年轻族群且以女性为主，具备消费能力，对生活有追求，
对新鲜事物有浓厚的兴趣。

巴贝拉基本信息　　　　　　　　　　　　表 9-127

商家名称	巴贝拉
LOGO	
创始人	陈韦兴
创立时间	2005 年
所属国家	中国
行业地位	能快速被消费者接受并获得积极认可的休闲餐厅
进入地区	中国国内
品牌形象	在中国餐饮市场飞速发展的意式餐饮品牌
业态	西餐
主要网点	上海、北京、南京、杭州、苏州、无锡、宁波、合肥、郑州等地
目标人群	以 18 ～ 30 岁的年轻族群为主
开店计划	计划将在三年内发展 100 家分店
店铺总数	200 余家
客单消费	50 ～ 100 元
开店方式	直营、加盟、特许经营
首选物业	综合体、购物中心、商业街、社区商业、百货
物业使用	租赁、合作
需求面积	500m^2 以下
合同期限	3 ～ 5 年

一、选址标准

巴贝拉选址标准　　　　　　　　　　　　表 9-128

项目	要求
商圈地段	邻近成熟的居民住宅区或商业小区、商务中心
地块位置	位置优越，交通便利，人流量大

二、建筑要求

巴贝拉基本建筑要求 表 9-129

项目	要求
经营面积	一般在 350m² 左右
建筑层高	2.8m 以上
其他配套	具备餐饮物业的基本设备要求
广告位	有户外广告位置

三、配套要求

巴贝拉基本配套要求 表 9-130

项目	要求
水电配置	供水管线由甲方无偿提供到乙方租赁区域； 由甲方无偿提供电量 250kW 至该房产供乙方使用
物业配置	甲方保证乙方租赁区域的楼板承重
排污	在乙方租赁区域内自设卫生间供乙方单独使用
排油	甲方无偿提供乙方设置隔油池，隔油池出水管由甲方接入大厦地下室污水房，甲方污水排出后接入市政管道

经典商业案例

41·百特喜

比萨连锁休闲餐厅

图9-43　百特喜

百特喜主要在全国各地开设比萨连锁休闲餐厅，在上海建立综合配送中心，为各家餐厅提供强有力的后勤支援。

百特喜主要在全国各地开设比萨连锁休闲餐厅，在上海建立综合配送中心，以便更好地为各家餐厅提供强有力的后勤支援。百特喜依托现有良好的品牌和产品、经营管理优势在全国范围推广百特喜连锁休闲餐厅，展开餐厅直营、加盟、配送服务。

2008 年在西南区（重庆、成都）开设 10 家连锁店、华北区（北京、天津）开设 10 家连锁店、华东区（南京、苏州、无锡、杭州）开设 10 家连锁店。同时，在全国各地开展百特喜比萨连锁休闲餐厅加盟计划，像静安、徐汇、古北、淮海路等人流集中的地点为主，除中心区域还要在松江、南汇等郊区开分店，吴江、太仓、常熟、温州、湖州等发达城市的繁华地段也可考虑。

百特喜基本信息 表 9-131

商家名称	百特喜
LOGO	
业态	西餐：特色餐饮
主要网点	大中型城市
目标人群	中高收入阶层
店铺总数	10 多家
客单消费	50 ～ 100 元
开店方式	直营、加盟
首选物业	商业综合体、购物中心、商业街、写字楼底商及配套商业
物业使用	租赁
需求面积	180 ～ 350m²
合同期限	5 ～ 10 年以上

一、选址标准

百特喜选址标准 表 9-132

项目	要求
商圈地段	城市主流商圈为首选
交通位置	城市主流商圈辐射区域主通道上； 主流中心区域为主，以办公和住宅相结合的区域为佳

二、建筑要求

百特喜基本建筑要求　　　　　　　　　　　　　　　　　表 9-133

项目	要求
需求面积	$300 \sim 400m^2$
楼层选择	城市主流商圈楼层没有特殊要求，主流商圈辐射区域内主通道 1F+2F，或者纯 1F
建筑层高	3m 以上
电力配置	150kW
硬件设施	具备水电煤基本餐饮执照要求
广告位	最好有广告位

三、合作条件

百特喜合作条件　　　　　　　　　　　　　　　　　　表 9-134

项目	要求
投资额	具备一定的资金实力，投资总额在 200 万元左右
加盟金	15 万元
保证金	10 万元
店铺面积	$300m^2$ 左右的合适的店铺

经典商业案例

42·西堤牛排

秉承台湾餐饮一贯的精致与情调

图9-44　西堤牛排

西堤牛排是台湾王品集团之下的品牌之一，在台湾历史悠久，是近几年才进入祖国大陆的西餐品牌。它提出了"饮食美学下的幸福观"，希望消费者在把餐饮当享受之余，更能把餐饮当作幸福的体验并与人们分享幸福滋味。

　　西堤牛排是台湾王品集团之下的品牌之一，在台湾历史悠久，是近几年才进入祖国大陆的西餐品牌之一，目前在上海地区拥有4家门店。随着西堤牛排在上海市场消费者认同度的提升，在上海寻找合适店面开设分店。

　　西堤牛排秉承台湾餐饮一贯的精致与情调，很好地满足了现代人们"全身心的享受美味"的要求。在此之余，西堤牛排更提出了"分享我们的幸福滋味"的概念，提出了"饮食美学下的幸福观"，希望消费者在把餐饮当享受之余，更能把餐饮当作幸福的体验并与人们分享幸福滋味。

西堤牛排基本信息　　　　　　　　　　　　　　表 9-135

商家名称	西堤牛排
LOGO	TASTY 西堤牛排
创立时间	2001 年
所属地区	中国台湾
业态	西餐
主要网点	北京、上海、深圳、沈阳、南京、苏州
目标人群	中高阶层消费者
客单消费	68 ~ 138 元
拓展区域	目前开拓重点是华东地区，像杭州、南京、无锡、苏州、宁波、常州等地
开店方式	直营
首选物业	商业综合体、购物中心、商业街、写字楼底商及配套商业
物业使用	租赁
需求面积	500 ~ 1000m²
合同期限	5 年以上

选址及建筑要求

西堤牛排选址及建筑要求　　　　　　　　　　表 9-136

项目	要求
商圈地段	城市核心商圈核心地段，主要商务办公区域，高档社区附近
楼层选择	沿街店铺的一楼，或者是一楼＋二楼的形式
需求面积	500m² 左右
建筑层高	3.5m 以上
水电配置	符合水电煤的要求，有上下水
消防配置	符合消防要求的物业
广告位	有户外广告位置
停车位	充足的停车位

经典商业案例

43 · 斗牛士

台湾最知名且最具规模的牛排沙拉吧餐厅之一

斗牛士牛排馆始创于宝岛台湾，历经 20 年的努力，斗牛士牛排馆成为台湾最具知名且最具规模的牛排沙拉吧餐厅之一。也是中国内地较为知名的西餐连锁加盟的品牌之一。

图9-45 斗牛士

斗牛士牛排馆于 1983 年始创于宝岛台湾，历经 20 年的努力，斗牛士牛排馆成为台湾最具知名且最具规模的牛排沙拉吧餐厅之一。斗牛士在 1983 年开创时期只售牛排及猪排，由于受到顾客相当程度的喜爱，便于 1984 年成立第一家牛排专卖连锁店。目前，在台湾地区已超过 50 余家直营门店，1999 年第一家斗牛士牛排馆在上海成立，秉持着"用料上选，精心调理"的理念设立了中央厨房掌控所有物料的品质，吸引了一批白领消费者。

斗牛士是中国内地较为知名的西餐连锁加盟的品牌之一，目前品牌步入成熟期。公司发展形态已由牛排专卖增加为速食餐系列、卡门精致牛排海鲜、ACB 安格斯牛排炭烤系列、沙拉百汇、欧式自助餐、陶瓷牛排等多样化形态，为喜爱吃牛排的顾客提供更多样化的选择。

迄今为止，斗牛士公司已有 70 多家连锁店，分布在各个省市。在未来 3 年内，将在内地 18 个省市开设近 40 家直营连锁分店。

斗牛士基本信息　　　　　　　　　　　　　表 9-137

商家名称	斗牛士
LOGO	
创立时间	1983 年
所属地区	中国台湾
业态	特色餐饮
主要网点	台湾、福州、杭州、厦门、上海、重庆、南京等地
目标人群	时尚商务群体
客单消费	50 ～ 300 元
拓展区域	国内各大省会城市
开店方式	直营、加盟
店铺总数	70 多家
首选物业	商业综合体、购物中心、商业街、写字楼底商及配套商业
物业使用	租赁
需求面积	120 ～ 500m²
合同期限	5 年以上

一、选址标准

斗牛士牛排馆选址标准　　　　　　　　　　表 9-138

项目	要求
商圈地段	商业中心区域，商务办公区域，交通枢纽，住宅区域人口密集区
消费水平	具有一定的消费力

二、建筑要求

斗牛士牛排馆基本建筑要求　　　　　　　　　表 9-139

项目	要求
需求面积	$120 \sim 500m^2$ 以上
建筑层高	2.8m 以上
建筑面宽	6m
其他配套	水、电、煤气、管道符合餐饮的要求
配套设备	物业具备餐饮基本设备要求

三、合作条件

斗牛士合作条件　　　　　　　　　表 9-140

项目	要求
投资额	有必备的投资资金，一般需要 $180 \sim 250$ 万元
经营者	具有一定的文化基础，具备经营管理、运作和持续发展的能力
店铺面积	有合理的 $400 \sim 500m^2$ 的经营场地

44 · 一茶一坐

第一个国际化中式餐饮的连锁休闲品牌

一茶一坐（上海）及其中央厨房成立于 2001 年，旨在发扬中国茶及餐饮的文化，打造第一个国际化中式餐饮的连锁休闲品牌。

图9-46　一茶一坐

一茶一坐（上海）及其中央厨房成立于 2001 年，发扬中国茶及餐饮的文化，打造第一个国际化中式餐饮的连锁休闲品牌。一茶一坐（CHAMATE）坚持提供天然、美味、健康的高品质餐饮文化，以现代感的方式呈现具有中国特色的美食，大部分的餐品是在公司自营的中央厨房完成前期准备，再运送到各门店以确保品质及口味一致性的高标准。

一茶一坐（CHAMATE）的休闲氛围吸引着以白领为主的广大消费群，餐厅不仅提供高质量的精致午餐、浪漫下午茶以及轻松惬意的晚餐，也是亲朋好友休闲聚餐或下午茶歇的好选择。一茶一坐让用餐不仅是传统意义上的味觉享受，更体现一种对精致生活的质量追求。截至 2013 年，一茶一坐拥有 118 家门店，其中加盟店 23 家。

一茶一坐基本信息　　　　　　　　　　表 9-141

商家名称	一茶一坐
LOGO	一茶一坐
创立时间	2001 年
业态	中餐、特色餐饮
主要网点	华东、华北、华南、华中地区
目标人群	25 ～ 35 岁的时尚小资人群
拓展区域	国外市场
店铺总数	118 家
客单消费	50 ～ 200 元
开店方式	直营
首选物业	商业综合体、购物中心、商业街、写字楼底商及配套商业
物业使用	租赁、合作
需求面积	100 ～ 500m²
合同期限	5 年

选址与建筑要求

一茶一坐基本选址与建筑要求　　　　　　表 9-142

项目	要求
地块位置	繁华路段，具清净、优雅的环境
建筑层高	净高不低于 2.8m
楼板荷载	350kg/m²
供电	电力按每 100m²10kW 配置

经典商业案例

45 · 好伦哥

外商独资西餐连锁品牌

图9-47　好伦哥

好伦哥（ORIGUS）是外商独资西餐连锁企业，于1998年登陆中国。在中国率先推出了39元比萨自助经营模式，第一个在中国推出包含比萨自助、零点、外送套餐等在内的全方位服务。

　　好伦哥（ORIGUS）是外商独资西餐连锁企业，于1998年登陆中国。在中国率先推出了39元比萨自助经营模式，为了不断追求一流的客户满意度，好伦哥在中国第一个推出了包含比萨自助、零点、外送套餐等在内的全方位服务。作为中国连锁经营协会的成员，好伦哥已在北京、上海、杭州、深圳、石家庄、西安、贵阳、太原、昆明、苏州、郑州、沈阳、抚顺、锦州、兰州、西宁、呼和浩特、成都等大中城市开办了几十家餐厅，还将向全国其他城市进军。

好伦哥基本信息		表 9-143
商家名称	好伦哥	
LOGO	origus 好伦哥	
创立时间	1998 年	
业态	西餐、特色餐饮	
主要网点	北京、上海、杭州、深圳、石家庄、西安、贵阳、太原、昆明、苏州、郑州、沈阳、抚顺、锦州、兰州、西宁、呼和浩特、成都等	
目标人群	大学生、时尚白领	
拓展区域	在全国各省市诚邀加盟商	
开店计划	进一步占据国内市场，开拓国际市场	
店铺总数	100 多家	
开店方式	直营、加盟	
客单消费	39 ～ 70 元	
首选物业	商业综合体、购物中心、商业街、写字楼底商及配套商业	
物业使用	租赁、合作	
需求面积	350 ～ 500m²	
合作期限	5 年	

建筑及配套要求

好伦哥西餐建筑及配套要求		表 9-144
项目	要求	
需求面积	350 ～ 500m²	
楼层选择	店铺设立一层、二层，但要有独立进出口	
建筑层高	3.5m 以上	
楼板荷载	350kg/m²	
电力配置	店铺的电容量不小于 170 ～ 200kW	
上水	提供管径为 40 ～ 32mm 的独立进水管及水表，水压达到市政供水标准，供水量不低于 300t/ 月	
排水	提供给乙方管径 150mm 排水管一根或 100mm 排水管两根，与足够容量的隔油池连接	
排烟	店铺应具备独立的排烟管道，若没有应提供改造位置	
排污	提供给乙方管径 150mm 排污管一根，并就近接入足够容量的排污化粪池	

咖啡店、茶室

第十类

消费者进入咖啡店、茶室是为了休闲或进行轻松谈话。这就决定着咖啡店、茶室是以文化、情调、特色以及舒适和愉悦的环境来吸引消费者，其选址往往是高雅路段，具有清净、优雅的环境，消费对象具有一定的消费能力和文化修养。

第十类　咖啡店、茶室

一、商圈要求

咖啡店基本商圈要求

表 10-1

项目	要求
商圈地段	商住楼、高档住宅区、饮食街、大酒店附近
交通条件	交通便利
人口情况	人流充足

二、建筑及配套要求

咖啡店、茶室基本建筑及配套要求

表 10-2

技术指标	要求
立店障碍	须经消防、治安、食品卫生等行政管理部门会审同意
需求面积	50 ～ 500m^2（视需求而定）
楼层选择	1 ～ 2 层
建筑层高	≥ 2.8m
建筑结构	对建筑结构形式无特殊要求，视投资者创意、设想而异
燃气管道	提供接口
排污	排油井、隔油池及排油烟井道等设施
给排水供水	一般商业标准
供配电	一般商业标准
停车场	最好有停车场
装修标准	简单装修
环境要求	在高雅路段，具有清净、优雅的环境
店招位置	有适合装修的招牌位及广告悬挂点
租期	年限 2 年以上

茶室选址与建筑要求

——圆缘园

图10-1　圆缘园

圆缘园起源于中国台湾，于 1995 年入驻祖国大陆市场，并于同年在上海成立了管理咨询中心，以专业经营"泡沫红茶、珍珠奶茶、中西简餐"为主要的特色。

圆缘园基本信息 表 10-3

商家名称	圆缘园
LOGO	圆缘园 Restaurant Match Bar
创立时间	1995 年
所属地区	中国台湾
主营商品	泡沫红茶、珍珠奶茶、中西简餐
业态	快餐、特色餐饮
主要网点	上海、北京、成都、南京、东三省等地
目标人群	上班一族、青年、个人消费
店铺总数	50 多家
开店方式	直营、加盟
客单消费	10 ～ 60 元
首选物业	商业街、社区底商及配套商业
物业使用	租赁
需求面积	200 ～ 500m^2
合作期限	2 年以上

1. 选址标准

圆缘园茶室选址标准

表 10-4

项目	要求
城市选择	重点区域为长三角地区
商圈地段	理想的选点位置是商业休闲旺街、大型居民住宅区域、办公大楼集中区域、即将兴起的商业网点
交通条件	交通便利（公共汽车站点与地铁集中区域或大、中学校附近），有潜在的消费群

2. 建筑要求

圆缘园茶室基本建筑要求

表 10-5

项目	要求
需求面积	选点的理想面积应在 400m² 以上
楼层选择	最佳位置在一二楼
硬件配套	具有餐饮的硬件设施

01·仙踪林

世界上最大的泡沫红茶生意的品牌

"仙踪林（rbt）"是世界上最大的泡沫红茶生意的品牌，也是华人创办的最大的国际特许经营品牌，连续三年蝉联中国优秀特许品牌。

图10-2 仙踪林

台湾商人吴伯超创办了以兔子为标志的"仙踪林（rbt）"品牌。现在，它是世界上最大的泡沫红茶生意的品牌，也是华人创办的最大的国际特许经营品牌，连续三年蝉联中国优秀特许品牌。

仙踪林（RBT）于1996年踏足香港，透过现代化的管理方法和完善的特许经营制度，在休闲餐饮行业独树一帜，为消费者提供特式美味餐饮。仙踪林（RBT）各店所售卖的饮品，均由专业师傅按照精准的配方即时调制，确保新鲜美味。所有调茶师傅均由总公司安排统一的专业培训，并作定期考核，以保持一贯的高水准。此外，新产品在推出之前，均经过严格测试和科学分析，制订规范化的调制程序，再授予各分店师傅，以确保所有分店均有统一的高质量产品。

仙踪林基本信息　　　　　　　　　　　　　　表 10-6

商家名称	仙踪林
LOGO	rbt 仙踪林
创始人	吴伯超
创立时间	1996 年
业态	茶饮
主要网点	中国香港、中国台湾、中国内地、加拿大、澳大利亚、马来西亚及菲律宾
目标人群	20 ～ 40 岁的人群
拓展区域	全国各大省市地区及海外均是仙踪林（RBT）拓展区域
店铺总数	100 余家
客单消费	40 ～ 200 元
开店方式	直营，加盟
经营定位	仙踪林 (RBT) 中高档茶饮品牌，为广大消费者提供安静、舒适、优雅的环境，并提供各式茶饮及各种特色小吃、甜品等美味食物
首选物业	商业综合体、购物中心、商业街、写字楼底商及配套商业
物业使用	租赁、合作
需求面积	200 ～ 250m^2
合同期限	5 ～ 10 年

一、选址标准

仙踪林选址标准　　　　　　　　　　　　　　表 10-7

项目	要求
商圈地段	繁华路段、具舒适、优雅的环境
交通条件	交通便利

二、建筑及配套要求

仙踪林建筑及配套要求

表 10-8

项目	要求
需求面积	$200 \sim 250m^2$
建筑层高	不低于 3m
楼板荷载	$350kg / m^2$
水电配置	有自来水供应；按每 $100m^2$ 10kW 配置

经典商业案例

02 ▪ 春水堂茶饮

现代茶及创意茶饮的专家

春水堂是现代茶及创意茶饮的专家,提供具有时尚中国元素风格的第三空间。于1983年在台湾创造了流行至今的泡沫红茶与珍珠奶茶,20余年来引领饮茶的新风潮。

第十类　咖啡店、茶室

一、选址标准

春水堂茶饮选址标准　　　　　　　　　　　　　表 10-9

项目	要求
商圈地段	高档商务写字楼、大型高档购物中心、繁华商业街

二、建筑及配套要求

春水堂茶饮建筑及配套要求　　　　　　　　　　　　表 10-10

项目	要求
需求面积	需求面积在 200 ~ 250m²
楼层选择	最好在一楼临街店面
建筑层高	2.8m 以上
门面宽度	6 ~ 7m
设施配置	具备水、电、煤气基本设施

经典商业案例

03·星巴克

坚守"体验文化"和独特的营销手段

图10-3　星巴克

星巴克（Starbucks）是一家诞生于美国西雅图的咖啡公司，专门
购买并烘焙高质量的纯咖啡豆，并在其遍布全球的零售店中出售，
此外，还销售即磨咖啡、浓咖啡式饮品、茶以及与咖啡有关的什物
和用品。

　　星巴克（Starbucks）是一家1971年诞生于美国西雅图的咖啡公司，专门购买并烘焙高质量的纯咖啡豆，并在其遍布全球的零售店中出售，此外，还销售即磨咖啡、浓咖啡式饮品、茶以及与咖啡有关的什物和用品。星巴克在中国内地已经有三家合作伙伴：北京美大咖啡有限公司（中国北方的代理）、台湾统一集团（上海、杭州和苏州等江南地区的代理）和南方地区（香港、深圳等）的代理权则交给香港的一家公司。

　　1992年6月，星巴克作为第一家专业咖啡公司成功上市，迅速推动了公司业务增长和品牌发展。目前星巴克已在北美，拉丁美洲，欧洲，中东和太平洋沿岸39个国家拥有超过13000多家咖啡店，拥有员工超过145000人。

　　尽管星巴克是一家以重烘焙咖啡豆为基业，再转进咖啡馆、灌装咖啡饮料、咖啡冰淇淋、咖啡馆情景CD唱片和零售家用咖啡机器，最成功的垂直综合企业，其实星巴克的成功并不在于其咖啡品质的优异，轻松、温馨气氛的感染才是星巴克制胜的不二法宝。星巴克能把一种世界上最古老的商品发展到形成了与众不同的、持久的、有高附加值的品牌，与其刚开始创业时坚守的"体验文化"和独特的营销手段分不开。

星巴克基本信息 表 10-11

商家名称	星巴克
LOGO	
创立时间	1971 年
主营商品	销售即磨咖啡、浓咖啡式饮品、茶以及与咖啡有关的什物和用品
业态	咖啡茶艺
主要网点	大、中城市
目标人群	时尚消费者
拓展区域	华南地区
店铺总数	全国 800 多家
客单消费	20 ～ 100 元
开店方式	直营、加盟
首选物业	商业综合体、购物中心、商业街、写字楼底商及配套商业
物业使用	租赁、合作
需求面积	200 ～ 250m^2
合同期限	5 ～ 10 年

一、选址标准

星巴克选址标准 表 10-12

项目	要求
城市选择	省内一类城市市区
商圈地段	城市内核心的商圈
商圈位置	商圈内展示面好，核心位置

二、建筑要求

星巴克建筑要求　　　　　　　　　　　　　　　　表 10-13

项目	要求
需求面积	150m² 以上
建筑层高	首层层高 4.5m 以上
楼板荷载	350kg/m²

三、配套要求

星巴克配套要求　　　　　　　　　　　　　　　　表 10-14

项目	要求
供电	由甲方无偿提供电量 250kW 至该房产供乙方使用，电缆 YJV4×185+1×95，一路入户，接至乙方租赁区域内乙方指定位置（租赁区域的一层规划厨房区）；住进开关整定值 400A；乙方在乙方租赁区域内自设配电室和峰谷平计量电表，配电箱内总闸以后的线路由乙方维修，总闸以前的线路由甲方维修
供水	供水管线由甲方无偿提供到乙方租赁区域，并需满足：日供水指标不小于 25t；供水压力不小于 0.2MPa，管径不小于 $DN50mm$，乙方在乙方租赁区域内自设总闸门和计量水表，总闸门以后的管路由乙方维修，总闸门以前的管路由甲方维修
物业结构	甲方保证乙方租赁区域的楼板承重：设计活荷载炸锅及冷库区不小于 450kg/m²，其他区不小于 350kg/m²；如不能达到此要求，甲方同意乙方对原物业结构进行加固；甲方同意乙方按需新设楼梯及货梯并同意乙方进行由此引进的原机构改造；乙方在屋面安放设备时，如该屋面不能满足设备承载要求，甲方同意乙方对屋面进行加固。所有机构改造、加固等施工由甲方负责协调全面关系，协助与原设计单位沟通
卫生间及其污水排放	在乙方租赁区域内自设卫生间供乙方单独使用。污水管线由甲方无偿提供到乙方租赁区域下方并保证管线畅通，管径小于 $DN150mm$
隔油池及厨房废水排放	甲方无偿提供乙方设置隔油池，隔油池出水管由甲方接入大厦地下室污水房，甲方污水排出后接入市政管道，管径小于 $DN150mm$
空调	甲方同意乙方自设空调系统。甲方无偿提供乙方空调室外机组的安放位置，甲方保证能随时进入该区域对空调室外机进行保养及维修，并保证该位置将导致争议或影响邻里关系
新风、排风	甲方无偿提供乙方的新风、排风口位置，每个风口尺寸 400mm×600mm
广告位	有招牌位及广告悬挂点

链接　品牌定位

　　"星巴克"这个名字来自美国作家麦尔维尔的小说《白鲸》中一位处事极其冷静、极具性格魅力的大副。他的嗜好就是喝咖啡。麦尔维尔在美国和世界文学史上有很高的地位，但麦尔维尔的读者群并不算多，主要是受过良好教育、有较高文化品位的人士，没有一定文化教养的人是不可能去读《白鲸》这部书，更不要说去了解星巴克这个人物了。从星巴克这一品牌名称上，就可以清晰地明确其目标市场的定位：不是普通的大众，而是一群注重享受、休闲、崇尚知识、尊重人本位的富有小资情调的城市白领。

　　星巴克除了供应三十多种综合及单品咖啡外，还有精心调制的经典咖啡（Espresso Traditions）及其他饮品如特制的咖啡星冰乐（Frappuccino）及富有特色的泰舒（Tazo a）茶类系列，更有新鲜出炉的西式糕点。星巴克的专业商品还包括独家出售的 Espresso 咖啡机与咖啡调配器、特制的糖果以及精选上乘的咖啡与茶类系列产品。

经典商业案例

04·迪欧咖啡

国内知名餐饮连锁经营品牌之一

图10-4　迪欧咖啡

"迪欧咖啡"作为国内知名餐饮连锁经营品牌之一，曾在中国餐饮百强排名中位列第 30 位、休闲餐饮第一位，在最新的中国连锁餐饮业排行中，企业规模位列第 16 名，团队运营能力的直营店数指标上位居全国第四。是中国复合式休闲餐饮咖啡类的领先者。

　　"迪欧咖啡"作为国内知名餐饮连锁经营品牌之一，在 2005 年度最新的中国餐饮百强排名中位列第 30 位、休闲餐饮第一位，在最新的中国连锁餐饮业排行中，企业规模位列第 16 名，标志着团队运营能力的直营店数指标上位居肯德基、麦当劳等之后的全国第四。

　　目前，迪欧集团旗下项目包括"迪欧咖啡"、"米萝咖啡"、"上岛咖啡（拥有 6 省份的特许经营权）"三个连锁品牌经营及管理、迪欧食品加工等，全国门店总数 800 余家，遍布中国二十多个省份、自治区和直辖市中的百余城市，拥有强大加盟商团队的支持，五大分公司布局南北、互相策应，成为中国复合式休闲餐饮咖啡类的领先者。

迪欧咖啡基本信息 表 10-15

商家名称	迪欧咖啡
LOGO	
行业地位	复合式休闲餐饮咖啡类的领先者
主营商品	咖啡、点心
业态	咖啡茶艺
主要网点	北京、天津、辽宁、河北、河南、山东、湖南、江西、浙江、广东
目标人群	青年人、白领、商务人士
拓展区域	华南地区
店铺总数	全国 800 多家
客单消费	30 ~ 200 元
开店方式	直营、加盟、特许加盟
首选物业	商业综合体、购物中心、商业街、写字楼底商及配套商业
物业使用	租赁、合作
需求面积	600 ~ 900m²
合同期限	8 年以上

一、选址标准

迪欧咖啡选址标准 表 10-16

项目	要求
商圈地段	以商住楼群为主：大酒店、宾馆或其附近； 政府行政机关单位或银行等周边； 别墅区、高档住宅附近

二、建筑及配套要求

迪欧咖啡建筑及配套要求 表 10-17

项目	要求
需求面积	600m² 以上
楼层选择	最好是一、二楼，需有独立的门面
停车位	至少有 10 个以上停车位或附近有停车场
广告位	要求有显眼的广告招牌位置
其他配套	在 35t 以上，电容量达 100kW 以上，具备排污、排烟管道

经典商业案例

05 ▪ 喜来公社

专营精品咖啡和专业烘焙的全球
连锁机构

图10-5 喜来公社

喜来公社是一家专营精品咖啡和专业烘焙的全球连锁机构，汇聚了
法国、日本、丹麦和台湾地区等一批世界优秀的咖啡、烘艺大师，
到中国内地开拓市场。

喜来公社是一家专营精品咖啡和专业烘焙的全球连锁机构，汇聚了法国、日本、丹麦和台湾地区等一批世界优秀的咖啡、烘艺大师，带着诚信、创新、尊重、责任来到中国内地市场。面包是喜来公社的主要产品，跟目前国内绝大部分面包店相比，其差异在于都是现场烘焙和制作。温介清将非现场烘焙的面包店看作传统面包店，主要提供在工厂制造好以后运送到面包加盟店去销售的包装性面包。

喜来公社基本信息   表 10-18

商家名称	喜来公社
LOGO	
主营商品	经营咖啡、蛋糕、茶饮和面包西式餐点
业态	咖啡茶艺
主要网点	上海、南京、苏州、常州、安徽等
目标人群	时尚青年、白领、商务人士
拓展区域	国内各大一二三线城市
店铺总数	全国 100 多家
客单消费	10 ～ 300 元
开店方式	直营、加盟
首选物业	商业综合体、购物中心、商业街、写字楼底商及配套商业
物业使用	租赁、合作
需求面积	60 ～ 120m²
合同期限	5 年以上

一、选址标准

喜来公社选址标准   表 10-19

项目	要求
商圈地段	一线城市核心商圈、重要商务办公区域、高档住宅小区附近
地块位置	沿街道路的首层，道路交叉口最佳（上海外环以内）

二、建筑及配套要求

喜来公社建筑及配套要求　　　　　　　　　表 10-20

项目	要求
需求面积	150～250m²
空调配置	有上下水空调设备
建筑层高	2.8m 以上
广告位	有户外广告和店招的位置
垃圾处理	有独立的垃圾通道

经典商业案例

06 ▪ 两岸咖啡

世界知名中外合资餐饮连锁企业

图10-6　两岸咖啡

两岸咖啡是世界知名中外合资餐饮连锁企业，由浙江知名女企业家金梅央女士为追求更大的咖啡理想和更好的服务理念，投资创立的咖啡西餐连锁品牌。企业想全力打造一个属于中国人自己的咖啡西餐连锁品牌。

　　两岸咖啡是世界知名中外合资餐饮连锁企业，由浙江知名女企业家金梅央女士为追求更大的咖啡理想和更好的服务理念，投资创立的咖啡西餐连锁品牌。两岸咖啡2008年获得全球排名第一的投资银行、世界500强企业之一的"高盛集团"与"华生投资"的青睐，大举投资超过人民币2亿元，"两岸咖啡"拥有丰富的人力资源与强大的资金实力，决心以更完善的企业构架、更务实的经营理念，全力打造一个属于中国人自己的咖啡西餐连锁品牌。"两岸咖啡"目前已成功经营咖啡西餐厅、铁板烧、木の兰怀石料理等多项餐饮品牌，预计在十年内按公司的开店计划完成全国5000家"两岸咖啡西餐厅"的连锁规划。

两岸咖啡基本信息 表 10-21

商家名称	两岸咖啡
LOGO	
业态	西餐、咖啡茶艺
主要网点	浙江、上海、北京、重庆、武汉等
目标人群	白领、商务人士
拓展区域	北京、全国
店铺总数	600 多家
客单消费	80 ～ 200 元
开店方式	直营、加盟
首选物业	商业综合体、购物中心、商业街、写字楼底商及配套商业、社区底商及配套商业
物业使用	租赁
需求面积	600 ～ 800m²
合同期限	5 ～ 10 年

一、选址标准

两岸咖啡选址标准 表 10-22

项目	要求
商圈地段	大型政企事业、商业或高档住宅配套的商圈
地块位置	政府行政机关单位或银行等周边

二、建筑及配套要求

两岸咖啡建筑及配套要求

表 10-23

项目	要求
需求面积	600 ~ 800m²
楼层选择	一、二层，一层以上需要独立进出口
建筑层高	净高至少 4m
店招位置	商铺招牌明显
广告招牌	要求有显眼的广告招牌位置
展示面	商铺展示面及能见度佳
水电配置	供水量在 35t 以上；电容量在 150kW 左右
供气排污	天然气流量在 9 ~ 11m³；门店需具备排污、排烟管道，最好能纳入大楼烟井
停车位	交通便利，至少有 15 个以上停车位或附近有停车场

三、合作要求

两岸咖啡合作要求

表 10-24

项目	要求
租期	房屋租赁期最好在 8 年以上
装修期	最好有 3 个月以上的免费装修期

经典商业案例

07 · 咖世家

拥有专属的咖啡豆烘焙工场

图10-7 咖世家

咖世家（Costa）兄弟于 1978 年在伦敦开了第一家咖啡专卖店，务求为顾客奉上风味纯正的最佳意式咖啡。

咖世家（Costa）兄弟于 1978 年在伦敦开了第一家咖啡专卖店，其后在他们的家庭和朋友协助下，Costa 咖啡专卖店以每年开两家新店的成长率扩展。1988 年，Costa 兄弟将烘焙咖啡豆工厂转移到伦敦 Lambeth 区 Old Paradise 街，并以此工厂作为存放烘烤器和青咖啡豆之用。随后公司发展迅速，新配置咖啡豆烘烤器，成为 Costa 业务发展的关键因素。

在 20 世纪 90 年代，Costa 获得了迅速的发展，到 1999 年已增加到 186 家咖啡专卖店，于 2000 年 Costa 每星期售卖的咖啡多达 370 万杯。从高品质的咖啡豆到一杯完美的咖啡，COSTA 致力于使其间每个程序与细节均尽善尽美，务求为顾客奉上风味纯正的最佳意式咖啡。有别于其他任何咖啡供应商，COSTA 拥有专属的咖啡豆烘焙工场，以确保 Costa 独特的烘焙技艺得以百分之百的完美呈现。

咖世家基本信息 表 10-25

商家名称	咖世家（costa）
LOGO	
创立时间	1978 年
业态	咖啡茶艺
主要网点	上海、北京、南京、杭州、苏州等地
目标人群	大众群体
开店计划	咖世家 (Costa) 计划 2011 ～ 2013 年在华开店 250 家，广东地区计划落子 50 家或更多
店铺总数	200 家
开店方式	直营、加盟
客单消费	20 ～ 200 元
首选物业	商业综合体、写字楼底商及配套商业、社区底商及配套商业
物业使用	租赁
需求面积	60 ～ 120m²
合同期限	2 ～ 5 年

选址标准

咖世家选址标准 表 10-26

项目	要求
商圈地段	商业活动频繁的闹市区：人流量大、商业活动频繁的闹市区
	同行聚居区：竞争虽然激烈，但由于同行聚居，顾客可以有更多的机会进行比较和选择，因而很能招揽顾客
	聚居的公共场所附近：由于人口集中，消费的需要量集中且大
	面对客流量最大和能见度高的街道：处在客流量最多的街道上，受客流量和通行度影响最大，可使多数人就近买到所需物品
竞争环境	同行聚居，顾客可以有更多的机会进行比较和选择，很能招揽顾客
消费环境	由于人口集中，消费的需要量集中且大

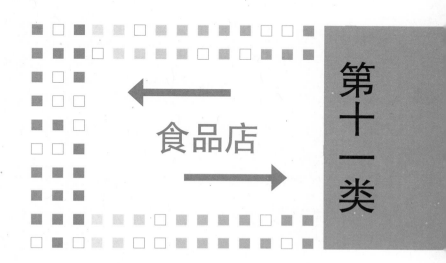

食品店这里主要指面包坊及甜品店。这种业态面对的是大众消费者，只要选择人群密集、交通便利区域即可。

第十一类　食品店

一、商圈要求

食品店基本商圈要求

表 11-1

项目	要求
商圈地段	各种商圈均可开设 品牌企业多开设在繁华的区域型、社区型的商业街市上
交通条件	交通便利

二、建筑及配套要求

食品店基本建筑及配套要求

表 11-2

技术指标	要求
立店障碍	须经食品卫生监督部分会审核准，方可经营离污染源 10m 以上
需求面积	30 ～ 300m²
楼层选择	1 ～ 2 层，部分商家要求有户外经营区
建筑层高	≥ 4m
建筑结构	框架式结构
柱网间距	≥ 4m
门面宽度	≥ 6m
燃气管道	提供接口
排污	排油井、隔油池及排油烟井道等设施
给排水供水	一般商业标准
供配电	一般商业标准
装修标准	简单装修
店招位置	有明显店招位置
租期	2 年以上

经典商业案例

01·面包新语

精品面包蛋糕连锁店

图11-1　面包新语

面包新语（BreadTalk）以投资开设精品面包蛋糕连锁店为主，至今已将业务发展到了东南亚各国家，在各地获得普遍好评，在国际上也享誉盛名，更陆续获得最受欢迎品牌、最著名品牌、最有潜质品牌，超级品牌等多项大奖。

　　面包新语（BreadTalk）由新加坡人郭明忠创办，集团于 2000 年在新加坡正式成立，以投资开设精品面包蛋糕连锁店为主，至今面包新语（BreadTalk）已将业务发展到了印尼、菲律宾、科威特、马来西亚、中国内地、中国香港、中国台湾、中国澳门、泰国、印度等东南亚各国家和地区，在各地获得普遍好评，在国际上也享誉盛名，更陆续获得最受欢迎品牌、最著名品牌、最有潜质品牌，超级品牌等多项大奖。截至 2012 年 6 月底已在全国开设 247 家门店。

面包新语基本信息　　　　　　　　　　　　　　　表 11-3

商家名称	面包新语
LOGO	**BreadTalk**® 面包新语
创始人	郭明忠
创立时间	2000 年
所属国家	新加坡
进入国家和地区	新加坡、印尼、菲律宾、科威特、马来西亚、中国内地、中国香港、中国台湾、中国澳门、泰国、印度等东南亚各国家和地区
主营商品	面包新语（BreadTalk）主要销售精品面包、蛋糕等产品，产品外观别致，味道鲜美，价格适中，适合时尚消费者选购
业态	特色餐饮
主要网点	全国
目标人群	时尚消费者
开店方式	直营、加盟
首选物业	商业综合体、购物中心、商业街、写字楼底商及配套商业
物业使用	租赁、合作
需求面积	50～100m²
合作期限	3～5 年
客单消费	10～50 元

一、选址标准

面包新语基本选址标准　　　　　　　　　　　　　　　表 11-4

项目	要求
商圈地段	品牌企业往往开设在繁华的区域型、社区型的商业街市上
立店障碍	要重视同种业态的相互竞争。立店须经食品卫生监督部门会审核准，方可经营

二、建筑要求

面包新语基本建筑要求

表 11-5

项目	要求
物业结构	框架式结构
需求面积	50 ～ 100m²
建筑层高	不低于 2.8m
门面宽度	6m 以上
其他	橱窗开阔，离开污染源 10m 以上

经典商业案例

02 ▪ 85度C

坚持健康的食品理念

图11-2 85度C

85度C是一家以咖啡、蛋糕、烘焙为主的专卖店。一直坚持健康的食品理念，价格合理，并且是 24 小时直营店，受到消费者的广泛关注。

85度C 创立于 2003 年，是一家以咖啡、蛋糕、烘焙为主的专卖店。自在上海开出第一家门店以来，一直坚持健康的食品理念，价格合理，并且是 24 小时直营店，受到沪上消费者的广泛关注。未来在内地的店数目标要达 1000 家，85度C 在巩固华东地区市场的基础上，依托上市带来的各项利好，加快向北京、深圳、福州、成都、重庆等中心城市的拓展。

85 度 C 基本信息 表 11-6

商家名称	85 度 C
LOGO	 **85度^C** Café A New Café Shop 创造甜蜜的幸福滋味
主营商品	咖啡、甜点
业态	西餐
主要网点	内地长三角和珠三角地区
目标人群	18 ~ 38 岁的年轻群体
拓展区域	北京、深圳、福州、成都、重庆等中心城市
开店计划	2016 年前在内地的店数目标要达 1000 家
店铺总数	全球 479 家连锁店，大陆直营店 158 家
客单消费	20 ~ 100 元
开店方式	直营、加盟
首选物业	商业综合体、购物中心、商业街、写字楼底商及配套商业、社区底商及配套商业
物业使用	租赁
需求面积	150 ~ 200m²
合同期限	2 ~ 5 年

一、选址标准

85 度 C 基本选址标准 表 11-7

项目	要求
商圈地段	一线城市核心商圈、重要商务区，办公区域、高档住宅小区附近，繁华的区域型、社区型的商业街市上
地块位置	一楼临街店铺
立店障碍	要重视同种业态的相互竞争，立店须经食品卫生监督部门会审核准，方可经营

二、建筑要求

85 度 C 基本建筑要求　　　　　　　　表 11-8

项目	要求
建筑结构	框架式结构
建筑层高	不低于 2.8m
门面宽度	6m 以上

三、配套要求

85 度 C 配套要求　　　　　　　　表 11-9

项目	要求
橱窗	开阔
水电配置	上水 40mm，下水 100mm；120kW
空调	有空调设备
垃圾	有独立的垃圾通道
广告位	有户外广告和店招的位置
排污	离开污染源 10m 以上

03 · 克莉丝汀饼屋

质感来自于用心

图11-3　克莉丝汀

上海克莉丝汀食品有限公司与"克莉丝汀"品牌诞生在上海，是一家大型烤焙食品企业。公司集生产、配送、销售为一体，自产自销中西糕点、面包、裱花蛋糕、月饼、饼干、巧克力糖果等六大类、上千种产品。

　　上海克莉丝汀食品有限公司与"克莉丝汀"品牌均于1992年诞生在上海，是由公司董事长罗田安先生等在中国大陆创建的一家大型烤焙食品企业。公司集生产、配送、销售为一体，自产自销中西糕点、面包、裱花蛋糕、月饼、饼干、巧克力糖果等六大类、上千种产品。

　　克莉丝汀目前在祖国大陆的零售网点遍布长江三角洲的15个城市，其中包括上海与江苏省会南京、浙江省会杭州等特大城市，拥有包括公司总部和6个GMP工厂在内的、建筑总面积约16万m^2的生产、管理基地以及全资、直营门店近600余家，员工逾6000人。截至2012年6月30日，共有972间零售门店。

　　克莉丝汀的企业信念是"质感来自于用心"、"没有卖不出去的产品，只有卖不出去的品质"；秉承"食品是良心事业"的理念，始终致力于制造使消费者安心、放心、满意的优质美味、健康的食品。

克莉丝汀基本信息　　　　　　　　　　　　　　　表 11-10

商家名称	克莉丝汀饼屋
LOGO	克莉丝汀 Christine
主营商品	各式中西糕点、面包、裱花蛋糕、月饼、饼干、糖果等六大类
业态	副食店
主要网点	上海、江苏、浙江
目标人群	大众群体
拓展区域	国内各大一二三线城市均是克莉丝汀未来拓展区域
店铺总数	900 多家
客单消费	10 ～ 200 元
开店方式	直营、加盟、代理
首选物业	商业综合体、商业街、社区底商及配套商业
物业使用	租赁
需求面积	80 ～ 200m^2
合同期限	2 ～ 5 年

一、选址标准

克莉丝汀饼屋选址标准　　　　　　　　　　　　　表 11-11

项目	要求
地段选择	附近有医院、车站、菜场、卖场、学校、便利超市等，店面位于成熟社区及商业地段为佳
商圈人口	150m 半径内居民不少于 1 万人，其中 200m 半径内不少于 2000 户
地块位置	位于社区商业中心街道（动线上）。东西走向街道最好坐北朝南；南北走向街道最好坐西朝东，尽可能位于十字路口的西北拐角
周边业态	与超市、商厦、饭店、24 小时药店、咖啡店、茶艺馆、酒吧、学校、银行、邮局、洗衣店、冲印店、社区服务中心、社区文化体育活动中心等集客力较强的品牌门店和公共场所相邻

二、建筑要求

克莉丝汀饼屋建筑要求   表 11-12

项目	要求
需求面积	$40 \sim 150m^2$（$60 \sim 100m^2$ 为最佳）
门面宽度	6m 以上
供电配置	用电量 20kW 三相电
店距	1000m

经典商业案例

04·香港美心西饼

香港最大最多元化之优质餐饮集团

图11-4 美心西饼

香港美心集团是香港最大、最多元化之优质餐饮集团,经营范畴广泛,包括中菜、亚洲菜、西菜、快餐、西饼、咖啡店、日式连锁餐饮及机构食堂等。此外,香港美心月饼更连续14年成为香港月饼销量冠军。

香港美心集团创立于1956年,为香港最大最多元化之优质餐饮集团,目前拥有720多间分店,每日服务超过60万人次。集团经营范畴广泛,包括中菜、亚洲菜、西菜、快餐、西饼、咖啡店、日式连锁餐饮及机构食堂等。此外,香港美心月饼更连续14年成为香港月饼销量冠军。美心集团于2005年3月,在中国广州开设首间美心西饼,现时国内美心西饼分店已遍布广州、深圳、佛山等地。

香港美心西饼基本信息 表 11-13

商家名称	美心西饼
LOGO	美心西饼
创立时间	1956 年
主营商品	中菜、亚洲菜、西菜、快餐、西饼、咖啡店、日式连锁餐饮及机构食堂等
业态	西饼面包连锁
拓展区域	国际国内，中国香港 140 间，中国广州 7 间
开店计划	广州、深圳、佛山、东莞，计划拓展数量 100 间店以上
店铺总数	720 多间分店
开店方式	直营
首选物业	商业综合体、商业街、社区底商及配套商业
物业使用	租赁
需求面积	40 ～ 120m²
合同期限	3 ～ 5 年，免租期 1 ～ 2 个月

一、选址标准

香港美心西饼选址标准 表 11-14

项目	要求
商圈地段	购物中心街铺、商业区、大型住宅区、地铁商铺

二、建筑及配套要求

香港美心西饼建筑及配套要求 表 11-15

项目	要求
需求面积	40 ～ 120m²
楼层选择	首层或地铁层
楼板荷载	350kg/m² 以上
给排水 / 排油 / 排污 / 烟道	需配置
供配电负荷	三相 60kW（根据面积大小）
硬件设施	店铺须具备餐饮行业之功能条件

经典商业案例

05 ▪ 哈根达斯

连锁雪糕专门店

图11-5　哈根达斯

哈根达斯（Haagen-Dazs）作为美国冰激凌品牌，也成立了连锁雪糕专门店，在世界各国销售其品牌雪糕。

哈根达斯（Haagen-Dazs）作为美国冰激凌品牌，1921年由鲁本·马特斯（Reuben Mattus）研制成功，并于1961在美国纽约布朗克斯命名并上市，它亦成立了连锁雪糕专门店，在世界各国销售其品牌雪糕，在54个国家或地区共开设超过900间分店。另外，在市场占有率上美国6.1%，英国3.5%，法国1%，日本4.6%，新加坡4%，中国香港5%。

哈根达斯基本信息　　　　　　　　表 11-16

商家名称	哈根达斯
LOGO	Häagen-Dazs
创立时间	1921 年
所属国家	美国
业态	冰激凌
主要网点	中国国内重点城市
目标人群	学生、白领
拓展区域	广州、深圳、昆明、南宁、贵阳、海南、佛山、珠海、东莞
店铺总数	89 家，全球 900 多家
开店方式	直营
首选物业	商业综合体、购物中心、商业街、写字楼底商及配套商业
物业使用	租赁、合作
需求面积	80 ~ 500m²
合作期限	8 年以上
客单消费	100 ~ 500 元

一、选址标准

哈根达斯选址标准　　　　　　　　表 11-17

项目	要求
城市选择	以一二线城市为主
商圈地段	位于大型购物中心、百货、商业步行街

二、建筑要求

哈根达斯建筑要求　　　　　　　　　　　　　　表 11-18

项目	要求
需求面积	80 ~ 500m²
单层面积	150 ~ 250m²
楼层选择	1 ~ 2 层，部分商家要求有户外经营区
结构层高	≥ 4m
开间	≥ 8m
柱网间距	≥ 4m
楼板承重	厨房区承载力 ≥ 450kg/m²，其他区域 ≥ 250kg/m²
装修标准	简单装修，毛坯
步梯	≥ 1.2m

三、配套要求

哈根达斯配套要求　　　　　　　　　　　　　　表 11-19

项目	要求
水电配置	需提供上下水，进水管直径为 400mm 及 2.0kg 以上的供水水压，排水管直径为 100mm；150kW
空调	提供中央空调或者空调安置位置
燃气管道	≥ 15m³/h
新风量	根据餐厅的排气次数，一般按 8:10 的比例进行补风
洗手间	有独立卫生间配备
通信要求	提供两路电话
排烟散热	密闭性要求较高
隔油池	有中央隔油池
排污设施	排油井、隔油池及排油烟井道等设施
消防配置	消火栓、喷淋头、烟感等

经典商业案例

06 ▪ DQ

奶品皇后

图11-6　Dairy Queen

DQ 是 Dairy Queen 的首字母缩写，意为"冰雪皇后"，是来自美国的冰淇淋店。

　　DQ 是 Dairy Queen 的首字母缩写，意为"冰雪皇后"，它的鼻祖是美国人 McCullough。1938 年，美国人麦卡洛尝试制作冰淇淋新产品。1940 年，第一家 Dairy Queen 冰淇淋店在美国伊利诺伊州的乔利埃特开业。迄今为止已在 25 个国家开了近 8000 家连锁店。由于创始人麦卡洛先生喜欢把母牛称作"乳品行业的皇后"，冰淇淋店因此而得名。这就是今天的 Dairy Queen（奶品皇后）。

DQ 冰雪皇后基本信息　　　　　　　　　　　　　　　　表 11-20

商家名称	DQ 冰雪皇后
LOGO	
创立时间	1940 年
所属国家	美国
主营商品	DQ（Dairy Queen）香软冰淇淋、新鲜榨制的 OJ 鲜果露（Orange Julius）以及美味热狗等
业态	西餐、咖啡茶艺
主要网点	全球 25 个国家
目标人群	引领潮流的青年人及年轻家庭
拓展区域	中国中、西部中心城市
开店计划	西安、郑州、长沙
店铺总数	全球 8021 家，中国超过 300 家
开店方式	直营、加盟
首选物业	商业综合体、购物中心、商业街、写字楼底商及配套商业
物业使用	租赁
需求面积	30 ～ 100m²
合作期限	5 ～ 10 年
客单消费	20 ～ 100 元

一、拓展区域

　　来自美国明尼苏达州的著名甜品及休闲类食品（Treats and Snacks）品牌 DQ（Dairy Queen）冰淇淋在中国的北京、大连等时尚城市取得极大成功后，开始向中国中、西部中心城市扩展。作为此计划的开始，DQ（Dairy Queen）公司正在积极寻找来自西安、郑州、长沙这三个中心城市的合作伙伴，共同开发中国中西部地区这一经济快速发展、前景广阔的巨大消费市场。"DQ"的计划是年增 50 家门店。

二、选址标准

DQ 冰雪皇后选址标准　　　　　　　　　　　　表 11-21

项目	要求
商圈地段	大型购物中心，繁华商业街，大型卖场相邻区域
地块位置	人流量较大，店面可视性较强

三、建筑及配套要求

DQ 冰雪皇后建筑及配套要求　　　　　　　　　　表 11-22

项目	要求
需求面积	$70 \sim 100m^2$
建筑层高	2.8m 以上
水电配置	具备基本的水电要求
广告位	有明显店招广告位

经典商业案例

07 ▪ 街客

饮料市场的领导品牌

街客，上海避风塘茶楼旗下的餐饮管理有限公司，是饮料市场的领导品牌。

图11-7　街客

街客，上海避风塘茶楼旗下的餐饮管理有限公司，2003 年 8 月 6 日在上海成立，目前街客的橙色风暴已从上海席卷全国，分别在北京、西安、重庆、沈阳、昆明、无锡相继设立了街客分公司，以上海为中心，以点向外辐射，大力向全国各地进行扩展。目前在上海、北京、沈阳、西安、重庆、昆明设立了区域物流中心，随着街客发展的加速，强大的物流保障，物流中心永远是执行先行战略，继续挺进大江南北，已然成为饮料市场的领导品牌。

街客倡导"现做品质"的标准定义，也是街客出品的核心理念。平民化售价，有着最广大的消费群体，优质的原料供应商更是全球采选，为街客供应"仅此一家"的物料。严格的原料供应体系与先进的物流体系，确保产品线的独特性和竞争力。

街客基本信息　　　　　　　　　　　　　　　　表 11-23

商家名称	街客
LOGO	
创立时间	2003 年
业态	咖啡茶艺
主要网点	上海、北京、天津、西安、咸阳、重庆、昆明、沈阳、大连、长春、无锡、南京等
目标人群	时尚青年男女
拓展区域	国内各大一二线城市
店铺总数	400 多家
开店方式	直营、加盟
首选物业	商业综合体、购物中心、商业街、写字楼底商及配套商业、社区底商及配套商业
物业使用	租赁
需求面积	10 ～ 30m²
合作期限	2 年以上
客单消费	5 ～ 20 元

一、选址标准

街客基本选址标准　　　　　　　　　　　　　　表 11-24

项目	要求
商圈地段	市政商业区、地区形商业区、商务圈、学院圈

二、建筑及配套要求

街客建筑及配套要求　　　　　　　　　　表 11-25

项目	要求
需求面积	使用面积不低于 10m²
门面宽度	前开门的店面门面宽不低于 2.6m，后开门的店面门面宽不低于 1.6m
进深长度	净深不得少于 2.4m
建筑层高	净高不得低于 2.5m；有特殊房型的、门面尺寸不标准的需通过公司核准
高度	外立面空间高度不得低于 2.5m
宽度	室内操作区净使用宽度不低于 2.85m
店招高度	不得低于 0.6m
上水	6 分管以上的进水管
排污	独立的排污管道
电力	15kW，40A 以上（有 380V 动力电）
广告位	有独立的广告位置

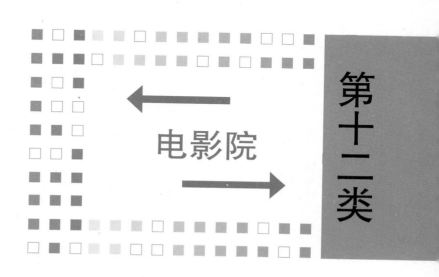

第十二类

电影院

影院类别指包括了多个大小不等的放映厅的多厅影院。

一、选址标准

影院选址标准

表 12-1

项目	要求
商圈地段	一、二、三级城区中主要商圈； 成熟商圈或有潜力的商圈； 3km 内不少于 20 万人城市商圈； 购物中心内

二、建筑要求

影院建筑基本面积要求

表 12-2

类型	座位数（个）	长 (m) × 宽 (m)	要求（m²）
小厅	80 ~ 150	(13 ~ 20) × (8 ~ 11)	150 ~ 250
中厅	150 ~ 250	(18 ~ 24) × (11 ~ 15)	250 ~ 350
大厅	250 ~ 400	(24 ~ 30) × (15 ~ 17)	350 ~ 450

总面积 1500 ~ 6000m²，放映厅 300 ~ 700m²，公共面积及休息区 0.50m²/座，衣物存放处面积 0.04m²/座，多种营业面积 0.50m²/座。

影院基本建筑要求

表 12-3

项目	要求
物业形状	影厅内中空
楼层选择	项目顶层不高于 6 层
建筑层高	9m 以上（可 2 层打通），净高不低于 6m
柱网间距	不低于 10m
楼板荷载	450kg/m²
门面要求	与商场主通道相连，门面 12～20m
停车	停车方便，交通便利
装修	毛坯

三、配套要求

影院基本配套要求

表 12-4

项目	要求
建筑消防	配备消火栓、喷淋、烟感、消防广播系统、排烟及火灾自动报警系统，并取得整体建筑验收合格证及消防验收合格意见书
装修消防	协助获取影院装修消防验收合格意见书和消防场地安全检验合格意见书
消防喷淋	店方独立使用消防喷淋系统
消防报警	店方监控中心设独立报警控制系统
消防栓	店方独立使用消火栓系统水量 5L/s
给排水	提供管径为 50mm 的独立进水管 2 根及独立计量水表，每天 20t 用水量指标。提供给店方 50mm 排水管 1 根

影院基本配套要求

项目	要求
供配电	提供电容量不低于 500kVA 变电设备，标准不低于 75kV/ 银幕，双路供电方式，三相五线 380V/220V、50Hz，安装店方独立计量电表，电缆桥架及电线管道不穿越观众厅隔墙。应急电力要求 300kV
卫生间	男卫生间，每 150 座设 1 个大便器，每 75 座设 1 个小便器，每 150 座设 1 个洗脸盆。女卫生间，每 50 座设 1 个大便器，每 150 座设 1 个洗脸盆
排污设施	提供给店方 150mm 排污管一根，就近接入足够容量的排污化粪池
机电工程和电缆电容	提供电缆到影院内指定位置，供配电负荷 250 ～ 380kW
空调系统	提供约 40m^2 空间用于安装影院空调主机和冷却塔，并保留适当的维修通道，其中空调主机运行重量 2000kg
通风系统	预留影院所需新风井 / 口、排风井 / 口
通信系统	每 500 座设置一门直线电话
给水排水工程	指定位置预留 DN75 给水管、DN110 排水管和 DN110 排污管
人流动线	有相对独立的垂直电梯，保障影院人流垂直动线和平面动线的通畅足用
广告宣传	提供广场外墙面和正门等位置用于影院宣传

四、建筑施工要求

影院基本建筑施工要求

表 12-5

项目	要求
混凝土做法	混凝土结构层厚度不低于 100mm
	表面硬度不低于 1.2MPa
	钢结构面上必须铺钢网，钢网上浇混凝土
钢结构做法	混凝土结构层厚度不低于 100mm
	混凝土表面硬度不低于 1.2MPa

影院基本建筑施工要求

项目	要求
公共墙体	相邻影厅的公共墙体为双立墙
其他墙体	其他墙体为 1800mm 墙体
夹层	按图纸要求完成

五、合作方式

影院基本建筑合作方式

表 12-6

项目	要求
经营方式	自营
租期	20 年
租金	保底租金和票房提成

01·APEX国际影院

为观众提供最好、最刺激的观赏环境

图12-1　APEX国际影院

APEX 国际影院是 APEX 国际影院投资有限公司旗下品牌，由前华纳国际影院团队发起的 APEX 国际影院投资公司计划再度进军内地影院市场。它希望创造一个享有国际声誉的现代化多功能影院网络，为到电影院看电影的观众提供最好、最刺激的观赏环境。

APEX 国际影院成立于 2008 年。成立之初，APEX 就有一个梦想，希望创造一个享有国际声誉的现代化多功能影院网络，为到电影院看电影的观众提供最好、最刺激的观赏环境。2009 年 5 月 15 日，APEX 国际影院投资（香港）有限公司与苏州圆融发展集团有限公司在苏州工业园区内缔结合作意向，这标志着 APEX 国际影院首度登陆中国。

APEX 国际影院是 APEX 国际影院投资有限公司旗下品牌，由前华纳国际影院团队发起的 APEX 国际影院投资公司计划再度进军内地影院市场。2008 年 12 月，这家 2007 年刚刚成立的公司获得了美国娱乐地产信托公司（Entertainment Properties Trust，纽约上市号码 EPR）的战略投资，首期投资的金额为 2500 万美元，投资总额则达到了 1 亿 5000 万美元。目前，APEX 计划先期兴建 10 家多厅影院，并力争于 5 ~ 7 年内在内地建成 50 家多厅影院。

APEX 国际影院基本信息　　表 12-7

商家名称	APEX 国际影院
LOGO	**APEX** ENTERTAINMENT
创立时间	2008 年
品牌形象	适合中高阶层消费者
主营商品	主要经营电影院，店内环境宽敞，也有餐饮场所、休息场所、价格中上
业态	休闲娱乐：影院
目标人群	中高阶层消费者
拓展区域	全国
开店计划	公司计划先期兴建 10 家多厅影院，并力争于 5～7 年内在内地建成 50 家多厅影院
开店方式	直营
首选物业	综合体、购物中心、商业街商铺
物业使用	租赁、购买、合作
需求面积	4000～6000m²
合同期限	10～20 年

一、建筑要求

APEX 国际影院基本建筑要求　　表 12-8

项目	要求
需求面积	4000m² 以上
影厅	8 个厅以上（包括 VIP 影厅或独有的 VALCONY 贵宾厅）
建筑层高	VIP 厢净高需 13m、标准影厅净高需 10.2m、小影厅净高 7m
起坡	从观众席第一排后开始，按每排视线超高值大于等于 0.12m，排距大于等于 1.1m 的坡度设计
楼板荷载	现浇钢筋混凝土结构，起坡后楼板承重达到 4KN/m²
商业面积	100000m² 以上
柱网间距	大于 8.5m
墙体	双层墙体，每层墙体不小于 200mm 厚度，中间隔不小于 200mm 的空气层，空气层与墙体之间不可有任何物理形式的连接

二、配套要求

APEX 国际影院配套要求 表 12-9

项目	要求
天线与地线	影城全数字厅需有卫星信号地面接收系统，屋顶局部承重应能满足架设天线基座要求；中央放映室内除需提供安全地线外接口外，还应提供符合标准且独立的音频地线接口
空调配置	出租方需按照影院设计方提供的空调图将空调系统的各子系统引入到观众厅及影院其他公共区域；影院区域内夏天不高于 26℃，冬天不低于 18℃，厅与厅之间须为独立管道系统，并有单独控制
电气	电气部分常规预留不低于 500kW 负荷。双路供电，各用电满足消防基本照明即可
消防配置	消防满足大型娱乐场所消防标准要求，包含但不限于以下项目： 1. 消防水系统； 2. 送风、排风排烟系统； 3. 报警及消防联动系统； 4. 疏散通道

02▪大地数字影院

重建中国城区专业影院的价值体系和行业规则

大地影院投资项目启动于 2005 年，公司（深圳市时代大地影院投资有限公司）注册在深圳市福田区。现已发展为广东院线三强之一。

图12-2　大地数字影院

大地影院投资项目启动于 2005 年，公司（深圳市时代大地影院投资有限公司）注册在深圳市福田区，注册资本 1.5 亿元人民币，投资总额为 5 亿人民币。

大地影院投资经过多年来对中国区域商业项目的广泛接触和深入研究，逐渐组建起一支符合中国区域专业级影院建设实际需要的队伍，以拓展、设计、工程及项目管理分工架构起来的四大管理中心，在保证分工高度专业化的同时，有效保障了项目推进的高效率。

大地影院投资作为最具活力的中国民间资本，冷静地审视中国地区电影市场远远落后的客观状况，决心引进先进连锁经营及品牌管理理念，将电影行业融入资本的效率和效益原则之下，重建中国城区专业影院的价值体系和行业规则。

至 2012 年 12 月底止，大地影院已在全国拥有 290 多家开业的全数字化多厅时尚影院，1 千 3 百多张的银幕，2012 年票房超 11 个亿，跨入全国 10 亿院线俱乐部，排名进入全国前五名。在广东，我们已开业的影院近 70 家，银幕 270 多张，为广东院线三强之一。未来 3 年内，我们还将新增近千张银幕，公司已开动 IPO 上市的计划。

大地数字影院基本信息 表 12-10

商家名称	大地数字影院
LOGO	
创立时间	2005 年
品牌形象	全国知名电影院线
业态	休闲娱乐：影院
主要网点	除内蒙古、新疆、西藏、云南、海南外，全国各省、市均有
目标人群	以 18 ～ 35 岁年轻人为主，包括一般白领、打工一族
拓展区域	大地影院发展专注于在全国二三级城区市场开展专业级数字影院的开拓
开店计划	广东 13 家、福建 4 家、湖南 3 家、广西 3 家、上海 8 家、江苏 8 家、浙江 6 家、山东 4 家、北京 3 家、河北 3 家
店铺总数	110 多家
开店方式	直营、加盟、合作经营
首选物业	商业综合体、购物中心、商业街、社区底商及配套商业
物业使用	租赁、合作
需求面积	1300 ～ 5000m²
合同期限	10 ～ 20 年

一、选址标准

大地数字影院基本选址标准 表 12-11

项目	要求
商圈地段	二三级城区中的主要商圈
商圈人口	3 公里人数不少于 20 万人

二、建筑要求

大地数字影院基本建筑要求　　　　　　　　　　　　　表 12-12

项目		要求
主体结构	总面积	影厅≥ 4 个，实用总面积≥ 1000m²
	建筑层高	影厅内梁底净高≥ 6m
	楼板荷载	活载标准值≥ 350kg/m²
	影厅宽	柱间距≥ 10m
	影厅长	多柱间距≥ 18m
	疏散门	宽度≥ 1.5m
阶梯	混凝土做法	混凝土结构层厚度不低于 100mm；表面硬度不低于 1.2MPa
	钢结构做法	钢结构面上必须铺钢网，钢网上浇混凝土；混凝土结构层厚度不低于 100mm；混凝土表面硬度不低于 1.2MPa
墙体	公共墙体	相邻影厅的公共墙体为双立墙。单墙厚度≥ 1200mm，中空≥ 100mm。墙体采取标准砖或者轻质砖结构，需建造到顶并密封无穿孔
	其他墙体	1800mm
	夹层	按图纸要求完成

三、配套要求

大地数字影院配套要求　　　　　　　　　　　　　表 12-13

项目	要求
建筑消防	配备消火栓、喷淋、烟感、消防广播系统、排烟及火灾自动报警系统，并取得整体建筑验收合格证及消防验收合格意见书
装修消防	协助获取影院装修消防验收合格意见书和消防场地安全检验合格意见书
机电工程和电缆电容	提供电缆到影院内指定位置，容量≥ 250kW
空调系统	提供约 40m² 空间用于安装影院空调主机和冷落塔，并保留适当的维修通道，其中空调主机运行重量 2000kg
通风系统	预留影院所需新风井／口、排风井／口
给水排水	指定位置预留 DN75 给水管、DN110 排水管和 DN110 排污管
人流动线	保障影院人流垂直动线和平面动线的通畅足用
广告宣传	提供广场外墙面和正门等位置用于影院宣传

经典商业案例

03·大连奥纳电影城

东北地区唯一一家五星级影城

图12-3　大连奥纳电影城

大连奥纳电影城是由大连和平广场有限公司与大连市电影公司合资兴建的现代化北美风格影院，是东北地区唯一一家五星级影城。

大连奥纳电影城是由大连和平广场有限公司与大连市电影公司合资兴建的现代化北美风格影院，是 1999 年和 2000 年大连市政府 20 项重点工程之一。大连奥纳电影城完全依据国家 2002 年年初发布的《中国电影院管理条例》中规定的五星级影城评比标准兴建，于 2003 年开业当年被国家广电总局评审为"国家五星级影城"，也是东北地区唯一一家五星级影城。

大连奥纳电影城作为大连市旅游基地、大连市科普教育基地、大连市商贸业百佳百姓满意店，获得"残疾人无障碍影院"、"无吸烟影院"称号，年票房突破 4000 万元，会员人数已达 5 万多人。奥纳电影城跻身全国电影院票房三十强、观影人数全国三甲，目前已在大连、郑州、佳木斯开设影城，预计未来三年进驻十余座城市开设约二十家，让"到奥纳，享受有电影的生活"的理念在更多城市上空回响。

大连奥纳电影城基本信息 表 12-14

商家名称	奥纳影城
LOGO	ownan 奥纳影城 cineplex
品牌形象	东北地区唯一一家五星级影城
业态	休闲娱乐：影院
主要网点	大连、佳木斯、郑州
目标人群	城市真正热爱电影一族
拓展区域	东部沿海、西部城市
店铺总数	4 家
开店方式	直营、投资经营
首选物业	商业综合体、购物中心
物业使用	租赁
需求面积	5000 ～ 8000m²
合同期限	10 ～ 20 年

一、选址标准

大连奥纳电影城选址标准 表 12-15

项目	要求
商圈地段	40000m² 以上大型购物中心，有复合业态大型商业设施内、主力购物中心
交通条件	所处的地理位置交通方便，步行 5min 内应有 3 条以上的公交线路；若有地铁、轻轨则更佳
商圈人口	当地户籍人口 100 万以上；人均年可支配收入 1 万元以上；人均年消费性支出 8000 元以上，以步行 10min 或乘车 5min 计算，远郊区、县（市）应不低于 5 万以上的常住人口，市级以上的城市不低于 15 万
竞争环境	远郊的区、县（市），所处区域没有近 5 年建设的多厅影院或仅存在 1 个旧的、传统单厅或改造过的 3 厅以下影院； 中等以下人口超过 100 万的城市，近 5 年内新建多厅影院少于 2 个的

二、建筑要求

大连奥纳电影城建筑要求　　　　　　　　　　　表 12-16

项目	要求
需求面积	5000 ~ 8000m²
建筑层高	8.5m
柱网间距	8.4m
楼板荷载	400kg/m²
入驻项目建筑面积	80000m² 以上

三、影厅设置要求

　　大连奥纳电影城通常采用租用方式，面积一般为 3000 ~ 6000m²，设立影厅的数量根据不同城市做不同安排：

　　第一，一般应为 6 ~ 10 个厅，平均每厅座席数 130 ~ 150 个。其中：大厅 1 个，可容纳 300 人或以上；其余为小厅，其座席数应掌握在 100 个左右；

　　第二，5 ~ 6 个厅影院的座席总数控制在 1000 个以下；

　　第三，7 厅以上的影院则根据当地的实际情况，灵活掌握。

经典商业案例

04·韩国CGV影院

亚洲票房最高的影院连锁企业

图12-4　韩国CGV影院

韩国 CJ 集团成立于 20 世纪 50 年代，是韩国十大集团公司之一。CGV 影院从 1998 年开设韩国第一家多厅影院，发展至今已成为韩国乃至亚洲票房最高的影院连锁企业（有 100 家多厅影院），也是唯一单独拿出影院部分上市的公司（2004 年）。

　　韩国 CJ 集团成立于 20 世纪 50 年代，是韩国十大集团公司之一。CJ 集团有 4 大主力产业：食品、餐饮；生物、医疗；家庭购物、流通；媒体、娱乐。CJ 媒体、娱乐产业包括电影投资、制作、发行、放映（CGV 影院）及有线电视、网络游戏、音乐等领域。CGV 影院从 1998 年开设韩国第一家多厅影院，发展至今已成为韩国乃至亚洲票房最高的影院连锁企业（有 100 家多厅影院），也是唯一单独拿出影院部分上市的公司（2004 年）。

　　CGV 影院于 2006 年 10 月在中国上海开设中国 1 号店，如今上海有四家店开业。通过前期的市场调查及摸索，CGV 影院正在全国范围内积极的开拓新的影院市场。目前上海，北京，天津，宁波，烟台，武汉，沈阳，抚顺，盘锦等地影院已相继营业，哈尔滨，大庆，重庆、常州等城市也成功签约等待进驻。

CGV 影院基本信息　　　　　　　　　　　　表 12-17

商家名称	CGV 影院
LOGO	CGV*　希界维国际影城
品牌形象	亚洲票房最高的影院连锁企业
业态	休闲娱乐：影院
主要网点	北京、上海、天津、浙江、湖北、四川、辽宁等地
目标人群	热爱生活的都市人群
拓展区域	华东：上海，浙江，江苏，江西，安徽； 华北：北京，山东，河北等； 华中：湖南，湖北，四川等； 华南：广东，福建，贵州等； 东北：辽宁，吉林，黑龙江等
开店计划	计划到 2015 年设立 100 家影院，2020 年设立 300 家影院
店铺总数	8 家
开店方式	直营、合作经营
首选物业	商业综合体、购物中心、商业街
物业使用	租赁、合作
需求面积	3000 ～ 8000m²
合同期限	15 ～ 20 年

一、选址标准

韩国 CGV 影院基本选址标准　　　　　　　　表 12-18

项目	要求
城市选择	全国的一级城市、经济条件好的二级城市
商圈地段	城市的中心商圈，住宅密集区
地块位置	位于城市主干道，交通便利、消费能力强，2km 范围内人口数量在 15 万以上

二、建筑要求

韩国 CGV 影院基本建筑要求 表 12-19

项目	要求
需求面积	3000 ～ 8000m²
楼层选择	4 ～ 5 层
楼板荷载	≥ 400kg/m²
柱网间距	8.4m 以上
建筑层高	10.5m 以上
停车位	停车位与商场面积比不小于 1 ～ 1.5 个 /100m²

05 · 横店影视娱乐有限公司

国内影视娱乐产业规模最大的民营企业

图12-5 横店电影城

浙江横店影视娱乐有限公司是我国第三大民营企业——横店集团的全资子公司，是国内影视娱乐产业规模最大的民营企业。

浙江横店影视娱乐有限公司是我国第三大民营企业——横店集团的全资子公司，注册资本3亿元，是国内影视娱乐产业规模最大的民营企业。

"横店娱乐"主要经营电影、电视剧策划制作和发行、影视投融资、影视生产配套服务、音像制品、电影院线、影视娱乐网站和影视旅游等，拥有电影摄制许可证、电视剧摄制甲种证、电影发行经营许可证和音像制品制作、批发许可证，经营性演出许可证等。

"横店娱乐"按国际惯例，实行集中管理、分级实施的事业部制经营管理模式，下设8个事业部、2家子公司并与中影集团、美国时代华纳电影公司合资组建了中影华纳横店影视公司，与香港东方娱乐合资组建了横店东方娱乐后期制作中心，初步形成了以影视制作、影视传媒、影视服务、影视发行、主题公园等五大体系为主的"大娱乐"格局，示范基地"中国青少年爱国主义教育示范基地"、"浙江省国防教育基地"。华夏文化城是融中国历史社会中的儒家、佛家、道家三家文化，各族习俗风情的民族文化、姓氏文化、帝王文化、塔碑文化等中华五千年历史文化的大观园。

横店影视娱乐有限公司基本信息　　表 12-20

商家名称	横店电影城
LOGO	
品牌形象	五星级标准兴建的豪华多功能影城
业态	休闲娱乐：影院
主要网点	长沙、南京、郑州、武汉、太原、重庆、呼和浩特、深圳等
目标人群	都市时尚年轻一族
开店计划	力争建成 300 ～ 500 家规模影城
店铺总数	10 多家
开店方式	直营
首选物业	商业综合体、购物中心、商业街
物业使用	租赁、合作
需求面积	5000 ～ 8000m²
合同期限	10 ～ 20 年

一、选址标准

横店影视娱乐有限公司基本选址标准　　表 12-21

项目	要求
城市选择	国内一线、二线及发达三线城市
商圈地段	主商圈及次商圈内新型的复合型商业业态
	人口密集的新建商住和小区居住圈
	大中专学校密集圈
	已具规模的工商业区域

二、建筑要求

横店影视娱乐有限公司基本建筑要求 表 12-22

项目	要求
需求面积	5000 ~ 7000m²
建筑层高	8 ~ 12m
柱网间距	12m 以上
楼板荷载	400kg/m²
强电负荷	400kW
进出通道	4 处以上，符合消防要求
广告位	200m² 以上
消防用水	30L/s

三、拓展计划

公司以高速发展向国内院线第一集团军大踏步前进，除已建成的长沙横店潇湘影城等外，目前正在开工建设的五星级影城有郑州横店影城、南京横店影城、重庆横店影城、武汉横店影城等，每年开业五星级影城将不少于 10 家。

经典商业案例

06 ▪ 时代今典

以影院投资建设与运营管理为核心

时代今典影院投资公司创建于 2005 年 10 月，主要业务包括影院
投资及运营管理。时代今典影院投资公司自成立以来，以影院投资
建设与运营管理为核心，致力于提供高档的电影娱乐服务。

图12-6　时代今典国际影城

　　时代今典影院投资公司创建于 2005 年 10 月，注册资金 1 亿元，主要业务包括影院投资及运营管理。现阶段主要开展投资自建、合资共建影院项目、优秀多厅影院项目收购以及影院管理工作。时代今典影院投资公司自成立以来，以影院投资建设与运营管理为核心，致力于提供高档的电影娱乐服务。

　　时代今典影院投资公司与北京市国有资产运营公司、北京市文化局共同出资组建新公司，打造北京的文化产业航母，参股全国排行首位院线"北京市新影联"，此举进一步奠定时代今典未来在中国电影产业中的强势地位，为旗下的影院影片首轮上映及明星见面会等宣传活动的开展提供保障，为时代今典影院投资公司在院线运营管理方面提供优势资源。

时代今典基本信息　　　　　　　　　　表 12-23

商家名称	时代今典影院
LOGO	
品牌形象	层高要求最低的五星级影院
业态	休闲娱乐：影院
主要网点	北京、江西、黑龙江、吉林、山东、湖南、陕西等
目标人群	大众消费群体
开店计划	全国范围，重点长三角地区和珠三角地区
店铺总数	200 多家
开店方式	直营、加盟
首选物业	商业综合体、购物中心、商业街
物业使用	租赁、购买
需求面积	$1000 \sim 8000m^2$
合同期限	$15 \sim 20$ 年

一、品牌优势

　　依托集团在房地产开发、装饰装修、物业管理、媒体发行、设备研发等领域的雄厚实力，时代今典影院投资公司尽享跨行业优势。

　　同时，时代今典影院投资有限公司与中国电影集团公司携手合作，成功收购美国时代华纳在华的影院，再一次体现了国内同行和境外投资者对时代今典的信心。

二、选址标准

时代今典选址标准　　　　　　　　　　表 12-24

项目	要求
商圈地段	覆盖一线城市区域性商圈以及周边区县，二三线城市以及县级市核心商业区
商圈人口	周边居民 10 万以上，城镇居民为主
周边业态	周边业态繁华，小型区域商业核心，或者县城核心商街

三、建筑要求

时代今典建筑要求 表 12-25

项目	要求
实用总面积	≥ 1000m²
梁下净高	≥ 9m （为使银幕对观众能形成具震撼力的视觉冲击效果）
柱网间距	以大于 8.4m×8.4m （或更宽）的网柱安排为好；对大、中厅所在位置还应能满足纵向抽柱要求，以保证影厅具有足够的长度
影厅长度	银幕宽度的 1.2 ～ 1.8 倍

四、配套要求

时代今典配套要求 表 12-26

项目	要求
消防要求	满足大型娱乐场所消防标准要求，按《中华人民共和国消防法》规定，所在建筑体中所处位置地面以上不能超过四层（含四层）、地面以下不能低于一层（落差 <10m），否则消防按高一级别要求
总体要求	甲方交付的租赁场地符合星级影院各项技术标准的消防设施设备技术条件、空调设施设备技术条件、隔墙起坡等结构二装完工标准

经典商业案例

07 · 星美国际影城

数字手段与传统手段相得益彰

图12-7 星美国际影城

星美传媒旗下的中影星美电影院线是全国第二大跨省电影院线，也是全国数字影院拥有量最多的院线。

星美传媒有限公司成立于 2001 年 9 月，注册资本 3.2 亿元人民币。经过一年多的运作，公司已成功地将电影、电视节目制作、网络媒体、影视发行、影视技术支持等行业内的高品质、高价值公司纳入旗下，成为拥有影视节目和数字节目制作与发行、电影院线、影视基地、演艺经纪等业务的大型跨媒体公司。作为一个全方位媒体公司，星美传媒正致力于建设集"原创——制作——传输——发行"为一体，数字手段与传统手段相得益彰，有效减少中间环节，拓展直接渠道的直达终端客户的传媒产业业务链。

星美传媒旗下的中影星美电影院线是全国第二大跨省电影院线，拥有跨越 7 个省市的 37 家设施完善、设备先进、位置优越、品牌形象良好、业务增长稳健的加盟影院。在国家首批评定的 6 家五星级影院中，属于星美院线的就有 2 家，一家是北京华星国际影城，一家是深圳新南国影城。中影星美电影院线也是全国数字影院拥有量最多的院线。在广电总局首批批准的 10 家具备数字电影放映资格的影院中，隶属于中影星美电影院线的影院就有 5 家。

星美国际影城基本信息　　　　　表 12-27

商家名称	星美国际影城
LOGO	
创立时间	2001 年
行业地位	国内高品质的连锁影院品牌
业态	休闲娱乐：影院
主要网点	北京、上海、成都、重庆、徐州、天津、沈阳
目标人群	城市中高端人群
开店计划	西南区域，重点在四川
店铺总数	30 多家
开店方式	代理、加盟、加盟合作
首选物业	商业综合体
物业使用	租赁
需求面积	2500 ～ 10000m²
合同期限	15 ～ 20 年

一、选址标准

星美国际影城基本选址标准　　　　　表 12-28

项目	要求
城市选择	国内一二级城市；省会城市；沿海大中型城市；各省一级城市；经济发达的二类城市优先考虑
商圈地段	城市商业中心地段，或高消费人口密集区；商业项目商业功能设施完备

二、建筑要求

星美国际影城建筑要求　　　　表 12-29

项目		要求
主体结构	面积	实用总面积 ≥ 1000m²
	层高	影厅内梁底净高 ≥ 6m
	荷载	活载标准值 ≥ 350kg/m²
阶梯	混凝土做法	混凝土结构层厚度不低于 100mm；表面硬度不低于 1.2MPa
	结构做法	钢结构面上必须铺钢网，钢网上浇混凝土；混凝土结构层厚度不低于 100mm；混凝土表面硬度不低于 1.2MPa
墙体	公共墙体	相邻影厅的公共墙体为双立墙
	其他墙体	其他墙体为 1800mm 墙体
	夹层	按图纸要求完成

三、配套要求

星美国际影城配套要求　　　　表 12-30

项目	要求
建筑消防	配备消火栓、喷淋、烟感、消防广播系统、排烟及火灾自动报警系统，并取得整体建筑验收合格证及消防验收合格意见书
装修消防	协助获取影院装修消防验收合格意见书和消防场地安全检验合格意见书
机电工程和电缆电容	提供电缆到影院内指定位置，容量 ≥ 250kW
空调	提供约 40m² 空间用于安装影院空调主机和冷却塔，并保留适当的维修通道，其中空调主机运行重量 2000kg
通风	预留影院所需新风井 / 口、排风井 / 口
给排水	指定位置预留 DN75 给水管、DN110 排水管和 DN110 排污管
人流动线	保障影院人流垂直动线和平面动线的通畅足用
广告宣传	提供广场外墙面和正门等位置用于影院宣传

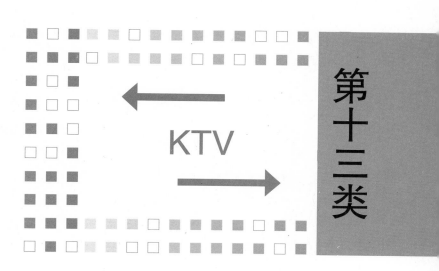

KTV

第十三类

第十三类　KTV

一、选址标准

量贩式KTV基本选址标准

表 13-1

项目	要求
商圈地段	核心商圈或者大型住宅区附近，一般选择客流量较高街道一侧。 交通可达性佳。 考虑到相关娱乐项目的集聚作用，但是要避免恶性竞争
地块位置	大型商业区底商或高密度居住区附近，周边公交线密集，使得消费者易达，但要求与居民区保持一定距离

二、建筑要求

量贩式KTV基本建筑要求

表 13-2

项目	要求
需求面积	需求面积 3000 ~ 4000m^2，通常两层，不排斥地下面积
建筑层高	不小于 2.8m，承重 350kg
停车位	一个拥有 200 个包房的 KTV 应需要 200 个停车位，以 4.5m^2 一个车位计算停车场面积应在 900m^2 以上

三、配套要求

量贩式KTV配套要求

表 13-3

项目	要求
水电配置	200t/ 天；500kVA，可接 220V 民用电及 380V 工业用电
化油池	通常 3 ～ 5t、烟道 1 ～ 2 个规格为 80 ～ 100cm
广告位	要求 3 ～ 15m 的门头广告位
供配电	提供电容量 800kVA 变电设备，三相五线 380V/220V、50Hz，安装店方独立计量电表
给排水	提供管径为 100mm 的独立进水管及水表，每天 200t 用水量指标。提供给店方 100mm 排水管一根，与 5m³ 容量的隔油池连接
排污设施	提供给店方 150mm 排污管一根，就近接入足够容量的排污化粪池
通信设施	直拨电话 5 部，用作电话传真及电脑终端站，用于市内及长途电话线
空调制冷	提供物业屋顶上约 200m² 场地给店方放置室外机组（包括空调机、制冷机组、排烟设备等），并提供室外机正常运转所需的散热、回风空间
排油排烟	提供合适的空间供店方单独使用以放置排油烟风井（净空 800mm×1200mm）
消防喷淋	消防喷淋改造，按店方施工图设计施工
消防报警	消防报警改造，按店方施工图设计施工，在店方经理室设独立报警控制柜与业主总控制柜连接
消防栓	提供消防栓，供店方使用
装修	做墙体隔声及内部小面积分割改造
租金	2 ～ 3 元 /(m²• 天)
其他	需要相关部门审批

经典商业案例

01·必爱歌KTV

世界卡拉 OK 之父

图13-1　必爱歌KTV

"必爱歌"被称为世界卡拉 OK 之父，其花费几十年的行业经验所精心打造的大型自助式连锁 KTV 以高雅独特的设计、豪华的设施、过硬的设备、优质的服务以及完善的经营理念赢得了社会各界的好评，幽雅的用餐环境使得顾客在充分享受音乐魅力的同时能够满足对美食的需求。

　　"必爱歌"被称为世界卡拉 OK 之父，其花费几十年的行业经验所精心打造的大型自助式连锁 KTV 以高雅独特的设计、豪华的设施、过硬的设备、优质的服务以及完善的经营理念赢得了社会各界的好评，幽雅用餐环境使得顾客在充分享受音乐魅力的同时能够满足对美食的需求。

　　目前，必爱歌在泰国、日本和我国香港、台湾、北京、上海等地共拥有店铺 356 家。如今，这一数字仍在不断的壮大中。

　　必爱歌经营范围包括量贩式卡拉 OK 和餐饮，清新的装修风格为其吸引了众多的目光。大堂内，分别设立畅饮吧及中西自助餐厅，全天无限量提供炒饭、炒面、各种套餐、冷饮、热饮、油炸点心等精美食品。幽雅的用餐环境和可口、卫生的食品，使必爱歌餐厅深受广大乐迷的欢迎。

必爱歌基本信息   表 13-4

商家名称	必爱歌 KTV
LOGO	必 爱 歌 量贩KTV
业态	休闲娱乐：KTV 娱乐城
主要网点	中国台湾、中国香港、上海
目标人群	广大消费者
拓展区域	全国一二线城市
店铺总数	全球拥有 356 多家
开店方式	直营、加盟
首选物业	商业综合体、购物中心、商业街、写字楼底商及配套商业
物业使用	租赁、合作
需求面积	3000 ～ 6000m²
合同期限	5 ～ 10 年

一、选址标准

必爱歌基本选址标准   表 13-5

项目	要求
商圈地段	一线城市繁华商业中心、商务办公区域、高档住宅密集区域
地块位置	人流量大的街道或马路边
交通条件	交通便利
人口情况	城市人口 40 万以上
辐射区域	可辐射区域有一定的消费力支撑
竞争情况	区域内同质竞争对手较少

471

二、建筑及配套要求

必爱歌建筑及配套要求

表 13-6

项目	要求
需求面积	2000m² 以上
停车位	充足的停车位
广告位	有明显店招的位置

经典商业案例

02 ▪ 好乐迪KTV

全国首家"量贩 KTV"引创者

好乐迪股份有限公司,简称好乐迪,是一家台湾的卡拉 OK 连锁公司,号称是台湾第一家采用电脑系统点歌播放的 KTV 公司。上海好乐迪音乐娱乐有限公司作为全国首家"量贩 KTV"引创者,在全国各大中心城市倍受瞩目。

图13-2 好乐迪

好乐迪股份有限公司,简称好乐迪,是一家台湾的卡拉 OK 连锁公司,成立于 1993 年,号称是台湾第一家采用电脑系统点歌播放的 KTV 公司。1997 年,好乐迪曾获中华国民经济部"最佳商标设计奖",1998 年股票公开发行,2002 年股票上市(台证所:9943)。

上海好乐迪音乐娱乐有限公司在 1998 年 10 月份成立;作为全国首家"量贩 KTV"引创者,好乐迪在全国各大中心城市倍受瞩目,开店触角延伸到上海、大连、北京、成都、重庆、天津、杭州、金华、宁波、西安、苏州、长沙、深圳、武汉、昆明等。

好乐迪量贩 KTV 基本信息　　　　　　　　　　表 13-7

商家名称	好乐迪量贩 KTV
LOGO	
业态	休闲娱乐：KTV 娱乐城
主要网点	上海、北京、深圳、天津、成都、重庆、哈尔滨、昆明、武汉、西安、乌鲁木齐、济南、大连、杭州、长沙
目标人群	广大消费者
拓展区域	全国一二线城市
开店方式	直营、加盟
首选物业	商业综合体、购物中心、商业街、写字楼底商及配套商业
物业使用	租赁、合作
需求面积	4000 ～ 6000m²
合同期限	5 ～ 10 年

选址标准

好乐迪基本选址标准　　　　　　　　　　表 13-8

项目	要求
交通条件	城市间交通便利，有高速公路相联系，在区域城市体系中有一个特大型中心城市为中心或有中心城市为依托、距离中心城市不超过三个小时车程
商圈人口	人口规模应在 300 万人以上，城市化水平在 30% 以上，中、小城市密集，城乡一体化发展的区域
地块位置	马路周边或街道边

03 ▪ 浪莎音乐城

富有投资及管理经验的大型
民营企业

浪莎音乐城是富有投资及管理经验的大型民营企业——上海紫祥投资管理有限公司旗下的连锁式娱乐企业。浪莎音乐城主营量贩式KTV，"浪莎"以广大白领及青年为消费主体，定位时尚、休闲，力求满足沪上青年唱歌会友之自娱、自乐、自在的需求。

浪莎音乐城是富有投资及管理经验的大型民营企业——上海紫祥投资管理有限公司旗下的连锁式娱乐企业。自2000年起，已陆续开设了4家门店，其中2家位于上海闹市中心的南京东路步行街和徐家汇商圈；另外2家分别设在七宝和宝山的商业中心，大大丰富并方便了当地及周边地区消费者的娱乐生活。

浪莎音乐城主营量贩式KTV，"浪莎"以广大白领及青年为消费主体，定位时尚、休闲，力求满足沪上青年唱歌会友之自娱、自乐、自在的需求，且"浪莎"长期有各类活动不断推陈出新，并有更多优惠回馈予会员。

第十三类 KTV

一、选址标准

浪莎音乐城基本选址要求　　　　　　　　表13-9

项目	要求
商圈地段	上海市核心商圈区域
地块位置	住宅密集区域，大学城附近

二、建筑及配套要求

浪莎音乐城建筑及配套要求　　　　　　　　表13-10

项目	要求
需求面积	2000m² 以上
建筑层高	净高 3m 以上
水电配置	符合消防水电的要求
租期	10 年以上

经典商业案例

04 ▪ 麦乐迪KTV

集视、听、唱、餐饮为一体的
休闲娱乐场所

麦乐迪 KTV 是集视、听、唱、餐饮为一体的休闲娱乐场所。麦乐迪
由开创量版式 KTV 的先锋者，成长为独具特色的主题概念式 KTV。

图13-3　麦乐迪 Melody KTV

　　麦乐迪 KTV 是集视、听、唱、餐饮为一体的休闲娱乐场所，它彻底改变娱乐场所在大众心中的印象，为大众提供了一个"安全、健康、欢乐、时尚"的消费空间，使大众随时都可以享受到优美的旋律。在中国，麦乐迪由开创量版式 KTV 的先锋者，成长为独具特色的主题概念式 KTV。2000 年 6 月 22 日，麦乐迪在北京成立了第一家旗舰店，九年后在全国范围开设了 9 家直营店，并且规模一次比一次大，媒体争相报道，为娱乐市场带来一股不小的震撼。2004 年麦乐迪被文化部授予"文化产业基地"的称号。

　　目前，总营业面积已达到 5 万 m^2，现有员工总数已达到 2500 余人，总接待消费者已达千万余人次，大小包房 1000 余间。麦乐迪 KTV 不断对音响及功放设备进行升级改造，目前设备投入资金已超过 5000 万元。如今的麦乐迪已形成了完善的运作体系，建立了独有的核心竞争力，形成了以 KTV 餐饮和精品超市为主的三大经营主体，下设 9 个职能部门，并成为具有相当品牌影响、连锁化规模化的现代大型娱乐企业。未来，麦乐迪将秉承不断创新、永续经营的经营理念，服务大众，并在服务中发扬优秀的企业文化，展示给大家一个不一样的娱乐新天地。

麦乐迪 KTV 基本信息　　　　　　　　　　表 13-11

商家名称	麦乐迪 KTV
LOGO	麦乐迪KTV
业态	休闲娱乐：KTV 娱乐城
目标人群	都市时尚年轻一族
开店方式	直营、单店特许
首选物业	商业综合体、购物中心、商业街
物业使用	租赁
需求面积	1000m²
合同期限	5～10 年

选址标准

麦乐迪基本选址标准　　　　　　　　　　表 13-12

项目	要求
商圈地段	商业集中区、中 / 高档住宅区、城市人口密度较大的区域、有收入较高的消费群体
交通条件	交通便利
广告位	要选择有广告空间的店面

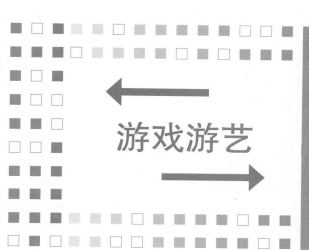

第十四类

游戏游艺

一、成人游艺机房、网吧选址及建筑要求

成人游艺机房、网吧基本选址及建筑要求

表 14-1

项目		要求
选址区域		工业区域，打工者聚集的区域，在中小学 200m 以外的区域
建筑要求	营业面积	500 ～ 2000m²
	楼层	2 ～ 5 层
	层高	≥ 4.5m
	承重	≥ 350kg/m²
	消防	2 个消防通道，3 层以上需安装消防喷淋，装修满足消防要求等规定
	停车位	数量从 20 个到 100 个不等

二、电玩城选址及建筑要求

1. 选址及建筑要求

电玩城基本选址及建筑要求

表 14-2

项目	要求
商圈地段	城市核心商圈，商圈位于大型购物中心出入口、商业步行街
需求面积	2500 ～ 8000m²（一层或者负一层）
建筑层高	净高 3.2m 以上
柱网间距	大于 8m×8m
停车位	停车方便，交通便利

2. 配套要求

电玩城配套要求

表 14-3

项目	要求
供配电	提供电容量 200kVA 变电设备,三相五线 380V/220V、50Hz,安装不小于 400A 空气开关于业主总电柜,电缆接入店方红线内配电柜指定位置并安装店方独立计量表
供配电负荷	20 ～ 80kW
通信设施	直拨电话 4 部,用作电话传真及电脑终端站,用于市内及长途电话线
空调设备	提供物业屋顶上约 60m² 场地给店方集中放置室外机组,包括空调机、制冷机组、排烟设备等
消防喷淋	提供租赁范围内喷淋设施的免费接入及预留接口
消防报警	提供租赁范围内报警设施的免费接口及预留在业主总控制柜连接回路

3. 合作条件

电玩城合作条件

表 14-4

项目	要求
合作方式	租赁或者联营
租赁期	3 年以上

经典商业案例

01 ▪ 星期八小镇

儿童职场体验主题乐园

图14-1　星期八小镇

"星期八小镇"是上海首家专为 4 ~ 15 岁孩子创建的儿童职场体验主题乐园。职场体验的内容涉及政府机构、民生服务、美食餐饮、文化艺术、卫生医疗、交通运输、休闲娱乐、创意设计范畴内的几十种行业种类。

　　"星期八小镇"是上海首家专为 4 ~ 15 岁孩子创建的儿童职场体验主题乐园，需求面积 7000m²，职场体验的内容涉及政府机构、民生服务、美食餐饮、文化艺术、卫生医疗、交通运输、休闲娱乐、创意设计范畴内的几十种行业种类。

星期八小镇基本信息　　　　　　　　　　　　　　　　　表 14-5

商家名称	星期八小镇
LOGO	星期乙8小镇
业态	休闲娱乐
目标人群	3～13 岁孩子
拓展区域	国内一二线城市
开店方式	直营
首选物业	商业综合体、购物中心
物业使用	租赁
需求面积	1000～5000m²
合同期限	5～10 年

一、经营方式

目前，星期八小镇在上海采取直营店的形式，并执行营业抽成的合作方式，其抽成扣点为年营业收入的 7%；在武汉、广州和济南，采取合作方出物业、己方出管理（品牌输出、人员输出、技能培训等）、双方共同投资的模式；未来不排除采取加盟品牌商自行投资形式。

二、选址标准

星期八小镇基本选址标准　　　　　　　　　　　　　　　表 14-6

项目	要求
商圈地段	市中心、城市副中心 20 万 m² 以上的大型购物中心（内有电影院、KTV、电玩城、溜冰场、儿童用品等为伴更佳）。 由于星期八小镇的经营特殊性，希望商场整体在星期八小镇的附近有相应的简餐配套服务如快餐或者避风塘之类的港式餐厅和供父母为儿童购物的玩具店或者儿童相关的服饰店等
商圈人口	人口密集、辐射儿童人口数量 30 万以上
消费水平	年人均可支配收入 25000 元以上

三、建筑要求

星期八小镇基本建筑要求　　　　　　　　　　表 14-7

项目	要求
需求面积	需求面积 5000m² 以上，需求面积 9000 ~ 10000m²
楼层选择	大型购物中心高层区域
建筑层高	8 ~ 9m
柱网间距	8m 以上，柱子越少越好，局部没有柱子（入口处及中央广场，面积 350m² 左右）
楼板荷载	500kg/m²
垂直交通	必须有 3 ~ 4 部专用垂直电梯和其他货运电梯，每部载重量不小于 1350 公斤和其他辅助疏散的滚动电梯
洗手间	男、女洗手间必须在星期八小镇商铺里面，每个至少 12 ~ 14 个以上（自动冲水蹲位），并且配有设备存储空间
停车位	地铁沿线 500m 以内，购物中心具有 30 ~ 40 个大巴车位、1000 个小车位

四、配套要求

星期八小镇配套要求　　　　　　　　　　表 14-8

项目	要求
电力配置	动力电、民用电
空调配置	独立控制的中央空调和新风系统
消防配置	由于国家的消防规定，儿童类的项目不宜做在 3 楼以上，开发商必须有非常良好的政府关系配合星期八小镇的消防规划报批工作。商铺外面如果是玻璃幕墙的一定要用消防玻璃

经典商业案例

02 ▪ 卡通尼乐园

上海规模最大的连锁室内主题乐园之一

图14-2　卡通尼乐园

卡通尼乐园是来自台湾的知名连锁游乐园品牌，致力于营造家庭亲子共享的娱乐休闲空间，是目前上海规模最大的连锁室内主题乐园之一。

卡通尼乐园是来自台湾的知名连锁游乐园品牌，致力于营造家庭亲子共享的娱乐休闲空间，是目前上海规模最大的连锁室内主题乐园之一，旗下有飞梦玩国、卡通尼乐园、好好玩乐园、卡通幼乐园等三十余家主题乐园、飞梦绘本俱乐部以及飞的篮子儿童写真坊等。同时提供更高品质的服务，让卡通尼乐园成为每个家庭心目中最优质的娱乐天堂。

卡通尼乐园基本信息 表 14-9

商家名称	卡通尼乐园
LOGO	卡通尼樂園 CARTOONY WORLD
业态	休闲娱乐
主要网点	上海、苏州
目标人群	儿童和青少年
拓展区域	长三角地区
店铺总数	8 家
开店方式	直营
首选物业	商业综合体、专业市场
物业使用	租赁、购买、合作
需求面积	100 ~ 10000m^2
合同期限	5 ~ 10 年
客单消费	50 ~ 200 元

一、经营定位

卡通尼乐园主要经营室内游乐园，店内游戏设施多样，价格适中，适合儿童和青少年。旗下欧德利餐厅品牌也可单独拓展。

二、选址标准

卡通尼乐园基本选址标准 表 14-10

项目	要求
商圈地段	商业活动频繁的闹市区：要求商业活动频繁的闹市区，人流量大，专卖店和营业额能达到一定的额度
	同行聚居区（成熟专业商业街、区）：竞争虽然激烈，但由于同行聚居，顾客可以有更多的机会进行比较和选择，因而很能招揽顾客
	聚居的公共场所附近：由于人口集中，消费的需要量集中且大，可保证专卖店稳定收入
	面对客流量最大和能见度高的街道：专卖店处在客流量最多的街道上，受客流量和通行度影响最大，可使多数人就近买到所需物品
	交通便利的地区：在上、下车人数最多的车站或在几个主要车站附近，使顾客在步行不到15min 的路程内到达连锁专卖店

三、建筑要求

1. 专卖店

卡通尼乐园专卖店建筑要求　　　　　　　　表 14-11

项目	要求
需求面积	使用面积不少于 80m²
门面宽	不少于 4m

2. 商场专柜

卡通尼乐园商场专柜建筑要求　　　　　　　　表 14-12

项目	要求
中岛面积	不少于 50m²
边厅面积	不少于 80m²

四、合作要求

卡通尼乐园基本合作要求　　　　　　　　表 14-13

项目	要求
选址区域	成熟商业，商业面积至少在 40000m² 以上

经典商业案例

03·汤姆熊欢乐世界

科技欢乐天堂

图14-3 汤姆熊欢乐世界

汤姆熊欢乐世界创立于台湾，28年来始终是台湾经营室内主题乐园的第一品牌。汤姆熊始终保持不变的坚持与努力，更积极朝向城市休闲、亲子同乐、益智趣味、温馨健康的全客户群经营理念迈进。

　　汤姆熊欢乐世界于1982年创立于台湾，28年来始终是台湾经营室内主题乐园的第一品牌，1995年起跨足中国及菲律宾市场，且不断持续深耕经营，赢得海内外消费者一致的肯定。历经多年来的市场竞争，汤姆熊始终保持不变的坚持与努力，更积极朝向城市休闲、亲子同乐、益智趣味，温馨健康的全客户群经营理念迈进！除了引进各类高科技游戏机台，汤姆熊专业的空间规划小组，深入了解一般人对梦想乐园的需求，将主题空间划为互动模拟区、室内运动区、音乐跳舞区、动漫Game区及亲子同乐嘉年华奖品区等，全面提升了室内主题乐园的质感与层次，创造出一个1至99岁都会满足的科技欢乐天堂。

一、选址标准

汤姆熊欢乐世界基本选址标准 表 14-14

项目	要求
城市选择	国内一类城市市区
商圈地段	城市内核心的商圈，高档商业区步行街
地块位置	大型购物中心中庭或主出入口步行街位置明显人流集中地（开放式场地或铺位均可）
交通条件	交通便利

二、建筑要求

汤姆熊欢乐世界基本建筑要求 表 14-15

项目	要求
物业形状	规整实用
需求面积	1000 ~ 5000m²
楼层选择	可以考虑负 1 层
建筑层高	3m 以上
楼板荷载	500kg／m²
停车位	附近要有停车位

三、配套要求

汤姆熊欢乐世界基本配套要求 表 14-16

项目	要求
供配电负荷	15 ~ 20kW
排水	要求有给排水（若场地较佳者无给排水也可）

四、合作方式

汤姆熊欢乐世界基本合作方式 表 14-17

项目	要求
经营方式	租赁、合作均可
租赁期	5 ~ 10 年

经典商业案例

04·神采飞扬

集游乐产品经营、生产、研发
为一体的民营企业

图14-4　神采飞扬游乐公园

神采飞扬娱乐有限公司是一家集游乐产品经营、生产、研发为一体的民营企业，是中国大型游戏机专业委员会副主任单位。旗下品牌"神采飞扬"是国内最具影响力的室内游乐品牌。

　　神采飞扬娱乐有限公司是一家集游乐产品经营、生产、研发为一体的民营企业，现有员工600多人，2005年经营收入约1亿元，是中国大型游戏机专业委员会副主任单位。公司下设经营部门——从1992年开始经营游乐场所，2004年注册经营品牌"神采飞扬"，目前已在杭州、武汉、哈尔滨等地发展了10家大型游乐场所，投资额6000万元，是国内最具影响力的室内游乐品牌；研发部门——有数名台湾资深软件工程师加盟，涉及程式开发、编程、线路板生产、远程监控、通信系统安装等。

神采飞扬游乐公园基本信息　　　　　　　　表 14-18

商家名称	神采飞扬游乐公园
LOGO	
业态	休闲娱乐：电玩城
主要网点	杭州、宁波、绍兴、义乌、南京、苏州、常州、深圳、东莞、福州、沈阳、合肥、郑州、重庆等
目标人群	低中高阶层消费者
拓展区域	神采飞扬未来拓展区域：全国一二线城市的市级商业中心或区域商业中心，SHOPPING MALL 及华东，华北，华南，华中，东北地区等
店铺总数	30 多家
开店方式	直营、加盟
首选物业	商业综合体、购物中心、商业街
物业使用	租赁、合作
需求面积	1500 ～ 10000m²
合同期限	5 ～ 10 年
客单消费	20 元

一、拓展计划

　　第一个五年规划（到 2010 年）：在全国省会城市发展直营连锁店达 30 家，重点发展东部沿海经济发达地区，特别是长江三角洲、珠江三角洲、环渤海湾地区。

　　第二个五年规划（到 2015 年）：将连锁经营扩展到国内主要的地级市。

二、选址及建筑要求

神采飞扬基本选址及建筑要求　　　　　　　　表 14-19

项目	要求
城市选择	全国一二线重点城市
商圈地段	市中心、购物中心
需求面积	2500 ～ 8000m²
建筑层高	净高 2.8m 以上

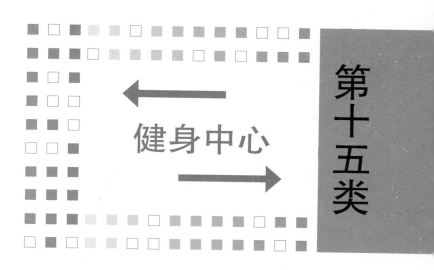

第十五类

健身中心

　　健身会所类别指配备了相关健身运动设施的综合性会所。根据项目档次需要决定是否配备游泳池、网球场等高端附属设施。该业态在为人们提供无形商品（服务）的同时，又向人们销售有形商品，如保健、健美、美容、康复、减肥器具和用品。

第十五类　健身中心

一、选址标准

健身中心选址标准

表 15-1

项目	要求
首选物业	高档住宅、高档商务写字楼、大型购物中心、繁华商业街
交通条件	周边有便捷的公共交通系统（公交，轨道交通）
地块位置	周边密集分布大量商务办公和高档住宅小区
周边房价	20000 元 /m² 以上
竞争环境	周边没有同质健身品牌竞争

二、建筑及配套要求

健身中心基本建筑及配套要求

表 15-2

项目	要求
物业结构	建筑框架结构或无柱宽跨结构建筑，周边有绿化布置的建筑。如需要建设泳池对楼板承受力结构要求较高
需求面积	一般需求面积在 2500 ～ 4000m²，最佳面积在 3500m² 上下
建筑层高	至少应该在 3.7 ～ 4m
柱网间距	不应该小于 7m，最好大于 8m×8m
楼板荷载	300 ～ 400kg/m²
供配水	部分物业无热水设计，而健身客户需要有热水，这样就需要加锅炉，而使用锅炉最好要有低谷电，以便降低能耗，还要有相应的适合摆放锅炉的位置
供配电	提供电容量 1000kVA 变电设备，双路供电方式，三相五线 380V/220V、50Hz
给排水	提供管径为 100mm 的独立进水管 1 根及独立计量水表，每天 100T 用水量指标。提供给店方 500mm 排水管 1 根

健身中心基本建筑及配套要求

续表

项目	要求
排污设施	提供给店方 100mm 排污管一根，就近接入足够容量的排污化粪池
通信网络	直拨电话二部，用作电话传真及电脑终端站，用于市内及长途电话线
空调配置	总冷负荷概算指标 180W/m²，采用 VRV 中央空调系统或采用中央空调系统
新风量	一般物业设计的新风量不能满足大运动量时人体的需求，在此情况下需要对新风量设备加以改造；如果开发商在一开始就要引入健身客户，那就要把新风量问题考虑进去。一般要求新风量要达到 30m³/m² • 人
出入口	由于健身客户承受的租金较低，所以物业方提供给健身客户的位置一般都在地下一或者三层以上的位置，这样就需要有独立并且方便的出入口
泳池趋势	目前的健身客户都希望选择的物业有泳池设计，所以开发商在前期规划时如果有意向引进健身客户，就要考虑到这方面的设计
广告位	物业要为健身客户提供足够的广告位，以达到指引和宣传的目的；健身场所在开业前需要有一个预售卡的时间段，这样就需要物业方提供相应的预售卡位置
停车位	健身的消费人群一般是驾车的，这样物业就要提供足够的停车位
消防配置	消防喷淋改造，按店方施工图设计施工 消防报警改造，按店方施工图设计施工，在店方经理室设独立报警控制柜与业主总控制柜连接 提供消防栓，供店方使用

三、合作要求

健身中心基本合作要求

表 15-3

项目	要求
需求面积	需求面积 2000m² 以上（附带游泳池为优选）
租赁期	租赁年限 10 年以上，提供一定时间的装修免租期
租金	由于该业态设备以及运营成本较高，健身客户租金承受能力较低，一般在 1.5 元左右，如果位置好最高租金可以承受在 3 元 /（m² • 天），一般不高于 4 元 /（m² • 天），有的面积较大商家租金约在 1 元 /（m² • 天）左右，或者与开发商联营方式。需在底楼较明显的地方设置引导标志

经典商业案例

01·一兆韦德健身

中国管理竞争力百强企业

图15-1　一兆韦德健身

一兆韦德（上海）健身管理有限公司成立于2000年，业已成为业内发展速度最快、分店数量最多、会员数量最多的健身连锁机构。

一兆韦德（上海）健身管理有限公司成立于2000年，注册资金为2000万美元，公司多次通过权威机构认证，目前有员工3000人，凭借先进的管理理念、丰富的行业经验、完善的管理体系和管理团队，已成为业内发展速度最快、分店数量最多、会员数量最多的健身连锁机构。一兆韦德大力倡导绿色环保和时尚健身运动，凭借先进的管理理念、丰富的行业经验、完善的管理体系和管理团队，已成为业内发展速度最快、分店数量最多、会员数量最多的健身连锁机构之一。

一兆韦德多次通过权威机构认证，目前由国际著名投资公司——新加坡淡马锡集团持股。在全国，一兆韦德现拥有63家会所，2008年会所数量计划达到100家，2009年达到200家。上海、北京、深圳、广州计划拓展30家分店，其中上海为15～20家。

一兆韦德于2005年至2006年度荣获"上海市文明单位"称号，被亚洲健美协会评为5星级健身管理公司，曾被评为中国管理竞争力百强企业，被世界5大会计事务所之一德勤事务所连续三年评为亚洲地区健身会所综合排名第一。

一兆韦德健身基本信息　　　　　　　　表 15-4

商家名称	一兆韦德健身
LOGO	
创立时间	2000 年
业态	休闲娱乐：健身中心
主要网点	北京、上海、广州、深圳及沿海城市
目标人群	热爱生活、追求品质生活的白领和成功人士
拓展区域	全国
店铺总数	100 多家
开店方式	直营、代理、加盟、委托管理
首选物业	商业综合体、购物中心、商业街、写字楼底商及配套商业、社区底商及配套商业
物业使用	租赁，合作
需求面积	1800 ～ 4200m²
合同期限	3 ～ 20 年

一、选址标准

一兆韦德健身基本选址标准　　　　　　　　表 15-5

项目	要求
城市选择	仅限上海、北京、广州、深圳四个城市，其他城市以加盟形式为主
商圈人口	2km 半径内人口超过 5 万人
物业产权	物业有独立产权，性质为商业用途者优先

二、建筑要求

一兆韦德健身基本建筑要求 表 15-6

项目	要求
需求面积	商业物业类型可使用面积在 1800m² 以上； 社区配套会所类型可使用面积在 2000m² 以上
楼层选择	商业物业楼层不限，视野好、便于规划设计的物业优先
建筑结构	建筑框架结构或无柱宽跨结构建筑，周边有绿化布置的建筑。如需要建设泳池对楼板承受力结构要求较高
建筑层高	至少应该在 3.8～4m
柱网间距	8m 以上
楼板荷载	300～350kg/m²
停车位	健身的消费人群一般是驾车的，这样物业就要提供足够的停车位

三、配套要求

一兆韦德健身配套要求 表 15-7

项目	要求
供水	部分物业无热水设计，而健身客户需要有热水，这样就需要加锅炉，而使用锅炉最好要有低谷电，以便降低能耗，还要有相应的适合摆放锅炉的位置
新风量	一般物业设计的新风量不能满足大运动量时人体的需求，在此情况下需要对新风量设备加以改造；如果开发商在一开始就要引入健身客户，那就要把新风量问题考虑进去。一般要求新风量要达到 30m³/(m²·人)
出入口	由于健身客户承受的租金较低，所以物业方提供给健身客户的位置一般都在地下一或者三层以上的位置，这样就需要有独立并且方便的出入口
泳池趋势	目前的健身客户都希望选择的物业有泳池设计，所以开发商在前期规划时如果有意向引进健身客户，就要考虑到这方面的设计
广告位	物业要为健身客户提供足够的广告位，以达到指引和宣传的目的；健身场所在开业前需要有一个预售卡的时间段，这样就需要物业方提供相应的预售卡位置

四、合作条件

一兆韦德健身基本合作条件 表 15-8

项目	要求
租金	由于该业态设备以及运营成本较高，健身客户租金承受能力较低，一般在 1.5 元左右，如果位置好最高租金可以承受在 3 元/(m²·天)，一般不高于 4 元/(m²·天)，有的面积较大商家租金约在 1 元/(m²·天)左右，或者与开发商联营方式。需在底楼较明显的地方设置引导标志

经典商业案例

02 ▪ 亚历山大会馆

中国顶级休闲会馆

图15-2　亚历山大会馆

亚力山大会馆拥有国际知名专业品牌及高科技运动器材，有专业的PT 私人教练团队，还拥有专业认证的咨询师、纤体师和理疗师，引进国际知名品牌高科技纤体器材和专业生化高科技产品，是中国顶级休闲会馆。

　　亚力山大会馆作为中国顶级休闲会馆，自 2002 年以来已陆续在全国开设了 12 家分馆，包括上海的卢湾会馆、徐家汇会馆、古北会馆、金桥会馆、虹桥会馆；北京的 CBD 会馆、东直门会馆、万城华府会馆；苏州的本岸会馆、玲珑湾会馆；大连的溪之谷会馆和宁波的鄞州会馆。至 2012 年，全国已拥有 15 间顶级会馆，并不断拓展成长。

　　亚力山大旗下会馆均通过 ISO9001 国际品质认证，导入国际专业证照和专业 Know-how，并拥有国际知名专业品牌及高科技运动器材，每月有与国际同步的超过 600 堂团体运动课程和 1000 堂瑜伽课程。专业的 PT 私人教练团队可以针对您个人的体能需求、兴趣，科学专业地设计适合您的运动课程。亚力山大会馆还拥有专业认证的咨询师、纤体师和理疗师，引进国际知名品牌高科技纤体器材和专业生化高科技产品。

亚历山大会馆基本信息　　　　　　　　　　　　　表 15-9

商家名称	亚力山大会馆
LOGO	亞力山大会馆 Alexander Health Club
创立时间	2002 年
行业地位	中国顶级休闲会馆
业态	休闲娱乐：健身中心、KTV、娱乐城、洗浴中心、足疗、按摩室、美容
主要网点	大城市繁华地带
目标人群	中高收入阶层
拓展区域	全国区域
店铺总数	12 多家
开店方式	直营
首选物业	综合体、商业街、社区商业、写字楼、酒店
物业使用	租赁、购买、合作
需求面积	1800 ～ 4200m^2
合同期限	5 ～ 20 年

一、选址标准

亚历山大会馆基本选址标准　　　　　　　　　　　表 15-10

项目	要求
商圈地段	城市的商业中心、规划中大型商业地块，有大中型超市、购物中心、大卖场、专卖店、银行、干洗店、冲印店等服务设施
交通条件	公交车、小车、摩托车、自行车等交通工具来往畅通，使得顾客便利通达店址
商圈人口	40 万人以上

二、建筑要求

亚历山大会馆基本建筑要求 | 表 15-11

项目	要求
需求面积	1000 ~ 5000m²
楼层净高	层高不小于 3.5m
楼板荷载	不低于 400kg/m²
柱网间距	最好大于 8m×8m

三、配套要求

亚历山大会馆配套要求 | 表 15-12

项目	要求
供配电	提供电容量 1000kVA 变电设备，双路供电方式，三相五线 380V/220V、50Hz
给排水	提供管径为 100mm 的独立进水管 1 根及独立计量水表，每天 100t 用水量指标。提供给店方 500mm 排水管 1 根
排污设施	提供给店方 100mm 排污管一根，就近接入足够容量的排污化粪池
通信网络	直拨电话二部，用作电话传真及电脑终端站，用于市内及长途电话线
空调制冷	总冷负荷概算指标 180W/m²，采用 VRV 中央空调系统或采用中央空调系统
消防喷淋	消防喷淋改造，按店方施工图设计施工
消防报警	消防报警改造，按店方施工图设计施工，在店方经理室设独立报警控制柜与业主总控制柜连接
消防栓	提供消防栓，供店方使用

经典商业案例

03 ▪ 舒适堡

香港规模最大最有特色的健身美容中心之一

图15-3 舒适堡

舒适堡早在 1986 年于香港开办第一间健美中心，连续 4 年被香港权威机构评选为最受欢迎的健身与美容院第一服务大奖。舒适堡（PHYSICAL）健身美容集团公司是香港规模最大，也是最有特色的健身美容中心之一。

舒适堡早在 1986 年于香港开办第一间健美中心，客人人数一直为全港之冠，迄今已设立 51 家分店，业务遍布香港、澳门和中国，分店占地总面积超过 100 万 m²，拥有逾 50 万名客户，经营之规模、发展之速及投资之巨，可谓同行之冠。连续 4 年被香港权威机构评选为最受欢迎的健身与美容院第一服务大奖，同时，舒适堡（PHYSICAL）集团于 2002 年聘请香港著名艺人郭富城先生担任形象代言人，开创健美行业广告之先河。舒适堡（PHYSICAL）健身美容集团公司是香港规模最大也是最有特色的健身美容中心之一。

舒适堡健美集团是集男女健身、女子美容、休闲于一体的大型专业健身美容连锁机构。环境优雅舒适、科学先进的设备，给每一位前来消费的客户留下美好的印象。

舒适堡（PHYSICAL）面向中高阶层消费者，不仅提供美容、美发服务，而且还提供健身服务，主要是针对来店消费的中高阶层消费者。

舒适堡健身美容中心基本信息 表 15-13

商家名称	舒适堡
LOGO	舒適堡 PHYSICAL FITNESS & BEAUTY
创立时间	1986 年
行业地位	香港规模最大也是最有特色的健身美容中心之一
业态	休闲娱乐：美容美发
主要网点	香港、澳门、大连、上海、杭州
目标人群	广大消费者
拓展区域	在长三角重点城市开设分店
店铺总数	26 多家
开店方式	直营、加盟
首选物业	商业综合体、购物中心、商业街、社区底商及配套商业
物业使用	租赁、购买
需求面积	3000 ～ 5000m²
合同期限	5 ～ 10 年

一、选址标准

舒适堡健身美容中心基本选址标准 表 15-14

项目	要求
商圈地段	以高档住宅、高档商务写字楼、大型购物中心、繁华商业街为主要选址标准，城市的商业中心、规划中大型商业地块
周边房价	20000 元 /m² 以上
商圈人口	40 万以上
人口收入	月薪 2000 元以上的地区

二、建筑要求

舒适堡健身美容中心基本建筑要求　　　　　　　　　表 15-15

项目	要求
需求面积	3000m² 以上（最好是可附带游泳池为优选）
建筑层高	净高 3m 以上
楼板荷载	400kg/m²
配套	具备水、电、煤基本设施（供锅炉）

04▪威尔士健身

连锁经营健身会所的专业公司

图15-4　威尔士健身

上海威尔士健身有限公司是上海市健美协会首批会员单位，是连锁经营健身会所的专业公司。具有多年经营健身产业的经验和获得成功的业绩。

　　上海威尔士健身有限公司是上海市健美协会首批会员单位，是连锁经营健身会所的专业公司。上海威尔士健身有限公司是一家专业经营连锁健身业、推广健身时尚新概念的公司，具有多年经营健身产业的经验和获得成功的业绩。公司在虹桥开发区、陆家嘴金融贸易区、中山公园等繁华地段拥有8家高档瑜伽、健身会所，会所拥有一流的健身器材和专业资深的健身教练，并且开设了几十种健身课程，为不同年龄层次喜爱运动的人士制定个性化、专业化的健身计划，同时开设优质的私教服务。截至2012年，已发展成为一家在全国拥有31家直营门店、会员数超过200000人的大型专业健身直营连锁企业。

　　上海威尔士健身有限公司是上海市健美协会首批会员单位，在上海已有超过6万名的社会精英享受威尔士品牌带来的全新、健康的生活理念。

上海威尔士健身有限公司基本信息　　　　　　表 15-16

商家名称	威尔士健身
LOGO	**WILL'S** 威尔士健身
业态	休闲娱乐：健身中心
主要网点	北京、绍兴、昆山、南京、武汉、哈尔滨、常熟等
目标人群	CBD 附近、商务白领、年轻女性
拓展区域	考虑江浙沪的拓展，青岛大连等城市
开店计划	在上海徐汇、长宁、闵行等区开设更多健身俱乐部
店铺总数	40 多家
开店方式	直营
首选物业	商业综合体
物业使用	租赁、合作
需求面积	1000 ~ 3000m²
合同期限	10 年以上

一、选址标准

威尔士健身会所基本选址标准　　　　　　表 15-17

项目	要求
商圈地段	周边密集分布大量商务办公和高档住宅小区
地块位置	临马路（大环境，小环境）
交通条件	周边有便捷的公交、轨道交通等公共交通系统
竞争情况	周边没有同质健身品牌竞争
其他	进入会所的动线、电梯、营运时间均符合要求
周边房价	20000 元 /m² 以上

二、建筑要求

威尔士健身会所基本建筑要求   表 15-18

项目	要求
需求面积	1000 ~ 3000m² 以上（附带游泳池为优选）
建筑层高	3m 以上
柱网间距	最好为 8m
楼板荷载	400kg/m²
停车位	充足的停车位

三、配套要求

威尔士健身会所配套要求   表 15-19

项目	要求
其他配套	具备上下水，有煤气管道，可以配备锅炉，排污符合国家要求
空调配置	供应时间不能晚于晚上 10 点
广告位	有明显的广告位

经典商业案例

05 ▪ 美格菲健身中心

健身运动俱乐部连锁企业

图15-5　美格菲健身中心

美格菲（MEGA）健身中心是由香港联交所上市公司——迪臣发展国际集团之联营企业启康创建集团共同投资建立的大型会员制运动健身俱乐部。

　　美格菲（MEGA）健身中心是由香港联交所上市公司——迪臣发展国际集团之联营企业启康创建集团共同投资建立的大型会员制运动健身俱乐部。美格菲是国际 IHRSA 组织的成员，按照国际流行时尚和康体标准，美格菲在中国分别建立了大规模的健身运动俱乐部连锁企业，并向社会提供专业、全面、高素质的尊贵服务。

　　美格菲运动俱乐部拥有 4 片绿茵草地网球场、8 片符合国际标准羽毛球场和 5 片壁球馆以及 1 个标准恒温游泳池、儿童游乐健身区并配有设备齐全、时尚健康的健身房、操房、咖啡休闲吧以及豪华的美格菲菲薰 SPA 等。

美格菲（MEGA）健身中心基本信息　　　表 15-20

商家名称	美格菲（MEGA）健身中心
LOGO	MEGA fit
业态	休闲娱乐：健身中心
主要网点	上海、武汉、成都、江苏、杭州、西安
目标人群	中高收入阶层
拓展区域	全国一线城市
店铺总数	10 多家
开店方式	直营、加盟
首选物业	商业综合体、购物中心、商业街
物业使用	租赁
需求面积	4000 ～ 5000m²
合同期限	5 ～ 10 年

一、选址标准

美格菲健身中心基本选址标准　　　表 15-21

项目	要求
商圈地段	城市的商业中心、规划中大型商业地块
商圈人口	40 万以上
地块位置	主要有大中型超市、购物中心、大卖场、专卖店、银行、干洗店、冲印店等服务设施，凡上述类型的设施集中的地段可作为考虑的备选点
交通条件	公交车、小车、摩托车、自行车等交通工具来往畅通，使得顾客便利通达店址

二、建筑要求

美格菲健身中心基本建筑要求　　　　　　表 15-22

项目	要求
需求面积	4000 ～ 5000m²
建筑结构	建筑框架结构或无柱宽跨结构建筑，周边有绿化布置的建筑。如需要建设泳池对楼板承受力结构要求较高
建筑层高	至少应该在 3.7 ～ 4m
柱网间距	不应该小于 7m
楼板荷载	300 ～ 350kg/m²

三、经营定位

　　美格菲(MEGA)面向中高收入阶层，提供健身、餐饮、儿童娱乐厅、小卖部等多种场所。目前在上海、成都、武汉、西安等地均有店面。

经典商业案例

06 ▪ 力美健健身

连锁式大型健身会所

图15-6 力美健

力美健健身俱乐部于2001年进入中国健身服务市场，并迅速成为东南沿海地区投资规模最大的直营连锁品牌。力美健健身俱乐部作为连锁式大型健身会所，目前在广州和上海已拥有六家旗舰规模的直营健身俱乐部。

力美健健身俱乐部于2001年进入中国健身服务市场，并迅速成为东南沿海地区投资规模最大的直营连锁品牌。无论在经营理念、专业技术还是细节服务上均堪称领先。力美健健身俱乐部作为连锁式大型健身会所，目前在广州和上海已拥有六家旗舰规模的直营健身俱乐部。

力美健健身俱乐部基本信息　　　　　　　　　表 15-23

商家名称	力美健健身俱乐部
LOGO	
业态	休闲娱乐：健身中心
主要网点	广州、深圳、上海、东莞等地
目标人群	低中高阶层消费者
拓展区域	广州、深圳等珠江三角洲
店铺总数	20 多家
开店方式	直营
首选物业	商业综合体、购物中心、商业街
物业使用	租赁（可租赁单层单体建筑，也可租赁商业裙楼）
需求面积	4500 ～ 5000m²
合同期限	5 ～ 10 年

一、选址标准

力美健健身俱乐部基本选址标准　　　　　　　表 15-24

项目	要求
商圈地段	周边拥有较庞大的中高消费能力住宅社区，周边具有较浓的商业氛围，临近大型卖场尤佳
地块位置	临近主干道，拥有较佳的可视性
交通条件	拥有良好的公共交通网络

二、建筑要求

力美健健身俱乐部基本建筑要求　　　　　　表 15-25

项目	要求
物业形状	商业建筑首层物业
需求面积	一级城市 2800 ～ 4000m²，二级城市 2500 ～ 3500m²
楼层选择	高层
建筑层高	梁底净高 3.5m 以上
柱网间距	6m 以上
楼板荷载	350kg/m²
停车场	拥有大型停车场，进入商场、停车场、卸货区的交通便捷、通畅

三、配套要求

力美健健身俱乐部基本配套要求　　　　　　表 15-26

项目	要求
供配电负荷	250kW/h
供水	两条 DN60 管直供
硬件设施要求	提供空调系统，确保室内温度夏季 25 ～ 28℃，冬季 19 ～ 23℃，或提供冷水，温度不高于 10℃
内装修要求	五星级装修
交通及停车要求	卸货区确保配送车辆进出的卸货通道通畅
其他要求	物业、场地装修、招牌设置及其他细节要求参考力美健具体标准

经典商业案例

07 · 美国宝力豪健身

分布全球的健身房

图15-7 宝力豪健身

宝力豪（Powerhouse）健身房于1973年在密西根底特律开第一家店。迄今为止，总共有300多家宝力豪（Powerhouse）健身房分布在全球。是蜚声世界的健身知名企业。

　　宝力豪（Powerhouse）健身房起源于1973年在密西根底特律开张的第一家店。迄今为止，总共有300多家宝力豪健身房分布在全球。像其他一些蜚声世界的知名企业一样，宝力豪的建立和发展也有一段传奇式的故事。Dabish家族的Will、Norm和Krystal是这一健身帝国的缔造者。

　　Will和Norm在早年就非常喜欢拳击，但是他们和朋友苦于找不到一家可以训练的健身房。1973年在密西根底特律家里的后花园建立了Powerhouse健身房，令人感到意外的是这家原本仅供个人使用的小型健身房获得了极大的商业成功，慢慢地附近越来越多的邻居都聚集这里进行训练。这时Will敏感地意识到这是一个巨大的商机。Will、Norm和Krystal在1976年早期在底特律的Highland公园正式开始经营宝力豪健身房。现在，全球共计有300多家宝力豪健身房正在营运，为超过1000000名会员进行服务。

宝力豪（Powerhouse）健身基本信息　　　　　　表 15-27

商家名称	宝力豪（Powerhouse）健身
LOGO	POWERHOUSE GYM 宝力豪
业态	休闲娱乐：健身中心
主要网点	全国各一二线城市
目标人群	城市的中高收入商务群体
店铺总数	30 多家
开店方式	直营、加盟
首选物业	商业综合体、购物中心、社区底商及配套商业
物业使用	租赁、合作
需求面积	1000 ～ 4000m²
合同期限	5 ～ 10 年

一、选址标准

宝力豪健身基本选址标准　　　　　　表 15-28

项目	要求
地块位置	地处文化中心内或高档住宅小区内的会所
交通条件	市内交通便利
周边人口	客流量大

二、建筑要求

宝力豪健身基本建筑要求　　　　　　表 15-29

项目	要求
需求面积	1000 ～ 4000m²
建筑层高	3.7 ～ 4m
柱网间距	不小于 7m
楼板荷载	不小于 350kg/m²
停车位	要提供足够的停车位

三、配套要求

宝力豪健身配套要求

表 15-30

项目	要求
热水	部分物业无热水设计，而健身客户需要有热水，这样就需要加锅炉，而使用锅炉最好要有低谷电，以便降低能耗，还要有相应的适合摆放锅炉的位置
新风量	要求新风量要达到 $30m^3/$（m^2·人）

经典商业案例

08 · 苏州钻石健身

具有国际专业水准的综合性健身会所

图15-8 苏州钻石健身

钻石（国际）健身俱乐部集专业健身、美容SPA、运动产品营销、运动体系代理为一体具有国际专业水准的综合性健身会所。

　　钻石健身自2001年第一家店落户新康花园后，迄今为止已经拥有运营中俱乐部5家，筹备中3家，总营业面积已超过6000m²。分布于新区、吴中区、沧浪区、园区、湖滨等各地。俱乐部的宗旨意在服务大众，大力发展全民健身事业。

　　拥有设备先进的训练大厅（100多件世界水准的有氧、力量训练器械）、时尚的韵律操房、国际最新流行的热瑜伽房、专业的体能测试室、美容美体中心、洗浴桑拿及大型停车场等。方便消费者光临。

　　钻石（国际）健身俱乐部集专业健身、美容SPA、运动产品营销、运动体系代理为一体具有国际专业水准的综合性健身会所。

钻石（国际）健身俱乐部基本信息　　　　　　　　　表 15-31

商家名称	钻石（国际）健身
LOGO	
业态	休闲娱乐：健身中心
主要网点	苏州
目标人群	中高阶层消费者
店铺总数	6 家
开店方式	直营
首选物业	商业综合体、购物中心、社区底商及配套商业
物业使用	租赁、合作
需求面积	1500 ～ 4000m²
合同期限	5 ～ 10 年

一、选址标准

苏州钻石健身俱乐部基本选址标准　　　　　　　　表 15-32

项目	要求
城市选择	人口规模应在 300 万以上，城市化水平在 30% 以上，中、小城市密集，城乡一体化发展的区域，在区域城市体系中有一个特大型中心城市为中心
交通条件	城市间交通便利，有高速公路相联系
居民收入	中等收入水平的居民月收入应在 1000 元以上

二、建筑要求

苏州钻石健身俱乐部基本建筑要求　　　　　　　　表 15-33

项目	要求
需求面积	1500 ～ 4000m²
建筑层高	3m 以上
楼板荷载	400kg/m²
其他配套	具备水、电、煤基本设施（供锅炉）

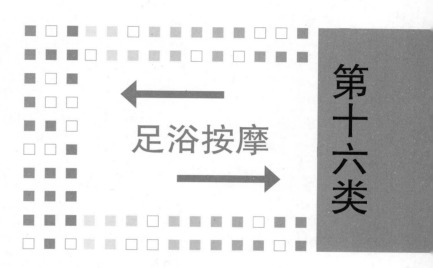

足浴按摩

第十六类

　　休闲商业业态足浴按摩面对的消费人群是大众消费者，一般选址首选写字楼底商、配套商业、社区底商及配套商业。采用直营、加盟、特许经营的开店方式，使用租赁物业。对地段及建筑要求不是太高。

一、商圈要求

足浴按摩基本商圈要求

表 16-1

项目	要求
商圈地段	商业繁华地段、中高档住宅区、美食街、大酒店附近
交通条件	交通便利
竞争环境	最好附近有知名的相同行业，可进行错位经营

二、建筑及配套要求

足浴按摩基本建筑及配套要求

表 16-2

技术指标	要求
需求面积	$800 \sim 1200m^2$
楼层选择	$2 \sim 3$ 层
建筑层高	$\geqslant 4m$
楼板荷载	350kg
给排水供水	接驳到位
供配电	一般 $1000m^2$ 需要 250kW
停车场	要有足量的停车位
店招位置	店面正门前应有独立广告位

经典商业案例

01·康骏会馆

健康舒适的养生会馆连锁

康骏会馆正式成立于 2004 年，是一家从事中医养生服务的大型健康传播企业，目前分店分布在上海、北京、南京、成都、郑州。

图16-1　康骏会馆

康骏会馆正式成立于 2004 年，是一家从事中医养生服务的大型健康传播企业，目前分店分布在上海、北京、南京、成都、郑州。

推拿根源于博大精深的中医传统文化，是舒缓压力、保健养生的绝佳选择。康骏会馆将"让人们都来享受健康推拿生活"作为企业愿景，力求通过弘扬国粹，来促进全人类的健康与和谐。

康骏旗下的分店，秉承了传统唐式、东南亚雨林、经典泰式等多种环境风格，努力为奔忙于都市的现代人营造世外桃源。康骏履行"军事化、学校化、家庭化"的管理理念，拥有经验丰富的管理层、充满活力的服务团队，每年都保持着高速、稳定、健康的发展趋势。

康骏会馆基本信息 表 16-3

商家名称	康骏会馆
LOGO	
成立时间	2004 年
品牌形象	健康舒适的养生会馆连锁
业态	休闲娱乐：私人会所、足疗按摩室、SPA
主要网点	上海、北京、南京
目标人群	中高端消费水平
开店计划	在上海、北京、南京新开分店
店铺总数	90 余家
开店方式	直营
首选物业	商业综合体、购物中心、商业街、写字楼底商及配套商业、社区底商及配套商业
物业使用	租赁
需求面积	600 ～ 2000m²
合同期限	8 ～ 15 年

一、选址标准

康骏会馆基本选址标准 表 16-4

项目	要求
商圈地段	周边有高档办公楼群和高档住宅区最佳，地段消费层次高，旁边有酒店、宾馆、KTV 等业态的优先考虑
商圈人口	2km 半径内人口超过 5 万人
消费水平	2km 半径内居住人群中等收入家庭月度平均收入达到 5000 元以上

二、建筑要求

康骏会馆基本建筑要求

表 16-5

项目	要求
需求面积	600 ~ 2000m^2
楼层选择	商业物业楼层不限，视野好
建筑层高	2.6m 以上
电量	600m^2 不低于 80W

经典商业案例

02·舒雅良子

获得国内外各界社会名流
的赞誉和支持

图16-2 舒雅良子养生会所

上海舒雅良子康体保健有限公司成立于1997年，主营足部健身按摩、康复保健、健康咨询等。按摩师练就一整套集休闲、保健、治病为一体的按摩推拿手法，获得国内外各界社会名流的赞誉和支持。

上海舒雅良子康体保健有限公司成立于1997年7月，公司主营范围包括足部健身按摩、康复保健、健康咨询等。目前，公司共有分店19家，专业按摩师500多名。

舒雅良子响应世界卫生组织和中国足健会倡导、致力推行足部反射疗法，奉行"良家子女用良药，凭精良技术，靠优良服务，挣良心钱"的服务宗旨，建设本企业独具特色的企业规范和企业文化。按摩师练就一整套集休闲、保健、治病为一体的按摩推拿手法，获得国内外各界社会名流的赞誉和支持。有众多的企业家、艺术家、全国劳模和常住上海的日本、韩国、欧美等外国客人在本中心定点保健。

选址及建筑要求

舒雅良子健身馆基本选址及建筑要求 表 16-6

项目	要求
地块位置	商业中心地段,高档住宅附近
交通条件	交通便利
需求面积	150 ～ 400m²
建筑层高	2.8m 以上
其他配套	具备餐饮物业为佳

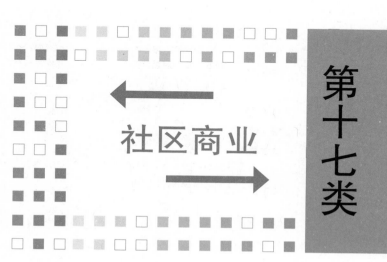

社区商业

第十七类

一、一般服饰、礼品、运动品牌等专卖店

一般服饰、礼品、运动品牌等专卖店基本建筑要求

表 17-1

项目	要求
商圈地段	选择商业气氛浓厚、客流量大、人气旺的高档综合商场附近； 知名度及客流量佳的商业街（客流需满足目标顾客群特征）； 知名度高的店铺附近（如麦当劳、肯德基附近）； 大规模住宅区附近
需求面积	$15 \sim 80m^2$，一般 $40 \sim 80m^2$ 为最佳
楼层选择	$1 \sim 3$ 层
建筑层高	$2.8 \sim 4m$
面宽	门面不少于 $3m$ 宽，且越宽越佳，橱窗位置及宽度需面向街道，越宽越佳
租金	视具体位置而定
租期	至少 1 年
设备配套	无

二、药店

药店基本选址及建筑要求

表 17-2

项目	要求
商圈地段	一般经济型药店宜选择居民区较集中地
需求面积	$80 \sim 200m^2$
楼层选择	首层
建筑层高	$2.8 \sim 3.8m$
面宽	面宽一般不少于 $3m$，一般 $300m$ 内无相同性质竞争者
租金	$2 \sim 8$ 元 / （$m^2 \cdot$ 天）
租期	3 年以上
设备配套	无

三、邮局

邮局基本建筑要求

表 17-3

项目	要求
商圈地段	商务办公集聚地，繁华商业地带，大型购物中心区域附近，人口密集地区附近；交通便利，三岔路口、拐角位置为佳
需求面积	60 ～ 200m²
楼层选择	首层
柱网间距	10 ～ 15m 为佳
建筑层高	3.2m
设备配套	1. 除正面通道外，其他通道不与其他人流往来； 2. 有一定的停车配置； 3. 门前不可有全封闭交通隔离栏和高于 1.2m 的绿化遮挡橱窗

四、银行

银行基本建筑要求

表 17-4

项目	要求
商圈地段	当街商铺
需求面积	60 ～ 200m²
楼层选择	首层
建筑层高	≥ 3.6m
面宽	≥ 7.2m
设备配套	足够照明、网络接入、安全技防系统、前（后）门独立、沿街，方便运钞车进出
其他	1. 除正面通道外，其他通道不与其他人流往来； 2. 门前不可有全封闭交通隔离栏和高于 1.2m 的绿化遮挡橱窗

五、干洗店

干洗店基本建筑要求

表 17-5

项目	要求
商圈地段	一般居民区较集中地，居民区总体年龄构成年轻化佳，或者商务酒店附近也可
需求面积	形象店面积要求 40 ～ 60m²，中型店 80 ～ 100m²，大型店 100 ～ 120m²
楼层选择	首层、当街商铺
建筑层高	最好在 3.5m 以上
租金	3 ～ 8 元 /（m²·天），上海地区的房租一般建议在 15000 元 / 月以下，外地根据当地的实际情况而定
租期	1 年以上
设备配套	要有上下水、动力电、排风口等
其他	由于洗衣机器产生蒸气类，最好前后通透

六、美体SPA

美体SPA基本建筑要求

表 17-6

项目	要求
商圈地段	商业比较成熟和住宅群较多的区域
需求面积	300 ～ 500m²
楼层选择	2 ～ 5 层
建筑层高	净高 4.5m 以上
租金	20 元 /（m²·月）
租期	至少 5 年
设备配套	具备水电等基本设备；有一定停车位，要求数量从 20 个到 100 个不等

七、美甲、化妆

美甲、化妆基本选址及建筑要求

表 17-7

项目	要求
商圈地段	商业比较成熟或住宅群较多的区域
需求面积	$80 \sim 500m^2$
楼层选择	$1 \sim 2$ 层
建筑层高	$\geqslant 3.5m$
租金	$6 \sim 15$ 元 / （$m^2 \cdot$ 天）
租期	5 年以下
设备配套	有基本的水电设施；停车位数量从 20 个到 100 个不等

经典商业案例

01 ▪ 克丽缇娜

医学为本，美容为用

图17-1 克丽缇娜

克丽缇娜集团以"医学为本，美容为用"的宗旨，致力于对问题肌肤的研究，在市场上成功拓展到 14 个国家和地区，连续 7 年雄居中国台湾地区企业龙头地位。

　　克丽缇娜国际集团怀着对美丽、健康、财富的深邃感悟，用卓越的目光审视世界，将不倦的足迹跨越国际。1997 年，不同寻常的一年，中国成为举世瞩目的焦点，克丽缇娜国际集团也审时度势，在中国上海组建上海玛婷日用品有限公司。1999 年，瞬息万变的商潮，克丽缇娜依然稳步迈进，厚积薄发并正式在上海设立总部。2002 年，集时尚、文化、休闲于一体的现代教育中心——克缇时尚空间在上海隆重建成。

　　克丽缇娜集团以"医学为本，美容为用"为宗旨，致力于对问题肌肤的研究，在市场上成功拓展到 14 个国家和地区，连续 7 年雄居中国台湾地区企业龙头地位。

　　克丽缇娜国际集团在台湾地区开设了近 5000 家美容院，在内地的店铺已超过 3000 家，而仅上海地区已超 400 家，尤其在演艺界享有极佳的口碑。

克丽缇娜基本信息 表 17-8

商家名称	克丽缇娜
LOGO	Chlitina 克丽缇娜
业态	美容 SPA
主要网点	上海、广州、北京、成都、大连、温州、青岛等 29 个省、市、自治区
目标人群	中高端消费顾客
店铺总数	3000 余家
开店方式	直营、加盟
首选物业	商业综合体、购物中心、商业街
物业使用	租赁
需求面积	100m^2
合同期限	10 ~ 15 年

一、选址标准

克丽缇娜基本选址标准 表 17-9

项目	要求
地块位置	必须是一楼沿街的商铺（小区内商铺不予考虑），面积在 150m^2 左右； 周围必须有大量高档居住小区或者处在商业区中也可； 该店铺要有较高的可见度，附近往来人员较容易看到该店铺； 该店铺所处位置不能是死角
商圈人口	超过 15 万人，日客流量 6500 人

二、建筑要求

克丽缇娜基本建筑要求 表 17-10

项目	要求
需求面积	200 ~ 500m^2
经营楼层	3 层以上
结构层高	≥ 4m
开间宽度	8m
柱网间距	≥ 4m
停车位	≥ 5 个

三、配套要求

克丽缇娜配套要求　　　　　　　　表 17-11

项目	要求
装修标准	简单装修 / 毛坯
空调配置	预留空调安装位置
水电配置	提供接水口； 商业用电标准（三厢电）
洗手间	有独立卫生间配备
通信设备	提供电话线配口
排污配置	提供接口
消防配置	符合国家消防安全标准

经典商业案例

02 ▪ 美丽田园

来自德国的专业美容护肤中心

美丽田园SPA中心是一家来自德国的专业美容护肤中心，进入中国护肤市场已有十年历史。该护肤中心拥有众多的专业护肤设备，百余种专业的美容护理，服务非常完善，极具人性化，比较适合都市白领。

图17-2　美丽田园

　　美丽田园SPA中心是一家来自德国的专业美容护肤中心，进入中国护肤市场已有10年历史，在全国近20个中心城市开设了30多家专业护肤中心。该护肤中心拥有众多的专业护肤设备，百余种专业的美容护理，服务非常完善，极具人性化，比较适合都市白领。

美丽田园 SPA 中心基本信息   表 17-12

商家名称	美丽田园
LOGO	
创立时间	1993 年
所属国家	德国
业态	休闲娱乐：健身中心
主要网点	全国 30 多个地区
目标人群	广大中高端爱美人士
拓展区域	长三角（江浙地区）、珠三角（潮汕地区）、环渤海（天津、河北、内蒙古）重点发达城市
店铺总数	70 多家
开店方式	直营、加盟
首选物业	商业综合体、购物中心、商业街
物业使用	租赁
需求面积	350 ～ 600m²
合同期限	5 ～ 10 年

一、选址标准

美丽田园美容护肤中心基本选址标准   表 17-13

项目	要求
商圈地段	高档商场内、高档住宅小区附近、高档商务办公写字楼内
	年轻时尚白领聚集区域
消费能力	周边消费能力较强

二、建筑要求

美丽田园美容护肤中心基本建筑要求

表 17-14

项目	要求
需求面积	200m² 以上
建筑层高	净高 2.8m 以上
其他配套	具备水电等基本设备
广告位	有明显的店招位置
租期	至少 5 年

经典商业案例

03·伊轩专业美容

全国美容界综合实力前 5 强企业

图17-3　伊轩美容

上海伊轩专业美容护肤中心是一家集美容服务、教育培训、化妆品贸易于一身的综合实体，并多次被评为优秀美容院、放心美容院、消费者信得过企业，曾被《中国科学美容杂志》评选为全国美容界综合实力前 5 强企业。

上海伊轩专业美容护肤中心是一家集美容服务、教育培训、化妆品贸易于一身的综合实体，2004年入沪开店。目前已是百店连锁，总营业面积达 6 万 m²。伊轩专业美容先后在江苏、上海开店，并多次被评为优秀美容院、放心美容院、消费者信得过企业，1999 年被《中国科学美容杂志》评选为全国美容界综合实力前 5 强企业。

一、选址标准

伊轩专业美容基本选址标准

表 17-15

项目	要求
商圈地段	商业活动频繁的闹市区：要求商业活动频繁的闹市区，人流量大，专卖店和营业额能达到一定的额度
	同行聚居区（成熟专业商业街、区）：竞争虽然激烈，但由于同行聚居，顾客可以有更多的机会进行比较和选择，因而很能招揽顾客
	聚居的公共场所附近：由于人口集中、消费的需要量集中且大，可保证专卖店的稳定收入
	面对客流量最大和能见度高的街道：专卖店处在客流量最多的街道上，受客流量和通行度影响最大，可使多数人就近买到所需物品
	交通便利的地区：在上、下车人数最多的车站或在几个主要车站附近，使顾客在步行不到15min 的路程内到达连锁专卖店

二、建筑要求

伊轩专业美容基本建筑要求

表 17-16

项目	要求
商圈地段	高档住宅区区域、核心商圈、高档商务办公楼内为首选
需求面积	80 ～ 500m²
建筑层高	2.8m 以上
水电配置	有基本的水电设施

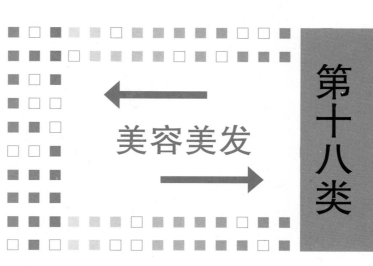

美容美发

第十八类

一、选址标准

美发行业基本选址标准

表 18-1

项目	要求
商圈地段	商业中心或者住宅区附近，主流商圈辐射区域内主通道 1F+2F 或者纯 1F

二、建筑要求

美发行业基本建筑要求

表 18-2

项目	要求
需求面积	350 ～ 400m²
建筑层高	4.5m 以上
楼板荷载	≥ 350kg/m²
面宽	3m 以上
停车位	数量从 20 个到 100 个不等

三、配套要求

美发行业基本配套要求

表 18-3

项目	要求
给排水	上下水接驳到位
电力	150kW
煤气	10m³
租期	2 年以上
租金	3～8 元 /(m²·天)
其他	特殊行业、需要相关部门批示

01·文峰美发美容

直营店的典范

始创于 1996 年的上海文峰美发美容有限公司，是一家集美发美容、科研、生产、教学、服务、推广为一体的集团化企业。是上海家喻户晓的美容美发著名品牌。

图18-1　文峰美发美容

　　始创于 1996 年的上海文峰美发美容有限公司，是一家集美发美容、科研、生产、教学、服务、推广为一体的集团化企业，总部位于上海。现有员工近 6000 名，并拥有一百多家专业加盟连锁店，一家生物制药厂和化妆品生产厂、一所职业技能培训学校，年总销售达数亿。已持续 5 年被评为"中国美发美容名校"的上海文峰职业技能培训学校，也在业内具有相当深远而积极的影响。

　　现在，文峰在北京、成都、长沙、青岛以及浙江慈溪、台州等地已经拥有了超过 100 家加盟连锁机构，仅在上海就占据了美发美容行业的大半江山，成为上海家喻户晓的美容美发著名品牌。

　　作为直营店的典范，文峰具有完善的客户服务体制，上海文峰美容名英会所已经成为目前中国业内规模最大、档次最高、功能最全、服务最好、业态最新的专业会所之一。

文峰美发美容基本信息 表 18-4

商家名称	文峰美发美容
LOGO	
创立时间	1996 年
主营商品	主打美容、美发系列服务
业态	休闲娱乐：美容美发
主要网点	上海、北京、长沙、成都、重庆、青岛
目标人群	大众消费者
开店计划	在特级城市，如北京、上海、广州、天津、重庆、香港等地计划开设 40 ~ 50 家连锁店。在一级城市，包括各省、自治区的省会和首府以及重要港口城市等地计划开设 10 ~ 15 家连锁店，二级城市计划开设 5 ~ 10 家连锁店
店铺总数	近 300 家
开店方式	直营、特许、合作
首选物业	商业综合体、商业街
物业使用	租赁
需求面积	200 ~ 1000m²
合同期限	5 ~ 10 年

一、选址标准

文峰美发美容基本选址标准 表 18-5

项目	要求
商圈地段	商业活动频繁的闹市区：要求商业活动频繁的闹市区，人流量大
	同行聚居区（成熟专业商业街、区）：竞争虽然激烈，但由于同行聚居，顾客可以有更多的机会进行比较和选择，因而很能招揽顾客
	聚居的公共场所附近：由于人口集中，消费的需要量集中且大
楼层选择	临街店面，首层为首选

二、合作方式

文峰美发美容基本合作方式 表 18-6

项目	要求
发展模式	单店特许，区域开发，二级特许

经典商业案例

02 ▪ 永琪美容美发

独创特有的经营理念

图18-2　永琪美容美发

上海永琪美容美发连锁经营机构创建于 1999 年，由一个小型美容美发店迅速发展成为集上海永琪美容美发经营管理有限公司、永琪美容发型技术研发中心、上海永琪美容美发专修学校、上海永琪企业各外地分公司等为一体的集团化企业。

　　上海永琪美容美发连锁经营机构创建于 1999 年，创始人王勇先生 1991 年来到上海，进入美容美发行业学习专业技术和经营管理，经过几年的勤奋努力和对事业不懈的追求，独创了特有的经营理念，由最初的一个小型美容美发店迅速发展成为集上海永琪美容美发经营管理有限公司、永琪美容发型技术研发中心、上海永琪美容美发专修学校、上海永琪企业各地分公司等为一体的集团化企业，目前有经营场地近 20 万 m²，办公场地 1 万多平方米，教育培训基地 4 万多平方米，员工 25000 多人。

永琪美容美发基本信息   表 18-7

商家名称	永琪美容美发
LOGO	® YONGQI IMPROVE LOOK & HAIR
创立时间	1999 年
业态	休闲娱乐：美容美发
主要网点	北京、上海、江苏、杭州
目标人群	都市时尚人
店铺总数	500 家
开店方式	直营
首选物业	商业综合体、商业街、写字楼底商及配套商业、社区底商及配套商业
物业使用	租赁
需求面积	200m^2
合作期限	8 年

选址标准

永琪美容美发基本选址标准   表 18-8

项目	要求
商圈地段	商业活动频繁的闹市区：要求商业活动频繁的闹市区，人流量大
	同行聚居区（成熟专业商业街、区）：竞争虽然激烈，但由于同行聚居，顾客可以有更多的机会进行比较和选择，因而很能招揽顾客
	聚居的公共场所附近：由于人口集中，消费的需要量集中且大

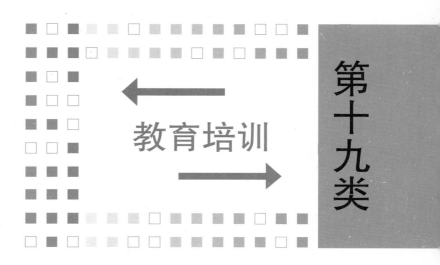

第十九类

教育培训

教育培训主要是针对适龄学生进行学业辅导或对有需要的人群进行语言培训。一般选址首选社区底商及配套商业，使用租赁物业。这类业态对地理位置、交通便捷度的要求比较高。

一、商圈要求

教育培训基本商圈要求

表 19-1

项目	要求
	商业活动频繁的闹市区：要求商业活动频繁的闹市区，人流量大，专营店和营业额能达到一定的额度。
商圈地段	同行聚居区（成熟专业商业街、区）：竞争虽然激烈，但由于同行聚居，顾客可以有更多的机会进行比较和选择，因而很能招揽顾客
	聚居的公共场所附近：由于人口集中，消费的需要量集中且大，可保证专营店的稳定收入
	面对客流量最大和能见度高的街道：专卖店处在客流量最多的街道上，受客流量和通行度影响最大，可使多数人就近买到所需物品
	交通便利的地区：在上、下车人数最多的车站或在几个主要车站附近，使顾客在步行不到 15min 的路程内到达连锁专营店
交通条件	交通便利，公交站点多，最好临近已有或规划中的轨道交通线

二、建筑及配套要求

教育培训基本建筑及配套要求

表 19-2

技术指标	要求
需求面积	300 ～ 3000m²
楼层选择	不限楼层
建筑结构	框架结构
建筑层高	≥ 2.8m
柱网间距	≥ 4m
卫生间	有单独卫生间
店面要求	至少有一面临街，以保证教室有窗
停车位	门前或附近有多个停车位
店招位置	能挂醒目招牌

经典商业案例

01 ▪ 365学习在线

中国最成功的网络教育培训机构

图19-1　365阳光在线教育

"365学习在线"（www.Learning365.com）是朗阁教育集团旗下的专业在线学习网校，是中国最成功的网络教育培训机构，服务于政府部门、学校及各类企业的英语和管理培训。

上海朗阁教育集团组建于2005年6月，前身为2000年7月成立的上海卢湾区朗阁进修学校。经过7年的发展，朗阁从当初上海的一个教学校区已经发展成为在上海、北京、广州等全国各地拥有20余家分支机构，形成以华东为重点、辐射全国的大型教育集团。"365学习在线"（www.Learning365.com）是朗阁教育集团旗下的专业在线学习网校，是中国最成功的网络教育培训机构，服务于政府部门、学校及各类企业的英语和管理培训。

"365学习在线"突破传统教学模式，整合朗阁教育集团旗下的各类实体教学培训中的精品课程，通过网络平台，实现"互动式"远程教学的新形式。"365学习在线"以独立强大的网络学习资源库，提供各类最先进、最新锐的特色网络教学课件，名师云集，权威指导，真正体现了网络学习"随时"、"随地"的独特优势，在教学科技、教学模式、教学方案各方面都取得了历史性的变革，可谓网络时代学习形式的有效突破。

选址及配套要求

365阳光在线教育基本选址及配套要求　　　　表 19-3

项目	要求
商圈地段	核心商圈大型购物中心内，或者著名高档商务办公聚集区域
楼层选择	如果是购物中心内，一般楼层要求在5楼以上
需求面积	100m² 以上
水电配置	一般商场的水电要求
租期	不低于5年

经典商业案例

02·凯恩英语培训中心

上海最早成立的中外合作语言学校

图19-2 凯恩英语

上海凯恩英语培训中心是上海最早成立的中外合作语言学校，在电台电视台的英语节目更是长期为广大上海市民所喜闻乐见。"凯恩英语口语培训的专家"已经成为上海街头巷尾家喻户晓的口号。

1996年至今，上海凯恩英语培训中心在上海已经成功帮助超过16万名学员提高了英语口语。作为上海最早成立的中外合作语言学校，在电台电视台的英语节目更是长期为广大上海市民所喜闻乐见。"凯恩英语口语培训的专家"已经成为上海街头巷尾家喻户晓的口号。

选址及配套要求

凯恩英语培训中心基本选址及配套要求 表 19-4

项目	要求
商圈地段	上海核心区域高档商务办公区域
交通条件	交通便利，最好在地铁交通枢纽区域附近
需求面积	300m² 以上
水电配置	具备水电基本要求
店面要求	可视面较强区域
租期	至少 5 年

经典商业案例

03·凯育法语

权威的中国自己创办的法语教育机构

图19-3　凯育法语

凯育法语培训中心是集语言、文化、商务培训为一体的法语教育基地，拥有基础、考试、商务、文化、少儿五大培训部门。凯育法语作为权威的中国自己创办的法语教育机构，是第一家将跨文化教学理念融入教学中，并使用全干预系统教学方法的语言学校，始终在业内引领中国语言教育培训，并成为上海时尚青年自我更新、自我完善的基地，也是中国 TEF、TCF 考试高分基地。

　　凯育法语培训中心是集语言、文化、商务培训为一体的法语教育基地，拥有基础、考试、商务、文化、少儿五大培训部门，建立至今已经为 2 万余名学生提供了各类、各级别的法语培训。凯育始终坚持以人为本的理念，坚持运用国际最先进的教学方式和教材，确保学员接受的是最新的、与法国同步的语言和文化。

　　现在凯育法语有三个中心，分别位于有上海地标之称的淮海路、中山公园以及徐家汇。

　　凯育法语作为权威的中国自己创办的法语教育机构，是第一家将跨文化教学理念融入教学中，并使用全干预系统教学方法的语言学校，始终在业内引领中国语言教育培训，并成为上海时尚青年自我更新、自我完善的基地，也是中国 TEF、TCF 考试高分基地。

选址及配套要求

觊育法语基本选址及配套要求　　　　　　　　表 19-5

项目	要求
交通条件	交通便捷，最好地铁公交等枢纽区域
需求面积	2000m² 左右
店面要求	可视面强，人流导入较好

经典商业案例

04▪韦博国际英语

独创"三阶段多元学习法"

图19-4　韦博国际英语

韦博国际英语于 1998 年秉承"为中国人提供更好、更快捷学习英语方法"的宗旨来到中国，独创的"三阶段多元学习法"，结合全球知名硅谷的先进教学软件在全球 70 多个国家成功的实践经验，并在中国全国各地开办了多所培训中心。

韦博国际英语于 1998 年秉承"为中国人提供更好、更快捷学习英语方法"的宗旨来到中国，独创的"三阶段多元学习法"，结合全球知名的英语学习系统开发者和领导者——来自美国硅谷的先进教学软件历经 20 年在全球 70 多个国家成功的实践经验，并在中国经济最活跃的上海、广州、重庆、杭州、南京、沈阳等全国各地开办了 100 多所培训中心。

一、选址及配套要求

项目	要求
商圈地段	高档商务办公区域附近，学校密集区域附近
交通条件	交通便捷
店面要求	门面可视性较强
需求面积	300m² 以上
楼层选择	大型购物中心内 5 楼或者 6 楼
建筑层高	2.8m 以上
水电配置	具备一般的水电要求
广告位	有明显的广告牌位
租期	5 年以上

韦博国际英语基本选址及配套要求　　　　　　表 19-6

二、拓展计划

全国范围内寻找合适物业。

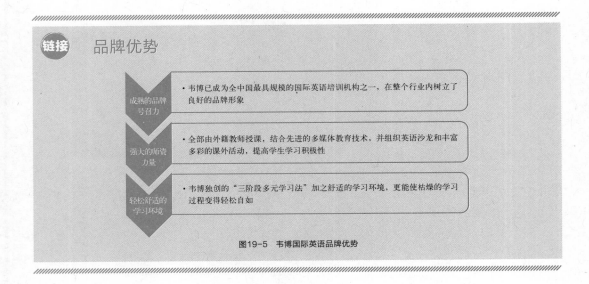

图19-5　韦博国际英语品牌优势

经典商业案例

05 · 英孚教育

全球最大的私人英语教育机构

图19-6 英孚教育

EF 英孚教育是创办于 1965 年的世界上最大的教育集团之一，专门从事语言培训、教育游学和文化交流，发展至今已成为国际著名语言教育机构。

EF 英孚教育是创办于 1965 年的世界上最大的教育集团之一，专门从事语言培训、教育游学和文化交流，发展至今已成为国际著名语言教育机构。

EF 英孚教育集团是私人英语教育机构，主要致力于英语培训、留学旅游以及英语文化交流等方面。EF 英孚教育已跃居为全球最大的私人英语教育机构，旗下有 10 个下属机构及非营利性组织，主要致力于语言学习、留学旅游及学位课程等方面。

如今，EF 英孚教育遍布全球 50 多个国家，帮助了 1500 多万学员，员工和教师多达 26000 多人。EF 在全球 40 多个国家设有 70 多个分支机构，每年为逾百万学生提供语言教学服务。EF 英孚教育已经把世界变成了一个英语大课堂。

一、选址及配套要求

英孚教育基本选址及配套要求　　　　　　　　　　表 19-7

项目	要求
商圈地段	高档商务办公区域、高档住宅密集区域附近
地块位置	一般设立在市区公交便利的主要街道，靠路边的单独建筑或办公楼（最好在三楼以下）均可
交通条件	如果是沿街商业物业，最好是交通枢纽区域
楼层选择	大型购物中心内 5 楼或者 6 楼
店面要求	门面可视性较强
广告位	有明显的广告牌位，有直接通道

二、建筑要求

英孚教育基本建筑要求　　　　　　　　　　表 19-8

项目	要求
需求面积	500m² 以上，根据城市大小及密集程度而有所不同： 可在 6 间到 12 间教室之间，即使用面积 400~800m²，包括教室、接待厅、多媒体电脑房、图书阅览室、面试室、咨询室、校长办公室、教学主任办公室、教师办公室、员工办公室、机房、储藏室、卫生间及公共区域等部分
建筑层高	2.8m 以上
租期	5 年以上

三、拓展计划

中国各大重点城市。

四、合作方式

直营、加盟。

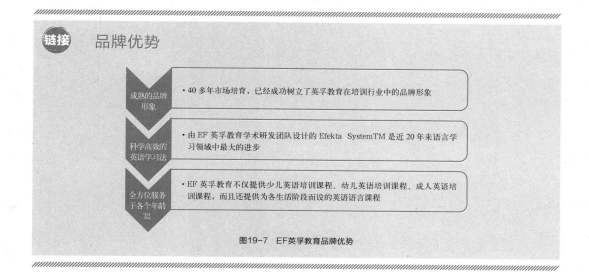

图19-7　EF英孚教育品牌优势

星级酒店

第二十类

星级酒店主要进驻在城市重要商务中心，围绕在高档写字楼、高档商场、大型会展中心等高端活动场所附近。酒店依等级的不同选址过程中所考虑的侧重点不同，不同等级有不同层次的建筑标准。对于酒店而言，它自身品牌形象及星级地位比地段位置更容易被消费者接受。

一、商圈要求

星级酒店基本商圈要求

表 20-1

项目	要求
地理位置	位于城市的市级、区级的商务区、商业中心、会展中心、商品交易中心、交通中心、大型游乐中心、中高档（大型）居民住宅区、成熟开发区
	临近火车站、长途汽车站、公路高速客运中心区域
	临近地铁沿线、高速公路城市入口处、主要道路交叉道口、交通枢纽中心、市郊结合部、商业网点、汽车终点站、大型停车场附近区域
	临近城市知名的大学或在校学生数量在 20000 人以上的教育
	最好临近城市某个标志建筑、知名建筑或历史文化、旅游项目
	临近高星级酒店聚集区或靠近知名星级饭店
交通条件	交通便利，有通往商业区及机场、火（汽）车站的公交线路
人口情况	城市人口在 100 万人以上

二、建筑及配套要求

星级酒店基本建筑及配套要求

表 20-2

项目	要求
需求面积	8000 ~ 50000m²
建筑要求	单体建筑
建筑结构	框架结构
其他配套	有煤气管道接入、排污排水管道、通信、消防设施到位
停车位	有足够多停车位
店招位置	能挂醒目招牌

经典商业案例

01 ▪ 维也纳酒店集团

图20-1　维也纳酒店集团

全球首家以"音乐艺术"为主题的连锁酒店

维也纳酒店创立于 1993 年，是全球首家以"音乐艺术"为主题的连锁酒店，坚持为顾客创造"五星体验，二星消费"的核心消费价值战略，已开和拟开的分店网络遍布全国各大中城市。

　　维也纳酒店创立于 1993 年，是全球首家以"音乐艺术"为主题的连锁酒店，坚持为顾客创造"五星体验，二星消费"的核心消费价值战略，树立"创世界品牌、立百年伟业"的宏图愿景，以塑造属于中国的世界顶级酒店民族品牌为己任，集合全球酒店行业管理精英，历经 20 年的创新发展，维也纳酒店在研究长远战略、管理模式、人才梯队、品牌培育、扩张发展和资本管理等方面处于全球酒店行业领先地位，已开和拟开的分店网络遍布全国各大中城市。

　　目前，维也纳酒店拥有超过 30000 间客房、综合开房率超过 100%、拥有超过 900 万注册会员、并创下 20 年零安全事故的记录。已开和拟开的分店网络遍布全国 80 个大中城市，在全国拥有 200 多家分店，并以每年新开 60～80 家分店的速度发展。

维也纳酒店集团基本信息　　　　　　　　　　表 20-3

商家名称	维也纳酒店
LOGO	
创立时间	1993 年
品牌形象	全球首家以"音乐艺术"为主题的连锁酒店
业态	酒店：商务型酒店
主要网点	大中城市
目标人群	中高端商务精英人士
拓展区域	各省省会城市、各自治区区会城市、国务院计划单列市、长三角、珠三角（广州、深圳、北京、上海为主）
店铺总数	110 余家
开店方式	直营、加盟
首选物业	商业综合体、商业街
物业使用	租赁
需求面积	5000 ～ 60000m²
合作期限	15 年以上，租金及其递增合理

一、选址标准

维也纳酒店选址标准　　　　　　　　　　表 20-4

	项目	要求
综合条件	直营店	全国一线城市，经济发达的二线城市
	加盟管理或特许经营	收益率高但达不到公司直营店要求的
	房价定位	200 ～ 500 元
	目标人群	商务客户、娱乐客户阶层

续表

项目	要求
地块位置	位于 A-1 类城市的市级、区级或其他城市的市级商务区、商业中心、会展中心、物贸交易中心、交通中心、大型游乐中心、中高档（大型）居民住宅区、成熟开发区
	最好邻近城市某个标志建筑、知名建筑或历史文化、旅游项目
	临近高星级酒店聚集区或靠近知名星级饭店
	周边配套设施比较齐全，如餐馆、银行、便利店等
	邻近火车站、长途汽车站、公路高速客运中心区域、地铁沿线、主要道路交叉道、交通枢纽中心、商业网点、汽车终点站、大学城、大型停车场附近区域
	人流量大的主干道，交通便利，具有良好的可见性，最好是"金角银边"（十字路口），最好有一定的广告位
交通条件	地铁站附近为上佳条件
	在没有地铁的地区或城市中，在选址点的 300m 方圆内有 3 条以上能通达商业中心、机场、车站的公交站线为好
	乘车方便，人流密集的繁华街道、销售较好的大型商场和步行街等商圈

二、建筑要求

维也纳酒店基本建筑要求

表 20-5

项目	要求
店面要求	楼体展示性要好，门面要求统一形象，招牌耀眼醒目，视野开阔
需求面积	5000 ~ 60000m^2（商业裙楼除外），或 100 间房以上
进深	17m 左右为佳，允许改造框架结构
硬件设备	水、电、取暖、排污硬件设备具备酒店要求
装修要求	店面按照总部提供的统一设计方案进行装修
停车要求	有方便的停车条件，有停车位

三、转让转租建筑要求

维也纳酒店转让转租基本建筑要求　　　　　　　　　表 20-6

项目	要求
房间数	房间数 80 ～ 250 间，暗房比例少
租期	在营业酒店租期不少于 10 年；毛坯出租不少于 15 ～ 20 年
产权	产权清晰，证照齐全
其他	独栋楼梯或独立门园

四、合作方式

维也纳酒店基本合作方式　　　　　　　　　表 20-7

项目	要求
房产性质	具有商业服务业可能的房屋使用性质
产权	房产产权明朗、清晰，尽量回避银行抵押物业

链接　发展战略

　　国际著名风险基金软银赛富已巨额注资维也纳酒店，已经启动中国A股上市计划。已开和拟开的分店网络遍布全国各大中城市，在全国已拥有上百家分店。

　　根据未来发展战略，公司自2011年起，用3到5年的时间，以每年新开60～80家分店的发展速度，完成全国达300家酒店以上的战略大宏图。

经典商业案例

02 ▪ 喜来登酒店

喜达屋酒店集团最大的连锁旅馆品牌

喜来登酒店与度假村集团（Sheraton Hotels and Resorts）是喜达屋（Starwood）酒店集团中最大的连锁旅馆品牌。

图20-2　喜来登酒店

喜来登酒店与度假村集团（Sheraton Hotels and Resorts）是喜达屋（Starwood）酒店集团中最大的连锁旅馆品牌。

喜达屋酒店与度假村国际集团宣布，喜来登2012年开店总目标为20家。喜达屋全球业务发展总裁董锡文表示，中国与印度的强大需求，大大推动了喜来登酒店目前的全球扩张计划。为了满足中国二三线城市的强大需求，喜来登将于2012年年底前在中国开设12家新酒店，而在北美与欧洲，喜来登则计划通过酒店改造的方式来扩大其规模。

喜来登计划于2012年内在中国新开12家酒店，预计到2015年将其在华酒店的总数增加到近80家。喜达屋集团此前表示，未来数年内在中国新开的所有酒店中，40%均为喜来登酒店。

喜来登酒店基本信息　　　　表 20-8

商家名称	喜来登酒店
LOGO	Sheraton HOTELS & RESORTS
业态	酒店：超星级酒店
主要网点	一二线城市
目标人群	高收入人群
店铺总数	41 家
开店方式	直营
客单消费	1000 ～ 10000 元
首选物业	商业综合体，商业街，专业市场
物业使用	租赁
需求面积	12000 ～ 30000m^2
合作期限	10 ～ 20 年

一、选址标准

喜来登酒店基本选址标准　　　　表 20-9

项目	要求
地块位置	临街为佳，商业繁华区也可内进，但距路口最好不超过 50m，不可有过多迂回及分岔；需有车道直达门前，同时路口及沿途需能提供路标
商圈地段	3km 范围内企业、工厂、机关单位密集，有较充足的商旅住宿需求； 1km 范围内有较完备的生活配套，餐饮、购物、娱乐便利
其他	治安秩序良好

二、建筑要求

喜来登酒店基本建筑要求 表 20-10

项目	要求
建筑设计	建筑的外部设计、建筑的整体和细节设计，应与周围的场地和环境相结合； 建筑外部使用耐用、低维护的节能材料，但在酒店入口及一些重要区块使用高档材料
客梯	净宽 2.2m，深 2m，高 2.75m，最大承重 1800kg
停车位	为客人提供舒适的自行泊车（或代客泊车），以及功能区和其他公共设施。停车区最小为 2.75m×5.5m，带有一条 7.5m 宽的过道，或按照当地规范
硬件设备	水、电、取暖、排污硬件设备具备酒店要求